Direito Autoral e Internet

Direito Autoral e Internet

DIAGNÓSTICOS E PERSPECTIVAS DO DEBATE BRASILEIRO

2023

Coordenadores

Alexandre Pacheco da Silva
Tatiane Guimarães
Andréa Lasevicius Moutinho

ALMEDINA

DIREITO AUTORAL E INTERNET
DIAGNÓSTICOS E PERSPECTIVAS DO DEBATE BRASILEIRO

COORDENADORES: Alexandre Pacheco da Silva, Tatiane Guimarães e Andréa Lasevicius Moutinho

DIRETOR ALMEDINA BRASIL: Rodrigo Mentz
EDITORA JURÍDICA: Manuella Santos de Castro
EDITOR DE DESENVOLVIMENTO: Aurélio Cesar Nogueira
ASSISTENTES EDITORIAIS: Larissa Nogueira e Rafael Fulanetti
ESTAGIÁRIA DE PRODUÇÃO: Laura Roberti

DIAGRAMAÇÃO: Almedina

DESIGN DE CAPA: FBA

ISBN: 9786556276878
Janeiro, 2023

Dados Internacionais de Catalogação na Publicação (CIP)
(Câmara Brasileira do Livro, SP, Brasil)

Direito autoral e internet : diagnósticos e
perspectivas do debate brasileiro / coordenadores
Alexandre Pacheco da Silva, Tatiane Guimarães,
Andréa Lasevicius Moutinho.
São Paulo, SP : Almedina, 2023.

Bibliografia.
ISBN 978-65-5627-745-5

1. Direitos autorais 2. Direitos autorais – Brasil
3. Direito e tecnologia 4. Plataforma digital
I. Silva, Alexandre Pacheco da. II. Guimarães, Tatiane.
III. Moutinho, Andréa Lasevicius.

22-134135 CDU-347.78

Índices para catálogo sistemático:

1. Direitos autorais : Direito civil 347.78

Eliete Marques da Silva – Bibliotecária – CRB-8/9380

Este livro segue as regras do novo Acordo Ortográfico da Língua Portuguesa (1990).

EDITORA: Almedina Brasil
Rua José Maria Lisboa, 860, Conj. 131 e 132, Jardim Paulista | 01423-001 São Paulo | Brasil
www.almedina.com.br

SOBRE OS COORDENADORES

Alexandre Pacheco da Silva
Doutor em Política Científica e Tecnológica pelo Instituto de Geociências da Unicamp. Coordenador do Centro de Ensino e Pesquisa em Inovação (CEPI) da FGV Direito SP. Professor na FGV Direito SP.

Tatiane Guimarães
Mestranda em Direito e Desenvolvimento pela FGV Direito SP, com Bolsa Mario Henrique Simonsen de Ensino e Pesquisa. Líder de Pesquisa no Centro de Ensino e Pesquisa em Inovação (CEPI) da FGV Direito SP.

Andréa Lasevicius Moutinho
Mestranda em Direito pela Universidade de São Paulo (USP). Pesquisadora no Centro de Ensino e Pesquisa em Inovação (CEPI) da FGV Direito SP.

SOBRE OS AUTORES

Alexandre Pacheco da Silva
Doutor em Política Científica e Tecnológica pelo Instituto de Geociências da Unicamp. Coordenador do Centro de Ensino e Pesquisa em Inovação (CEPI) da FGV Direito SP. Professor na FGV Direito SP.

Alexandre Henrique Tavares Saldanha
Doutor em Direito pela Universidade Federal de Pernambuco (UFPE). Professor na Universidade Católica de Pernambuco (UNICAP). Professor na Universidade de Pernambuco (UPE). Diretor de Conteúdo da PlacaMãe.Org.

Alice de Perdigão Lana
Coordenadora da área de Cultura e Conhecimento do InternetLab. Mestra em Direito das Relações Sociais pela Universidade Federal do Paraná (UFPR). Pesquisadora do GEDAI/UFPR – Grupo de Estudos em Direitos Autorais e Industriais. Advogada.

Aline Iramina
Doutoranda em Direito pela Universidade de Glasgow e CREATe, com pesquisa voltada para os direitos autorais e a regulação das plataformas digitais. Master of Laws (LLM) em Direito da Propriedade Intelectual pela University College London. Advogada e servidora pública.

André Houang
Pesquisador do InternetLab. Mestrando em Ciência Política na Universidade de São Paulo (USP). Coordenador da reforma do direito autoral do Creative Commons Brasil. Advogado.

Andréa Lasevicius Moutinho
Mestranda em Direito pela Universidade de São Paulo (USP). Pesquisadora no Centro de Ensino e Pesquisa em Inovação (CEPI) da FGV Direito SP.

Deíse Camargo Maito
Pesquisadora do Centro de Ensino e Pesquisa em Inovação (CEPI) da FGV Direito SP. Doutora (2022) e Mestra (2017) em Ciências pela Universidade de São Paulo (USP). Bacharela pela Universidade Estadual de Londrina (UEL). Advogada.

Guilherme Forma Klafke
Gestor, líder de projetos e pesquisador do Centro de Ensino e Pesquisa em Inovação (CEPI) da FGV Direito SP. Doutor (2019) e Mestre (2015) em Direito Constitucional pela Universidade de São Paulo (USP). Professor do programa de pós-graduação lato sensu da FGV Direito SP.

Isabella Pereira de Moura Lima
Graduanda em Direito pela Universidade São Judas Tadeu. Estagiária no Centro de Ensino e Pesquisa em Inovação (CEPI) da FGV Direito SP.

Lahis Pasquali Kurtz
Pesquisadora e Coordenadora de Pesquisa no Instituto de Referência em Internet e Sociedade – IRIS. Doutoranda em Direito na Universidade Federal de Minas Gerais (UFMG). Mestra em Direito pela Universidade Federal de Santa Catarina (UFSC). Bacharela em Direito pela Universidade Federal de Santa Maria (UFSM).

Luíza Couto Chaves Brandão
Fundadora e Diretora do Instituto de Referência em Internet e Sociedade – IRIS. Mestra em Direito pela Universidade Federal de Minas Gerais (UFMG). Bacharela em Direito pela UFMG.

Manuella Santos de Castro
Doutora em Direito pela USP. Mestre e Bacharel em Direito pela PUC-SP. Advogada. Editora Jurídica. Professora da Pós-graduação *Lato Sensu* da Universidade Presbiteriana Mackenzie. Cursa Graduação em História na USP.

Maria Eduarda Neuburger Freire
Graduanda em Direito pela FGV Direito SP. Foi estagiária no Centro de Ensino e Pesquisa em Inovação (CEPI) da FGV Direito SP.

Mariana G. Valente
Professora de Direito na Universidade de St. Gallen, na Suíça. Diretora do InternetLab. Doutora em Direito pela Universidade de São Paulo (USP). Autora do livro "A Construção do Direito Autoral no Brasil".

Paloma Mendes Saldanha
Doutora em Direito pela Universidade Católica de Pernambuco (UNICAP). Professora da Universidade Católica de Pernambuco (UNICAP). Diretora executiva da PlacaMãe.Org.

Sérgio Branco
Doutor e Mestre em Direito Civil pela Universidade do Estado do Rio de Janeiro (UERJ). Professor convidado do doutorado em Inovação, Ciência, Tecnologia e Direito da Universidade de Montreal. Professor de Direito Civil e de Propriedade Intelectual do Ibmec e da pós-graduação da FGV Direito Rio. Pós-graduado em Cinema Documentário pela FGV. Graduado em Direito pela Universidade do Estado do Rio de Janeiro (UERJ). Sócio de Rennó Penteado Sampaio Advogados. Co-fundador e diretor do ITS Rio.

Tatiane Guimarães
Mestranda em Direito e Desenvolvimento pela FGV Direito SP, com Bolsa Mario Henrique Simonsen de Ensino e Pesquisa. Líder de Pesquisa no Centro de Ensino e Pesquisa em Inovação (CEPI) da FGV Direito SP.

Victor Pavarin Tavares
Bacharel em Direito pela Universidade de São Paulo (USP), na qual participa do programa PITES de duplo diploma em convênio com as universidades de Lyon 3, Lyon 2 e Saint-Étienne. Advogado.

APRESENTAÇÃO

O desenvolvimento da Internet e das Tecnologias de Informação e Comunicação (TICs), relacionadas à emergência da sociedade de informação, provocaram uma intensa modernização na forma como se cria, reproduz, compartilha e utiliza obras culturais. Esses fenômenos, por sua vez, têm evidenciado o anacronismo de muitos dos tradicionais arcabouços institucionais do Direito do Autor, pensados e desenvolvidos ainda num contexto predominantemente analógico. Tal processo se deu também em relação à natureza das disputas travadas: se antes elas se davam entre interesses de atores específicos e manifestamente contrapostos, como criadores e indústrias culturais, o advento da Internet e das novas TICs tem o efeito de tornar essas disputas mais difusas e borrar os limites éticos do uso da propriedade intelectual por terceiros. Assim, a complexidade dos mecanismos de utilização e disseminação da produção cultural na Internet tem se dado de forma dinâmica e no ritmo do desenvolvimento tecnológico, enquanto a sua regulação se dá com base em parâmetros estáticos e no ritmo (menos veloz) da mudança jurídica.

O presente livro é resultado da segunda etapa da pesquisa "Reforma do Direito Autoral no Brasil", empreendida pelo Centro de Ensino e Pesquisa em Inovação (CEPI) da Fundação Getúlio Vargas (FGV), entre 2021 e 2022, com o apoio das empresas Google e Meta. A obra busca contribuir para o debate, fomentando um espaço em que centros de pesquisa, entidades do terceiro setor e especialistas da área possam expor seus diagnósticos e suas perspectivas sobre os movimentos de reforma do Direito Autoral no Brasil.

Quatro artigos acadêmicos de centros e institutos de pesquisa e entidades do terceiro setor dão início à obra. O primeiro artigo, de autoria do CEPI, traz uma análise histórica sobre os movimentos de reforma da lei autoral brasileira junto a uma discussão atual sobre moderação de conteúdo e liberdade de expressão online, centrando a temática da responsabilidade de intermediários. Em seguida, o InternetLab contribui à obra com artigo dedicado à mesma temática, da responsabilidade, com minuciosa análise da Consulta Pública organizada em 2019 pela Secretaria de Direitos Autorais e Propriedade Intelectual (SDAPI) sobre a necessidade de reformar a Lei de Direitos Autorais sob a ótica do tema tratado no artigo. O IRIS segue com a apresentação da pesquisa feita pelo Instituto sobre transparência e moderação de conteúdo, verificando se as políticas de comunidade e os relatórios de transparência das principais plataformas permitem conhecer as medidas adotadas em relação a direitos autorais. Por fim, concluindo a primeira parte do livro, que conta com artigos robustos sobre temas relevantes ao debate atual sobre a reforma da Lei de Direitos Autorais brasileira, a PlacaMãe.Org não só identifica alguns atrasos presentes na lei brasileira de direitos autorais, mas também discute a possibilidade da criação de uma cultura de maior conhecimento e adequação dos direitos autorais às demandas sociais.

Ensaios de grandes nomes e pesquisadores da área do Direito Autoral e Internet no Brasil dão continuidade à obra. Sérgio Branco inicia discutindo a responsabilidade de intermediários e o Marco Civil da Internet. Aline Iramina segue abordando o importante papel dos algoritmos na governança dos direitos autorais e é seguida por Luiza Brandão, comentando sobre a aplicação de regras de direito autoral, especialmente as hipóteses de não-violação do direito brasileiro, em relação às normas aplicadas pelas plataformas de internet. A autora desta apresentação contribui à obra com um breve estudo sobre o impacto do direito autoral brasileiro e das plataformas digitais na cultura LGBTQIA+ online. Após este estudo, três ensaios discutem a complexa relação do Direito Autoral com o ensino: Mariana Valente e Victor Pavarin Tavares defendem que o Direito Autoral deve facilitar atividades educativas; adiante, Alexandre Saldanha indaga em seu ensaio se é possível evitar problemas com direitos autorais em dinâmicas de ensino e aprendizagem no ensino híbrido; por fim, Guilherme Klafke e Deíse Mato discutem o uso de plataformas de *streaming* no ensino. Maria Eduarda Freie segue discutindo os desafios da definição do regime jurídico das plataformas de *streaming*. Andréa Lasevicius e Isabella Lima fazem breve estudo sobre instituições de memória na sociedade digital, trazendo a perspectiva da "cultura aberta". Por fim, Manuella Santos de Castro fecha a obra com uma profunda análise sobre a aplicação da tecnologia *blockchain* na seara dos direitos autorais, mostrando sua importância para a proteção do desenvolvimento intelectual do país.

Devido ao seu papel central em uma das mais relevantes pautas de modernização da Lei de Direitos Autorais, o livro conta com prefácio da Ministra do Superior Tribunal de Justiça, Nancy Andrighi. A Ministra foi e é figura importante na temática da responsabilidade de intermediários, amplamente tratada nesta obra, no contexto da decisão proferida pela Ministra em 2017, quando relatora do Recurso Especial nº 1.501.603.

Além de agradecer pela contribuição de todos(as) os(as) autores(as) deste livro e pelo prefácio da Ministra Nancy Andrighi, faz-se necessário o reconhecimento dos pesquisadores e estagiária do CEPI, Ana Carolina Silveira, Andréa Lasevicius Moutinho, Isabella Pereira de Moura Lima e João Pedro Favaretto Salvador, fundamentais na organização desta obra.

São Paulo, 2022.

TATIANE GUIMARÃES
Mestranda em Direito e Desenvolvimento pela FGV Direito SP, com Bolsa Mario Henrique Simonsen de Ensino e Pesquisa. Líder de Pesquisa no Centro de Ensino e Pesquisa em Inovação (CEPI) da FGV Direito SP.

PREFÁCIO

Foi com imensa honra e alegria que recebi o convite para prefaciar a densa e profunda obra coordenada pelo Professor Doutor Alexandre Pacheco da Silva, as Mestrandas Tatiane Guimarães e Andréa Lasevicius Moutinho, todos integrantes do Centro de Ensino e Pesquisa em Inovação (CEPI) da FGV Direito SP, na qual são apresentados, discutidos e examinados temas atuais e de alta relevância que envolvem aspectos de Direito Autoral em suas relações com o ambiente digital.

Para além da densidade do material que o leitor tem em mãos, a leitura dos diversos artigos e ensaios integrantes da presente obra revelam como, na dinâmica atual da sociedade da era da informação, tem se demonstrado penosa a tarefa do legislador de acompanhar as transformações das relações jurídicas que vem se estabelecendo, em velocidade sem precedentes, mediante o uso cada vez mais abrangente das tecnologias da informação e da comunicação.

Com a finalidade de diagnosticar elementos, fomentar o debate e propor soluções para a necessária atualização das bases jurídico-legais sobre as quais se funda o Direito Autoral, os estudos que seguem lançam um olhar aguçado sobre questões de interesse não só dos autores de obras intelectuais, mas também dos consumidores, usuários de plataformas digitais e redes sociais e das entidades, públicas e privadas, ligadas ao ramo.

Tendo como ponto de apoio pesquisa levada a cabo pelo Centro de Ensino e Pesquisa em Inovação da Fundação Getúlio Vargas – CEPI, o livro principia com uma revisão da história recente do Direito Autoral no Brasil à luz do surgimento das novas tecnologias, que permitiram que uma incontável quantidade de informação e conteúdo fosse propagada de forma imediata, dificultando, como consequência, o controle do uso de obras protegidas nas plataformas da internet e eventuais reflexos na liberdade de expressão e na caracterização de possíveis ilicitudes.

Aos autores não escapou a mudança que se operou na percepção do papel dos intermediários de conteúdo, os quais, atualmente, cumprem função ativa na organização da internet, uma vez que suas decisões e escolhas exercem controle sobre os espaços digitais e sobre o comportamento dos usuários. Por força dessa nova realidade, os autores reforçam a necessidade de que o Estado, ao editar normas regulatórias acerca do tema, esteja atento aos interesses, por vezes ocultos, das grandes corporações que controlam as plataformas, assim como às complexas relações que se estabelecem entre empresas, usuários e titulares dos direitos autorais.

O estudo seguinte, por seu turno, envereda com grande profundidade pela responsabilização dos intermediários nas hipóteses de violação de direitos autorais, que se caracteriza como um dos temas centrais a serem definidos na seara digital. Os autores esclarecem as profundas divergências existentes entre os setores envolvidos acerca de qual modelo de responsabilização o Brasil deveria adotar, sugerindo que, na discussão envolvendo modelos regulatórios, não se perca de vista o incentivo ao florescimento de obras criativas e a remuneração adequada dos criadores das obras artísticas.

Na sequência, lança-se um olhar minucioso sobre as práticas adotadas em relação aos direitos autorais na moderação de conteúdo implementada pelas plataformas digitais e como a ausência constatada quanto à transparência dessa sistemática causa efeitos indesejados sobre outros direitos ou garantias individuais, como a liberdade de expressão ou o acesso ao conhecimento.

Encerrando essa primeira parte da obra, que reúne artigos acadêmicos de renomados centros e institutos de pesquisa e entidades do terceiro setor, os autores analisam criticamente a questão atinente ao atraso da regulamentação normativa constante na Lei de Direitos Autorais em relação à cultura digital contemporânea. Apresentam, ao final, profícuas considerações que servem como ponto de partida para que se proceda a uma revisão crítica da normatização autoral. No intuito de colaborar com o enfrentamento das questões problemáticas apontadas no texto, os autores sugerem a elaboração de uma política educacional que volte seus olhos ao conhecimento difuso dos direitos autorais, de modo que seja facilitada a reflexão sobre suas funções, sua regulamentação e suas diretrizes.

A gigantesca mudança na forma de se produzir cultura que foi catalisada pelo advento das tecnologias digitais – atualmente qualquer pessoa com acesso a um smartphone e à rede mundial de computadores pode produzir e disponibilizar ao público conteúdo artístico ou científico – e a relação dessa nova realidade com o controle de acesso a obras intelectuais, com a manutenção de sua integridade e com a responsabilidade por sua circulação na internet, é o fio condutor de um ensaio. Reconhecendo que a ausência de definição legislativa é a fonte das atuais incertezas jurídicas quanto ao sistema de responsabilização civil em ambientes virtuais, o autor defende a necessidade de criação de regras claras – sem que sejam vilipendiados a liberdade de expressão, maximizada pelo uso maciço da internet, e os usos sociais de obras, protegidos pelas limitações aos direitos autorais –, a fim de que se garanta a promoção da segurança jurídica a todos os envolvidos.

A importância crescente dos algoritmos como instrumentos de atuação na governança dos direitos autorais constitui a temática que revela como o tema tem ganhado relevância em âmbito global e sugere que mudanças deverão ocorrer, em função deles, no sistema de regulação dos direitos de autor.

A obra, ainda, traça um panorama dos desafios concernentes à aplicação das limitações e das exceções à proteção autoral em âmbito global, refletindo acerca da possibilidade de se avançar no sentido de uma maior harmonização da regulação da matéria em escala mundial, a fim de que sejam minimizadas eventuais concorrências entre disposições vigentes em países diversos.

Sobreleva destacar a excelente abordagem acerca da cultura LGBTQIA+ na sociedade digital e de como a reforma da lei brasileira de Direitos Autorais pode ser de grande utilidade para garantir liberdade de expressão aos produtores de conteúdo que utilizam as plataformas digitais para divulgação de suas ideias e que, como mostra a autora, muitas vezes são cerceados pelas próprias plataformas de forma automática e discriminatória.

A complexa relação existente entre a utilização de conteúdo protegido pelo Direito Autoral no sistema de ensino e os ditames da legislação correlata é examinada com propriedade ímpar pelos autores. Cuida-se de situação de impasse vivenciada no dia a dia do ambiente escolar, tendo sido amplificada pela pandemia da covid-19, que impôs às escolas o uso de ambientes virtuais para a realização de aulas. Também quanto a esse aspecto, denota-se a necessidade de aprofundamento dos debates para reformulação da normatização em foco, que data da década de 90 do século passado, a fim de garantir maior segurança aos educadores e pavimentar a estrada que leva os estudantes ao conhecimento.

Os autores não se furtaram a analisar os desafios que precisam ser enfrentados para que se possa, enfim, alcançar uma definição apropriada do regime jurídico aplicável às plataformas de *streaming de vídeo on demand* no Brasil (tais como a Netflix). Foi enfatizado que se mostra imperioso ponderar os distintos interesses que envolvem as diversas camadas da indústria do audiovisual (plataformas digitais, televisão por assinatura, artistas, diretores, roteiristas), com o intuito de que se possa chegar a um denominador comum no que concerne à necessária atualização do aparato regulatório correlato.

A atuação das instituições de memória (museus, bibliotecas, arquivos e galerias) igualmente foi afetada de maneira profunda pelo advento (e pela popularização do uso) da internet. Se é certo que a possibilidade de digitalização de obras físicas facilitou a organização e a divulgação dos acervos dessas instituições, também é certo que trouxe à tona dificuldades antes inexistentes. Segundo as autoras, a busca por um equilíbrio adequado entre a proteção do direito autoral e o direito de acesso à cultura passa por uma longa caminhada, no curso da qual se afigura imprescindível sopesar os interesses e as necessidades de autores, usuários, indústria e instituições de memória: uma longa e árdua jornada entremeada por dificuldades advindas da alternância de posições e ideias nas esferas públicas de poder.

Digno de nota especial é o mérito da obra por usar linguagem que, sem descurar da técnica necessária ao enfrentamento dos temas, permite que imigrantes e nativos digitais, todos que se interessem pelas temáticas propostas, possam empreender sua leitura sem maiores dificuldades, independentemente da área de formação ou de atuação profissional do leitor.

Diante da atualidade das discussões ancoradas nesta preciosa obra, da necessidade efetiva de adequação da legislação de direito autoral em relação às inovações tecnológicas e do esmerado trabalho elaborado pelos

Coordenadores e Autores ressai, indubitável, que o leitor tem em suas mãos um excelente e primoroso guia para compreender e se atualizar acerca do que há de mais recente no debate brasileiro atinente ao DIREITO AUTORAL NA INTERNET.

Feliz leitura!

NANCY ANDRIGHI
Ministra do Superior Tribunal de Justiça-STJ.

Primavera de 2022.

SUMÁRIO

1. DIREITO AUTORAL NO BRASIL E INTERNET: REVISANDO A HISTÓRIA RECENTE À LUZ DAS NOVAS TECNOLOGIAS E PLATAFORMAS DIGITAIS

Andréa Lasevicius Moutinho
Isabella Pereira de Moura Lima
Maria Eduarda Neuburger Freire
Tatiane Guimarães
Alexandre Pacheco da Silva

Introdução

Com o desenvolvimento de novas ferramentas de produção e compartilhamento de conteúdo na Internet, o controle do uso de obras protegidas por direitos autorais torna-se uma tarefa cada vez mais difícil e questionável. Isto ocorre porque, com o contínuo surgimento de novas tecnologias, a sociedade vem passando por transformações profundas nas formas de expressão e produção de obras intelectuais[1]. Os novos mecanismos de interação social e as novas ferramentas de comunicação e produção de conteúdo são mais dinâmicos e acessíveis do que os tradicionais, popularizando e potencializando o seu uso. Assim, qualquer um é capaz de reproduzir e utilizar conteúdo de terceiros de forma barata e rápida, cultivando um ambiente favorável à manifestação da chamada cultura do remix, muito difundida no Brasil.

[1] LIGUORI FILHO, Carlos Augusto. *Tente outra vez: o anteprojeto de reforma da lei de direitos autorais, sua compatibilidade na sociedade da informação e a espera pela reforma que nunca chega.* Mestrado, FGV Direito, São Paulo, 2016.

De acordo com o Relatório TIC Domicílios 2020[2], 31% da população brasileira afirma que, em 2020, utilizou-se da internet para criar e postar textos, imagens ou vídeos. Isso totaliza mais de 65 milhões de brasileiras e brasileiros criando e compartilhando obras online. Dentre essas criações e postagens, ressalta-se o papel fundamental do YouTube no fomento à cultura brasileira: a plataforma foi apontada pelo *DataReportal*, na pesquisa Digital 2020: Brazil[3], como a rede social mais utilizada pelos brasileiros (cerca de 96% dos entrevistados afirmaram utilizá-la).

No entanto, esta plataforma é uma dentre várias conhecidas por seu controle automático de conteúdo, ponto polêmico quando se trata, por exemplo, de Direitos Autorais. Apenas para ilustrar, em seu relatório de transparência[4], a plataforma mostra que menos de 10% das remoções feitas são realizadas de forma manual, ou seja, mais de 90% do conteúdo removido é identificado e controlado de maneira automatizada. Se quase 3 milhões de vídeos de usuários localizados no Brasil foram removidos do YouTube em 2020, então pelo menos 2.700.000 vídeos foram removidos sem a interferência humana.

Como já foi muito apontado por diversos autores[5], o Direito Autoral pode ser usado como mecanismo de censura. Seja sob a ótica dos usos aceitáveis (fair use) ou das exceções às limitações de uso de obras protegidas, o Direito Autoral depende do contexto do uso da obra – ponto muitas vezes percebido por sutilezas de humor, no caso das paródias, ou no entendimento sobre competição com a obra original, no caso de uso de partes da obra protegida. Assim, a interferência humana na moderação de conteúdo, via Direito Autoral, mostra-se fundamental.

[2] Núcleo de Informação e Coordenação do Ponto BR (NIC.br). *TIC Domicílios 2020 – Pesquisa sobre o uso das tecnologias de informação e comunicação nos domicílios brasileiros* (1. ed.). São Paulo: Comitê Gestor da Internet no Brasil, 2021. Disponível em: <https://cetic.br/media/docs/publicacoes/2/20211124201233/tic_domicilios_2020_livro_eletronico.pdf>. Acesso em 14.06.2022.

[3] DATAREPORTAL. *Digital 2020: Brazil (January 2020) v01.* Disponível em: <https://datareportal.com/reports/digital-2020-brazil>. Acesso em 14.06.2022.

[4] GOOGLE. *Google Relatório de Transparência.* 2022 Disponível em: <https://transparencyreport.google.com/?hl=pt_BR>. Acesso em 14.06.2022.

[5] Ver mais em: LESSIG, Lawrence. *Free Culture: how big media uses technology and the law to lock down culture and control creativity.* New York: Penguin, 2006.
RUIZ, Claudio. *Copyright as a weapon for censorship.* Derechos Digitales, 2014.
SUTTON, Maira. *Copyright as a tool of censorship.* European Digital Rights. EFF, 2014.

Diante deste quadro, percebe-se que o Direito Autoral pode e deve ser visto como um mecanismo de grande importância para ser estudado neste contexto de novas formas de criação e compartilhamento de cultura online. Como afirma Carlos Liguori em sua análise da legislação autoral brasileira[6], a função dos Direitos Autorais não se esgota na mera proteção de interesses subjetivos concernentes à relação entre o autor e a obra, mas engloba, também, interesses e direitos extrínsecos a esta relação – como interesses individuais e coletivos relativos ao acesso à cultura, à educação e à liberdade de expressão. Deste modo, tem-se que o Direito Autoral possui, em suma, duas funções: a promocional, representando os interesses do autor com relação a suas obras, e a social, representando os interesses da sociedade como um todo com relação ao acesso às obras intelectuais.

Nas palavras de Neil Weinstock Netanel, vivemos um verdadeiro "paradoxo do direito autoral"[7]: as regras de proteção autoral ao mesmo tempo incentivam e limitam a criação de novas obras. O Direito Autoral, assim, por um lado, pode ser encarado como um motor da liberdade de expressão, incentivando a produção de conteúdo por meio da garantia do ganho econômico e delimitando usos excepcionais das obras protegidas por ele. Por outro, pode ser visto como limitador, já que, a depender do rol de casos excepcionais de uso, por exemplo, pode tornar ilegais obras que fazem parte da cultura, da liberdade de expressão e de informação dos cidadãos submetidos a certo regime legal.

É diante deste contexto, de mudanças rápidas na forma que a cultura brasileira pode se manifestar na internet, que se insere a análise proposta neste artigo da legislação autoral brasileira e seus movimentos de reforma. A Lei de Direitos Autorais, Lei nº 9.610 de 1998 (LDA), foi marcada desde seus primórdios pelo estigma de "uma lei que nasceu velha"[8], em razão de seu diagnosticado descompasso com as inovações tecnológicas. Desde (quase) sempre se fala em reforma na lei, uma promessa que nunca foi cumprida.

[6] LIGUORI FILHO, Carlos Augusto. *Tente outra vez: o anteprojeto de reforma da lei de direitos autorais, sua compatibilidade na sociedade da informação e a espera pela reforma que nunca chega.* Mestrado, FGV Direito, São Paulo, 2016.

[7] NETANEL, Neil Weinstock. *Copyright's Paradox.* Oxford, New York: Oxford University Press, 2008.

[8] VALENTE, Mariana G. *Reconstrução do Debate Legislativo sobre Direito Autoral no Brasil.* Doutorado, Faculdade de Direito, USP, São Paulo, 2018.

Assim, no primeiro capítulo deste artigo é feita uma análise histórica sobre os movimentos de reforma da LDA, sendo apontados os temas, os atores e as influências internacionais percebidas em propostas legislativas e consultas públicas realizadas nos últimos 20 anos. O segundo capítulo enfoca a questão da responsabilidade de intermediários e a moderação de conteúdo online, devido à relevância que esta temática tomou nos últimos anos, fazendo surgir a necessidade de se entender como regular os Direitos Autorais frente ao cenário de controle de conteúdo por agentes privados (plataformas). Objetiva-se, a partir do histórico da legislação autoral brasileira, das suas incompatibilidades com uma sociedade crescentemente digital e da breve reconstrução sobre moderação de conteúdo e liberdade de expressão online, compreender de forma mais profunda o quadro regulatório nacional diante das necessidades de controle e incentivo da cultura brasileira na internet.

1. A lei de direitos autorais na história: passado, presente e futuro

1.1. A origem da lei de direitos autorais e os primeiros movimentos de reforma

A história dos direitos autorais está intrinsecamente ligada à evolução tecnológica da sociedade moderna. A criação da imprensa e as possibilidades crescentes de reprodução e difusão das produções científicas e artísticas foram acompanhadas da sensação de que era necessário proteger os autores da cópia indevida de suas obras[9]. De certo modo, encontrava-se aí o início do embate entre "incentivo à inovação" vs. "acesso ao conhecimento", que viria a marcar o desenvolvimento dos direitos autorais. Em uma longa e gradual trajetória em direção aos mecanismos legais hoje existentes, a proteção de direitos autorais passou de uma retórica predominantemente penalista para a esfera cível, com repercussões personalíssimas (relativas à face moral do direito do autor) e patrimoniais.

Para além disso, em decorrência da universalidade atribuída à noção de autoria e da necessidade de proteger as obras para além das fronteiras nacionais, esforços internacionais de regulação da propriedade intelectual surgiram desde o século XIX. Os primeiros deles foram as promulgações

[9] BRANCO, S. V. *Direitos Autorais na Internet e o Uso de Obras Alheias*. Rio de Janeiro: Editora Lumen Juris, 2007, pp. 13-15.

da Convenção de Paris para Proteção da Propriedade Industrial, em 1883, e da Convenção de Berna sobre Proteção de Obras Literárias e Artísticas, em 1886, que estabeleceram as bases do direito autoral internacionalmente.

Com o passar dos anos, outros tratados foram acrescentados a esses marcos iniciais, gerando um arcabouço legal internacional contemporâneo balizado sobretudo pelo acordo TRIPs – responsável por unir e incrementar as Convenções de Paris e de Berna e as instituir como parâmetro mínimo a ser adotado por seus signatários –, e pelos Tratados da OMPI de 1996, ou "Tratados da Internet". Eles estavam relacionados a uma agenda de inovação fortemente influenciada pelas primeiras regulações digitais da década de 90 nos Estados Unidos, por exemplo o *Digital Millennium Copyright Act* (DMCA) de 1998.

O Brasil é signatário tanto das primeiras convenções como de suas revisões e do Acordo TRIPs de 1995, de modo que caberia ao Estado brasileiro incorporar seus dispositivos na legislação nacional até o início de 2000. Não obstante, o Brasil se absteve dos mencionados Tratados da Internet[10], tudo isso em meio à criação de uma nova lei autoral brasileira que propunha responder às mudanças mundiais em relação à propriedade intelectual[11], mas que acumulou insuficiências e contradições. Na primeira parte deste artigo, buscaremos aprofundar essas questões, incluindo os processos sociais, políticos e jurídicos em torno da promulgação da legislação de direitos autorais brasileira e das iniciativas de reforma que a sucederam.

No Brasil, os direitos autorais são regulados pela Lei nº 9.610 de 1998, Lei de Direitos Autorais (LDA), promulgada mediante um contexto de debates extensos que datam desde a legislação anterior (Lei nº 5.988 de 1973). Um dos efeitos, contudo, de tantos anos de reflexões acerca das possíveis melhorias a serem feitas, foi justamente seu descompasso com as inovações tecnológicas, gerando acerca da LDA o estigma de "uma lei que nasceu velha"[12].

[10] VALENTE, M. G. *A construção do Direito Autoral no Brasil: os anos 1989-1998*. Dissertação (Doutorado em Direito). Faculdade de Direito da USP, 2018, p. 186.

[11] Idem, p. 164.

[12] Idem, p. 12.

No âmbito das discussões legislativas à época, é possível afirmar que o debate sobre direitos autorais estava marcado pela dicotomia central entre o chamado "modelo de exploração econômica" de um lado e o "modelo do autor como criador" de outro. Uma das mais marcantes manifestações da época veio por meio da atuação de José Genoíno na Constituinte de 1988 e com os PLs 2.148/89 e 2.951/92 de sua autoria, em prol de uma regulação de direitos do autor mais restritiva em termos de possibilidade de usos lícitos de obras e enfoque em "separar o direito autoral da relação trabalhista e da prestação de serviços"[13]. Este, contudo, se manteve omisso quanto a necessidades suscitadas pelas mudanças tecnológicas.

Por outro lado, a contribuição de Luiz Vianna Filho com o PL 249/89, posterior PL 5.430/90, seguia o caminho oposto de Genoíno, isto é, sendo complacente à Lei n. 5.988/73, enxergando a necessidade de sua adequação no sentido tecnológico e de inclusão de uma "cláusula geral" de flexibilidade quanto às limitações e exceções. O atual art. 46 da LDA, inciso VIII, por exemplo, bebe dessa fonte e possui uma redação vaga que "permite" sem qualquer parâmetro objetivo estabelecido a reprodução de pequenos trechos ou obras integrais em caso de artes plásticas.

De um modo geral, é possível identificar no modelo respaldado por Vianna Filho os interesses dos grandes agentes econômicos, especialmente as empresas do setor das artes e das comunicações, e, no de Genoíno, os interesses dos indivíduos que ele caracterizava como autores propriamente. O debate acerca do modelo de acesso ao conhecimento, por sua vez, só veio a surgir anos mais tarde, durante o período de discussões referentes à reforma da LDA na primeira década dos anos 2000.

No final das contas, pode-se dizer que, nessa disputa, a LDA herdou muito de sua estrutura do Projeto de Luiz Vianna Filho, contudo, em termos de conteúdo, prevaleceu a influência do Projeto Genoíno, o que diz muito sobre a sua abordagem restritiva (focada na proteção individual e pessoal do "criador") e silente em relação às transformações tecnológicas pelas quais passava a sociedade. Assim, a Lei de 1998, em relação à anterior, de 1973, diminuiu as hipóteses de não violação de direitos autorais (art. 46), aumentou o prazo de proteção do autor para o tempo de vida deste e o tempo post mortem desse direito aos seus sucessores (art. 41), postergando a entrada da obra em domínio público e, ainda, trouxe novas disposições

[13] Idem, p. 116.

sobre proteção de bases de dados (art. 87) e sistemas de *Digital Rights Management* (DRM)[14].

Apesar disso, há um afastamento da Lei em relação à visão inicial de Genoíno na medida em que ela possui uma dimensão econômica que tende a favorecer empresas fortemente presente, com a divisão de direitos do autor e conexos, oposta à proposta da criação da categoria de "criadores" que equipararia autor, intérprete e executante em termos de direitos autorais (mais fortes que os conexos)[15], além da possibilidade de cessão patrimonial de direitos. Ainda, quanto a limitações e exceções (arts. 46-48), a LDA é vista como muito restritiva, por prever poucas hipóteses de permissão de uso das obras sem autorização, além de gerar problemas hermenêuticos em decorrência de conceitos abertos e mal determinados[16].

Devido à junção de todos esses elementos, desde a contraposição de interesses na temática do direito do autor e sua tradução no texto legal até as diversas insuficiências da lei para o cenário virtual, como a falta de qualquer previsão direcionada ao uso e reprodução de obras na internet, surgiram muitos movimentos para mudanças em seu corpo[17]. É difícil delimitar marcos iniciais quando se trata do debate público, mas, a partir de 2003, surgiram os primeiros movimentos mais estruturados em prol de uma flexibilização dos direitos autorais para os usuários[18]. Considera-se um marco para a discussão de reforma dos direitos do autor a gestão do Ministro da Cultura à época, Gilberto Gil, em que diversas iniciativas de fomentar esse debate ganharam espaço e respaldo público.

[14] Estes consistem basicamente em ferramentas ou medidas tecnológicas para a proteção de direitos no mundo digital, como o controle de acesso a conteúdos (art.107). Para aprofundamento do tema no contexto internacional, ver: PERZANOWSKI, Aaron; SCHULTZ, Jason. *The End of Ownership: personal propertyin the digital economy.* Cambridge, Ma: The Mit Press, 2016. (The information).

[15] VALENTE, M. G. *A construção do Direito Autoral no Brasil: os anos 1989-1998.* Dissertação (Doutorado em Direito). Faculdade de Direito da USP, 2018, p. 109.

[16] PINTO, Rodrigo Póvoa Braule. *Lei de Direitos Autorais: Pequenos Trechos, Grandes Problemas.* Brasília: Câmara dos Deputados, 2009. Dissertação (Especialização). Centro de Formação, Treinamento e Aperfeiçoamento da Câmara dos Deputados, p. 12.

[17] LIGUORI FILHO, Carlos Augusto. *Tente Outra Vez: O anteprojeto de reforma da lei de direitos autorais, sua compatibilidade na sociedade da informação e a espera pela reforma que nunca chega.* Dissertação (Mestrado em Direito). FGV Direito SP, 2016, p. 153

[18] VIEIRA, A. P. *Direito Autoral na Sociedade Digital.* São Paulo: Editora Montecristo, 2018, p. 52.

No entanto, no mesmo ano de começo de mandato, foi aprovada a Lei nº 10.695, que modificou o Código Penal e trouxe uma abordagem ainda mais restritiva em relação aos direitos de autor. Ao art. 184 foram adicionados parágrafos, como, por exemplo, o §3º[19], que criminaliza o compartilhamento público de obras, em linha com as tendências que se deram um pouco antes nos EUA em torno dos *Digital Rights Management* (DRMs)[20]. Como ressalva, o referido artigo condiciona a tipificação do crime à prática que gere lucro, excluindo a escala de cópia individual e as poucas previstas no art. 46 da LDA[21].

Em 2004, foi criado o Conselho Nacional de Combate à Pirataria e Delitos contra a Propriedade Intelectual (CNCP), por pressão dos compromissos internacionais assumidos pelo Brasil como signatário do TRIPs[22]. Nesse meandro, o Grupo Interministerial de Propriedade Intelectual (GIPI), criado pelo Decreto Presidencial de 21 de agosto de 2001, começou a coordenar mais intensamente as discussões em torno da revisão da LDA. Em 2005, foi realizada a 1ª Conferência Nacional de Cultura, organizada pelo Ministério da Cultura (MinC), com a finalidade de promover o debate sobre o setor cultural e pensar políticas para a sua melhoria. Assim, viu-se um esforço tanto da sociedade civil, com a participação de diferentes agentes setoriais, quanto do MinC para revisão da LDA.[23]

A tentativa organizada de reforma da Lei, de fato, teve início em 2007, com a apresentação de seminários por representantes da academia, escritórios de advocacia, empresas e associações no Fórum Nacional de Direito Autoral (FNDA)[24]. O FNDA permitiu um debate público centrado na busca pelo equilíbrio entre as diversas visões, interesses e atores envolvidos

[19] Idem.

[20] PERZANOWSKI, Aaron; SCHULTZ, Jason. *The End of Ownership: personal propertyin the digital economy*. Cambridge, Ma: The Mit Press, 2016. (The information).

[21] VIEIRA, A. P. *Direito Autoral na Sociedade Digital*. São Paulo: Editora Montecristo, 2018, p. 45.

[22] REIA, J.; MIZUKAMI, P. Ni. Reformando a lei de direitos autorais: desafios para o novo governo na área da cultura. *Revista Eletrônica de Comunicação, Informação e Inovação em Saúde*, v. 9, n. 1, 2015, p. 3.

[23] VIEIRA, A. P. *Direito Autoral na Sociedade Digital*. São Paulo: Editora Montecristo, 2018.

[24] REIA, J.; MIZUKAMI, P. Ni. Reformando a lei de direitos autorais: desafios para o novo governo na área da cultura. *Revista Eletrônica de Comunicação, Informação e Inovação em Saúde*, v. 9, n. 1, 2015.

no tema, sobretudo diante da dicotomia "proteção dos direitos autorais" e "acesso à cultura".

No ano seguinte, com a saída de Gilberto Gil à frente do Ministério da Cultura e a entrada de Juca Ferreira, nomeado pelo ex-presidente Lula, no cargo, a expectativa era que fosse dada continuidade ao movimento de reforma já em curso. Após a congregação de diversos posicionamentos por meio das discussões promovidas, o MinC passou a trabalhar em um Anteprojeto de Reforma da LDA (APL), que, em suma, abrangia quatro frentes de flexibilização a favor do acesso comentadas por Carlos Liguori[25]: (i) equilíbrio entre o estímulo à criação e o acesso à cultura; (ii) adequação da lei ao cenário digital, especialmente com a inclusão de uma cláusula geral de limitação semelhante ao fair use; (iii) inserção de licenças compulsórias; e (iv) um regime de fiscalização e transparência da atuação do ECAD.

Diante da minuta do Anteprojeto, cuja primeira versão foi apresentada em 2009 durante o III Congresso de Direito de Autor e Interesse Público, foi lançada em 2010 uma Consulta Pública online para a discussão de seu texto. Ela contou com o recebimento de 7.863 contribuições[26], as quais foram analisadas pelo GIPI, que, a partir disso, reformulou a proposta e a enviou à Casa Civil[27]. Pode-se dizer que havia uma organização praticamente maniqueísta dos interesses em disputa, divididos entre "a favor" ou "contra" a vertente de flexibilização dos direitos de autoria no sentido social de ampliação do acesso ao usuário, que para uns era posto como de interesse público e para outros, como um intervencionismo estadista indevido na esfera privada de direitos.

O progresso do movimento de reforma, contudo, foi afetado pela entrada de Ana de Hollanda como Ministra da Cultura em 2011. Há diversas explicações que buscam esclarecer as dificuldades impostas por sua gestão, por exemplo sua suposta vinculação aos interesses do ECAD

[25] LIGUORI FILHO, Carlos Augusto. *Tente Outra Vez: O anteprojeto de reforma da lei de direitos autorais, sua compatibilidade na sociedade da informação e a espera pela reforma que nunca chega.* Dissertação (Mestrado em Direito). FGV Direito SP, 2016, pp. 161-162.

[26] *MINC encerra consulta pública sobre lei.* Folha de S. Paulo [online], São Paulo, 02.09.2010. Ilustrada.

[27] LIGUORI FILHO, Carlos Augusto. *Tente Outra Vez: O anteprojeto de reforma da lei de direitos autorais, sua compatibilidade na sociedade da informação e a espera pela reforma que nunca chega.* Dissertação (Mestrado em Direito). FGV Direito SP, 2016, p. 164.

e seu posicionamento contrário a movimentos defensores do acesso à cultura, como o Creative Commons[28].

Ainda assim, em sua gestão ocorreu a segunda fase da Consulta Pública, agora mais centralizada no Ministério, sendo o APL submetido a reanálise. Esta se justificou pela permanência de uma grande controvérsia quanto a seu resultado e pelo fato de que o Art. 105-A, que tratava da responsabilização solidária de intermediários por violação em sua hospedagem[29], havia sido incluído no texto sem um debate e deliberação formal. Essa fase da Consulta contou com maiores dificuldades de participação do público, como exigências burocráticas e juridicamente técnicas que fizeram cair o número total de contribuições para 158. Além disso, houve uma menor transparência quanto às contribuições, não mais disponibilizadas na íntegra, e se multiplicaram as travas ao progresso do APL.

Após os novos esforços, no fim de 2011, o APL foi mais uma vez encaminhado à Casa Civil, mas, com a substituição de Ana de Hollanda por Marta Suplicy, que representava um posicionamento mais reformista, no posto de ministra do MinC, o Anteprojeto voltou ao Ministério para mais uma revisão. Contudo, tanto a Consulta quanto o Anteprojeto acabaram definitivamente abandonados e, ao contrário do que muitos esperavam, o APL foi de uma vez por todas engavetado.[30]

Durante a gestão da nova ministra, entretanto, a pauta de direitos autorais foi contemplada em uma das quatro esferas principais mencionadas anteriormente: o regime de fiscalização e transparência da atuação do ECAD. Isto é, após a CPI do ECAD, que se deu entre 2011 e 2012, foi promulgada a Lei nº 12.853 de 2013, que alterou a LDA dispondo sobre a

[28] Sobre o tema, uma das primeiras medidas de Ana de Hollanda no cargo foi a remoção das licenças Creative Commons do site do MinC, o que foi interpretado como um forte sinal de que a orientação do novo Ministério iria em sentido diametralmente oposto ao dos anos Gil e Juca.

[29] LIGUORI FILHO, Carlos Augusto. *Tente Outra Vez: O anteprojeto de reforma da lei de direitos autorais, sua compatibilidade na sociedade da informação e a espera pela reforma que nunca chega.* Dissertação (Mestrado em Direito). FGV Direito SP, 2016, p. 167.

[30] Em outubro de 2016, consolida-se o abandono do APL: a plataforma do MinC que continha todo material relativo às consultas públicas é, enfim, retirada do ar. LIGUORI FILHO, Carlos Augusto. *Tente Outra Vez: O anteprojeto de reforma da lei de direitos autorais, sua compatibilidade na sociedade da informação e a espera pela reforma que nunca chega.* Dissertação (Mestrado em Direito). FGV Direito SP, 2016, p. 206.

gestão coletiva de direitos autorais, com especial atenção à atribuição do MinC frente à supervisão das associações que a fazem (quesito controvertido, porém já declarado constitucional pelo STF em 2016).

Outros pequenos avanços puderam ser sentidos em relação ao tema de limitações e exceções de direitos autorais a partir da adesão do Brasil ao Tratado de Marraqueche para Facilitar o Acesso a Obras Publicadas às Pessoas Cegas, com Deficiência Visual ou com Outras Dificuldades para Ter Acesso ao Texto Impresso de 2013, ratificado em 2015 e que oficialmente entrou em vigor no ano de 2016. A mudança de paradigma apontada neste Tratado, especialmente para a realidade brasileira quanto ao debate de direitos autorais, está na centralidade dada ao usuário, posto como um sujeito de direito na relação de direito autoral. Este entendimento abre um caminho para que também seja contemplada a função social de obras[31], uma vez que se relativiza o direito autoral frente à necessidade de promover o acesso às produções, que não poderiam ser acessadas por pessoas com deficiência visual sem a disponibilização em formato fonográfico de modo acessível.

Em 2015, com o retorno de Juca Ferreira ao Ministério da Cultura e a entrada de diversos sujeitos da academia e da sociedade civil, que haviam participado ativamente dos debates anteriores sobre a reforma da LDA, na pasta, voltaram a surgir expectativas de que a reforma avançasse. Apesar disso, nenhuma mudança concreta ocorreu neste período. Na verdade, o cenário ficou ainda mais prejudicado a partir de 2016, quando o quadro político brasileiro entrou em um momento crítico, marcado pelo processo de Impeachment da, então, presidente Dilma Rousseff e pelas diversas mudanças implementadas pelo novo governo de Michel Temer. Tão logo que assumiu a presidência, Temer extinguiu o Ministério da Cultura, rebaixando-o ao status de secretaria e juntando sua pasta ao Ministério da Educação. O movimento gerou profundas insatisfações em diversos setores e mobilizações da sociedade civil motivaram a recriação do MinC pouco depois da primeira decisão.

[31] Nebulosamente, tal questão pode ser discutida à medida que se compreende o direito autoral no campo dos direitos reais. Isto é, no direito brasileiro, cabe englobar os direitos autorais, como um dos direitos de propriedade intelectual, nas previsões quanto à função social da propriedade, presente na CF nos artigos 5º, inc. XXIII e 170, inc. III.

Neste ínterim, foi instituída a Comissão Especial sobre Direitos Autorais em 2015 pelo ex-deputado Eduardo Cunha, em que restou ainda mais evidente a dicotomia entre flexibilização e restrição de direitos autorais na discussão entre Poder Público, Associações de Gestão Coletiva, autores e artistas, outros representantes de titulares e usuários[32]. Seu objetivo era tratar do Projeto de Lei nº 3.968, de 1997, e seus apensados, cuja ementa dispunha: "Isenta os órgãos públicos e as entidades filantrópicas do pagamento de direitos autorais pelo uso de obras musicais e lítero-musicais em eventos por eles promovidos".

Ainda nos meados das mudanças políticas do Governo Temer, a Instrução normativa nº 2 sobre streaming, de 2016, estabeleceu "procedimentos complementares para a habilitação para a atividade de cobrança, por associações de gestão coletiva de direitos de autor e direitos conexos, na internet, conforme definida no inciso I do caput do art. 5º da Lei nº 12.965, de 23 de abril de 2014". Nela, o Ministério da Cultura buscou discutir os direitos envolvidos nos serviços de streaming: "reprodução, distribuição digital, e comunicação ao público nas suas várias modalidades, a depender do tipo de obra"[33]. Nessa linha, prevaleceu a posição da internet como um local de execução pública e, portanto, o enquadramento dos serviços de streaming nas regras do ECAD, devendo pagamento de direitos autorais por reprodução. Tal entendimento foi reiterado por decisão do Superior Tribunal de Justiça (STJ) em 2017[34].

1.2. A ascensão das plataformas e os novos caminhos de reforma da lei de direitos autorais

Os debates em torno da legislação de direitos autorais apresentados até aqui possuem, sem dúvidas, pontos de contato com o contexto de transformações tecnológicas em que o mundo imergiu nas últimas décadas. Eles deixam de fora, entretanto, um dos temas que se fez cada vez mais presente na agenda de regulação da internet, inclusive no âmbito dos

[32] ALBRECHT, Nayara F. M. M. *A Retórica Constitucional dos Direitos Autorais nas Disputas sobre a Legislação Brasileira*. In: Congresso de Direito de Autor e Interesse Público, 2020, Curitiba. Estudos de Direito do Autor e Interesse Público, 2020.

[33] VALENTE, M. G. *A construção do Direito Autoral no Brasil: os anos 1989-1998*. Dissertação (Doutorado em Direito). Faculdade de Direito da USP, 2018, p. 392.

[34] *Serviços de streaming de músicas deverão pagar direitos autorais ao Ecad*. STJ, notícias, 09.02.2017.

direitos autorais: a responsabilidade de intermediários por conteúdos postados por terceiros. Em outras palavras, a forma como os provedores devem responder civilmente por aquilo que disponibilizam seus usuários, ou, nos termos da Lei 12.965, pelos "danos decorrentes de conteúdo gerado por terceiros".

Não é possível compreender as dinâmicas contemporâneas em torno dos direitos autorais sem abordar o papel assumido pelas plataformas[35] nesse contexto, cujo crescimento e disseminação global se fez sentir em diversos países. Assim, discutir os variados modelos de responsabilização de intermediários existentes (que vão da isenção total à responsabilidade objetiva, passando por várias formas de responsabilidade subjetiva) é colocar em questão uma regulação com efeitos diretos nas plataformas e, no limite, nos direitos de seus usuários. Por essa razão, passou a ocupar um lugar central nos debates internacionais sobre a regulação da esfera digital e, no caso brasileiro, se fez presente nas discussões em torno do Marco Civil da Internet (Lei nº 12.965), além de alguns julgados anteriores à promulgação da Lei.[36]

Antes do marco regulatório, o judiciário brasileiro chegou a tratar sobre o tema, estabelecendo uma *ratio decidendi* comum aos casos levados aos tribunais, segundo a qual "as plataformas de internet devem arcar com todos os riscos de atividades ilegais por seus usuários"[37]. Tratava-se de

[35] O termo "plataformas" é aqui tuilizado como sinônimo de "intermediários" e "provedores de aplicação", por serem esses atores, definidos no art. 5º, inciso VII do Marco Civil da Internet (Lei nº 12.965/2014), foco do presente artigo. Há, entretanto, distinções que podem ser aprofundadas em: RODRIGUES, Gustavo; KURTZ, Lahis. *Transparência sobre moderação de conteúdo em políticas de comunidade*. Belo Horizonte: Instituto de Referência em Internet e Sociedade, 2020 e BALKIN, J. M. *Free Speech is a Triangle*. Columbia Law Review, Nova York, v. 118, n. 7, p. 2011-2056, 2018: "Social media companies, search engines, internet service providers (ISPs), web-hosting services, Domain Name System (DNS) registrars and registries, cyber-defense and caching services (such as Cloudßlare and Akamai), and payment systems (such as PayPal, Mastercard, and Visa). Each of these elements of the internet infrastructure is important, if not crucial, to people's practical ability to speak. In most countries, this internet infrastructure, or important parts of it, are privately owned."

[36] MONCAU, Luiz Fernando Marrey; ARGUELHES, Diego Werneck. The Marco Civil da Internet and Digital Constitutionalism. *Oxford Handbook Of Online Intermediary Liability*, [S.L.], p. 189-213, 4 maio 2020. Oxford University Press.

[37] FROSIO, Giancarlo (org.). *The Oxford Handbook of Online Intermediary Liability*. Oxford: OUP, 2019.

uma posição alinhada às retóricas mais alarmistas sobre efeitos da internet para os direitos autorais, marcando uma postura de maior restrição, responsabilização e punição no ambiente digital.

Um caso paradigmático foi o chamado Caso Dafra, de 2014, (REsp 1306157 SP)[38], em que o STJ decidiu pela responsabilização do intermediário YouTube frente à controversa infringência de direitos autorais da fabricante de motos Dafra em sua plataforma. O caso percorreu pontos de inflexão que refletiam as tendências brasileiras mais tradicionais e restritivas acerca dos direitos autorais. O vídeo que supostamente teria infringido os direitos autorais da Dafra era uma paródia de um comercial da empresa. No voto do ministro Felipe Salomão, discutiu-se o embate entre liberdade de expressão e o caráter difamatório do vídeo.

Contudo, a utilização dos direitos autorais como base para a derrubada do vídeo foi considerada um precedente alarmante, pois, a partir de uma argumentação atravessada por narrativas de perigo profundo aos direitos autorais, acabou-se por restringir ainda mais uma das hipóteses de exceção positivadas no art. 46 da LDA, a paródia, sem abordar a questão essencialmente como difamação. Com tal prerrogativa, a Dafra entrou com uma ação contra o YouTube para impedir que novos vídeos se utilizassem de seu nome ou marca registrada, além de, no caso específico, ter identificado o usuário infringente de seu direito de autoria para pleitear a remoção do URL da paródia, assim como uma indenização monetária à plataforma, alegando sua negligência frente ao ocorrido[39].

O Marco Civil da Internet (MCI) veio para tentar responder às questões que se multiplicavam em torno da regulação desse espaço cada vez mais presente no dia a dia da sociedade. Dentre os diversos temas que a lei buscou normatizar, a responsabilização de intermediários na internet por conteúdos postados por terceiros assumiu um lugar central nas discussões. O modelo adotado pelo MCI, ao encontro do que vinha ocorrendo em outros países, foi o de responsabilidade subjetiva dos intermediários acerca

[38] SUPERIOR TRIBUNAL DE JUSTIÇA. *Acórdão REsp nº 1.306.157 – SP*. Dafra. Relator: Ministro Luis Felipe Salomão. Brasília, DF, 24 de março de 2014. Recurso Especial Nº 1.306.157 – SP (2011/0231550-1).

[39] MONCAU, Luiz Fernando Marrey; ARGUELHES, Diego Werneck. The Marco Civil da Internet and Digital Constitutionalism. *Oxford Handbook Of Online Intermediary Liability*, [S.L.], p. 189-213, 4 maio 2020. Oxford University Press.

do conteúdo postado por terceiros em um modelo de *judicial-notice-and--take-down*, do qual tratam os arts. 18 e 19 da lei:

> Art. 18. O provedor de conexão à internet não será responsabilizado civilmente por danos decorrentes de conteúdo gerado por terceiros.
>
> Art. 19. Com o intuito de assegurar a liberdade de expressão e impedir a censura, o provedor de aplicações de internet somente poderá ser responsabilizado civilmente por danos decorrentes de conteúdo gerado por terceiros se, após ordem judicial específica, não tomar as providências para, no âmbito e nos limites técnicos do seu serviço e dentro do prazo assinalado, tornar indisponível o conteúdo apontado como infringente, ressalvadas as disposições legais em contrário.

Entretanto, ao invés de dar uma resposta aos embates que se multiplicavam no campo dos direitos autorais, o Marco Civil da Internet explícita e voluntariamente excluiu tais direitos da regra sua geral de responsabilidade de intermediários. Seu artigo 19, § 2º delimitou o tratamento do tema à legislação própria, determinando que "[a] aplicação do disposto neste artigo para infrações a direitos de autor ou a direitos conexos depende de previsão legal específica, que deverá respeitar a liberdade de expressão e demais garantias previstas no art. 5º da Constituição Federal." No meio tempo, fez prevalecer "a legislação autoral vigente aplicável na data da entrada em vigor desta Lei" (art. 31), mantendo a falta de um regramento específico sobre o tema.[40]

Assim, diante do vazio legal, em 2017, o STJ foi levado a firmar posicionamento sobre a responsabilidade de intermediários frente a eventuais violações de Direitos Autorais. No REsp 1501603, a ministra relatora Nancy Andrighi solidificou a tese que vinha sendo utilizada pelo Tribunal no tocante ao tema. Foi defendida à luz do artigo 19 do MCI a responsabilidade subjetiva por conteúdos gerados por terceiros na internet aos moldes do regime de *notice-and-take-down*. Isto é, "o provedor de aplicação torna-se responsável solidariamente com aquele que gerou o conteúdo ofensivo se, ao tomar conhecimento da lesão que determinada informação causa, não tomar as providências necessárias para a sua

[40] À época, ocorria uma das discussões de reforma da Lei de Direitos Autorais aqui tratadas, que, assim como as demais propostas, acabou ficando pelo caminho.

remoção"[41]. O caso abordava a questão no sentido de remoção de conteúdo por ofensividade, contudo, o seu entendimento acabou se estendendo para a lógica de aplicação a direitos autorais, sendo majoritário até hoje nos tribunais.[42]

Nos anos subsequentes, a relevância da internet continuou a crescer e a responsabilidade dos intermediários passou a integrar de forma cada vez mais central as discussões em torno da reforma da Lei de Direitos Autorais. É algo que se pode constatar, por exemplo, na Consulta Pública realizada em 2019 pela Secretaria de Direitos Autorais e Propriedade Intelectual (SDAPI), da Secretaria Especial da Cultura, do Ministério da Cidadania, durante a gestão de Henrique Pires, voltada a discutir tal iniciativa. Por meio de contribuições e sugestões, a temática da responsabilidade de intermediários, junto a outras facetas dos direitos autorais na internet, foi apontada como um dos principais pontos a serem atualizados por uma nova legislação[43].

Entretanto, ainda que a Consulta tenha sido seguida pela publicação de documentos sobre as contribuições realizadas, trazendo resultados e ideias de continuidade, como a elaboração de um novo anteprojeto de lei, desde 2020 a iniciativa encontra-se paralisada. Posteriormente, outros acontecimentos mais pontuais seguiram evidenciando a influência da internet e das tecnologias da informação e da comunicação (TIC) no debate sobre direitos autorais. Foi o caso da Consulta Pública realizada em 2021 no âmbito da ANCINE, na qual a Agência pôs em discussão uma minuta de Instrução Normativa que propunha enrijecer as regras sobre o uso de obras protegidas na internet. Foi também o conteúdo da Medida Provisória nº 1068/2021, publicada pelo executivo federal, que alterou o MCI e a LDA na tentativa de restringir a moderação de conteúdo pelas

[41] SUPERIOR TRIBUNAL DE JUSTIÇA. *Acórdão REsp nº 1.501.603*. Google Brasil Internet Ltda. Relator: Ministra Nancy Andrighi. Brasília, DF, 12 de dezembro de 2017. Recurso Especial Nº 1.501.603 – RN (2014/0290071-6).

[42] VALENTE, M. *Direito autoral e plataformas de internet: um assunto em aberto*. Blog InternetLab [online], São Paulo, 18/04/2019. Especial Marco Civil 5 anos.

[43] Responsabilidade dos Provedores de Aplicações da Internet foi o segundo tema mais indicado enquanto orientador de uma reforma da LDA, apenas atrás de Diretos autoriais e Internet. SECRETARIA DE DIREITOS AUTORAIS E PROPRIEDADE INTELECTUAL (SDAPI). *Relatório Preliminar: Consulta Pública para a Reforma da Lei de Direitos Autorais (Lei nº 9.610/1998)*. Brasília, 2020, p. 7.

plataformas[44]. Fortemente questionada pela sociedade, a Medida teve sua eficácia anulada e acabou convertida em projeto de lei (nº 3227/2021). Ela se tornou, com isso, mais um entre os diversos projetos de lei hoje no Congresso que também têm como objeto a alteração da LDA.

Há ao menos 17 projetos de lei sobre regulação de direitos autorais com tramitação autônoma (não apensados) na Câmara dos Deputados, espalhados por várias de suas comissões[45]. A pesquisa do CEPI em parceria com a plataforma Sigalei mapeou alguns dos projetos sobre a temática, diferenciando seu estado de tramitação atual, os anos em que foram propostos e alguns aspectos centrais de seu conteúdo, evidenciando a variedade de questões neles envolvida[46]. Além disso, apesar da identificação de um "maior entrave para a aprovação de projetos que propõem alteração direta à Lei de Direitos Autorais", há projetos nesse sentido do Congresso. Dentro eles, destaca-se o Projeto de Lei nº 2.370/2019, de autoria da Deputada Federal Jandira Feghali (PCdoB-RJ), aprovado na Comissão de Cultura da Câmara (CCULT) em maio de 2022. Isso porque seu texto busca incorporar diversas das contribuições realizadas ao longo das consultas públicas dos últimos anos, dando continuidade a processos muitas vezes marcados por interrupções.

2. Direitos Autorais e regulação das plataformas: responsabilidade de intermediários e moderações de conteúdo

A breve retomada da história dos direitos autorais no Brasil realizada neste trabalho buscou oferecer ao debate em torno da reforma da LDA um esboço de mapa: capaz de nos mostrar de onde viemos (pensando nas questões centrais colocadas a esse ramo do direito em diferentes momentos históricos); onde estamos (diante da difundida percepção de que as novas tecnologias geraram efeitos muito particulares na esfera da produção e difusão das criações intelectuais, sem a devida resposta por

[44] O argumento central do Governo Federal, fortemente criticado pelos estudiosos e trabalhadores da área, era de que os conteúdos publicados em redes sociais, imediatamente protegidos por direitos autorais, não poderiam ser removidos pelas plataformas.

[45] HOUANG, A.; PITA, M. *Bolsonaro ignora direitos autorais nas redes*. UOL [online], São Paulo, 07.10.2021. Congresso em Foco.

[46] GUIMARÃES, T. B.; SILVEIRA, V. D. X.; GONCALVES, A. C.; FREIRE, M. E. N. *O Direito Autoral no Legislativo: a evolução da metodologia de mapeamento de Projetos de Lei*. CEPI – FEED (Medium) [online], Medium, 22.06.2021.

parte da legislação pátria); e, por fim, para onde as atuais dinâmicas sociais, econômicas e jurídicas parecem estar nos levando. Nessa segunda parte, buscaremos, com o mapa acima delineado em mente, alcançar os pontos cardiais do debate de por que e como regular os Direitos Autorais na sociedade atual. Tanto percebendo a internet como cenário incontornável a ser considerado, e os atores nela atuantes como centrais para pensar as possibilidades de regulação existentes, quanto nos questionando os fins e os meios de uma legislação autoral que se proponha condizente com nosso tempo histórico.

Os últimos anos evidenciaram uma mudança de eixo no debate sobre a reforma da Lei de Direitos Autorais. Sobretudo a partir do Marco Civil da Internet, o tema da responsabilidade de intermediários foi assumindo uma relevância crescente nas reflexões sobre a internet e sua regulação, o que se refletiu também no âmbito dos direitos autorais. Globalmente, movimentos semelhantes puderam ser percebidos em diversos países. O relatório do CEPI "Reformas do Direito do Autor na Era Digital" trouxe alguns dados nesse sentido, mostrando como 21 das 26 jurisdições analisadas realizaram reformas de Direito Autoral de 2011 a 2020 e como 11 dessas 21 reformas envolveram mudanças nas regras de responsabilidade de intermediários de Internet por conteúdo infringente de terceiros.[47]

Assim, por mais que essa matéria pareça muitas vezes técnica e específica, ela carrega o cerne de uma mudança regulatória muito mais ampla e profunda, capaz de refletir um novo cenário econômico, político e social pós consolidação da internet. Cenário diretamente relacionado às práticas cotidianas de uma parcela enorme da população mundial, usuária da internet e sobretudo das redes socais, mas cujos termos permanecem em muito desconhecidos. De modo que buscaremos, ao longo deste tópico, compreender que giro regulatório é esse em curso, o que ele representa para Estados e sociedades cada vez mais conectadas e, no que nos diz respeito, para o futuro dos direitos autorais.

[47] SILVA, Alexandre Pacheco (Coord). CEPI – Centro de Ensino e Pesquisa em Inovação. *Reformas do Direito do Autor na Era Digital – Resultados preliminares da pesquisa*. São Paulo, FGV, junho/2021.

2.1. Transformações do ecossistema digital e efeitos regulatórios da liberdade de expressão

O crescimento exponencial da esfera digital gerou transformações sem precedentes nas formas de criação, produção e circulação das obras intelectuais. A internet efetivamente revolucionou a forma como nos comunicamos e acessamos as informações, permitindo às pessoas criarem e compartilharem como nunca antes, sobretudo em plataformas de redes sociais que hoje reúnem bilhões de usuários.

No caso do Brasil, procuramos mostrar como grande parte dessas transformações foi ignorada pela Lei de Direitos Autorais de 1998, com um texto de caráter analógico[48]. Posteriormente, apontamos como algumas das questões decorrentes desse novo cenário cultural se fizeram sentir já nas primeiras iniciativas de reforma da lei, ainda na primeira década dos anos 2000. O embate central entre acesso à cultura e à informação versus proteção por meio da restrição de acesso às obras trazia, do lado dos defensores de leis autorais mais rígidas, muito desse medo de que a internet representava um risco aos direitos autorais. Já do lado daqueles que defendiam o acesso à informação e à cultura facilitado pelas novas tecnologias, ele se traduzia nas propostas de novas hipóteses de limitações e exceções que resguardassem também no ambiente digital os usos legítimos de obras protegidas.

Tal oposição ainda perdura, fazendo-se sentir, por exemplo, na já mencionada Consulta Pública sobre a Reforma da Lei de Direitos Autorais de 2019[49], em que "Limitações e Exceções para Museus, Bibliotecas, Arquivos e Instituições Educacionais e de Pesquisa" foi a terceira temática mais sugerida para orientar uma Reforma da Lei. Entretanto, ela foi perdendo espaço para outras problemáticas que os novos arranjos sociais e econômicos do ecossistema digital fizeram surgir. Afinal, o espaço de liberdade com ares anárquicos[50] imaginado pelos fundadores da rede

[48] LIGUORI FILHO, Carlos Augusto. *Tente Outra Vez: O anteprojeto de reforma da lei de direitos autorais, sua compatibilidade na sociedade da informação e a espera pela reforma que nunca chega.* Dissertação (Mestrado em Direito). FGV Direito SP, 2016, p. 156.

[49] SECRETARIA DE DIREITOS AUTORAIS E PROPRIEDADE INTELECTUAL (SDAPI). *Relatório Preliminar: Consulta Pública para a Reforma da Lei de Direitos Autorais (Lei nº 9.610/1998).* Brasília, 2020, p. 7.

[50] MIRANDA, B. C.; SANTOS, C. X. A política brasileira no alcance dos dedos: os limites e as possibilidades do agir democrático no ciberespaço. *Revista Internet & Sociedade*, v. 1, p. 3-163, 2021.

mundial de computadores[51] foi aos poucos sendo ocupado por novos e cada vez mais poderosos atores: os chamados intermediários. Eles são hoje os atores responsáveis pela relação entre a internet e seus usuários, controlando o acesso, hospedagem, transmissão e indexação de conteúdos, produtos e serviços nos espaços digitais.[52]

Aos poucos, a visão inicial dos intermediários como meros condutores foi dando lugar à percepção de que eles cumprem um papel ativo na organização da internet. Enquanto detentores de grande parte da infraestrutura online e mediadores da relação entre bilhões de pessoas e esse ecossistema, suas escolhas exercem controle e influência sobre tais espaços e sobre o comportamento das pessoas que o utilizam. Tal movimento, inserido em um processo mais amplo de "progressiva transferência da titularidade da iniciativa normativa para instâncias não-legislativas de caráter infraestatal

[51] Um clássico documento que representa essa visão inicial da internet como um espaço de liberdade que precisava ser protegido é a Declaração da Independência do Ciberespaço, escrita por John Perry Barlow: "Governos do Mundo Industrial, seus gigantes cansados de carne e aço, eu venho do Ciberespaço, a nova casa da Mente. Em nome do futuro, peço a vocês, do passado, que nos deixem em paz. Vocês não são bem-vindos entre nós. Vocês não têm soberania onde nos reunimos. Não temos governo eleito, nem é provável que tenhamos um, por isso me dirijo a vocês com nenhuma autoridade maior do que aquela com a qual a própria liberdade sempre fala. Declaro que o espaço social global que estamos construindo é naturalmente independente das tiranias que vocês procuram nos impor. Vocês não têm o direito moral de nos governar nem possuem nenhum método de imposição que tenhamos verdadeiros motivos para temer." (Tradução livre) No original, em inglês: Governments of the Industrial World, you weary giants of flesh and steel, I come from Cyberspace, the new home of Mind. On behalf of the future, I ask you of the past to leave us alone. You are not welcome among us. You have no sovereignty where we gather.We have no elected government, nor are we likely to have one, so I address you with no greater authority than that with which liberty itself always speaks. I declare the global social space we are building to be naturally independent of the tyrannies you seek to impose on us. You have no moral right to rule us nor do you possess any methods of enforcement we have true reason to fear." BARLOW, John Perry. *A Declaration of the Independence of Cyberspace.* Electronic Frontier Foundation, 1996.

[52] Electronic Frontier Foundation. *The Manila Principles on Intermediary Liability Background.* Paper. n. 1, v. online, 2015, p. 6. No original: "Internet intermediaries bring together or facilitate transactions between third parties on the Internet. They give access to, host, transmit and index content, products and services originated by third parties on the Internet or provide Internet-based services to third parties."

e supranacional"[53], ou seja, uma tendência de descentralização do poder das mãos dos Estados Nacionais para empresas privadas, no âmbito da internet se fez sentir nas iniciativas de autorregulação das plataformas digitais. Por meio dos códigos e regras que estruturam as aplicações, determinam-se as possibilidades e limites do agir online; os intermediários tornam-se, com isso, verdadeiros reguladores da internet[54]:

> [...] a tecnologia, ou melhor, a arquitetura consubstanciada na estrutura física e programática da internet restringe o comportamento humano, assim como o direito, o mercado e as normas sociais [...] utilização do código como instrumento de regulação comportamental dos indivíduos, cujas possibilidades de ação estão condicionadas ao que foi anteriormente programado", e que está nas mãos de empresas.[55]

Um dos principais mecanismos de regulação é a moderação de conteúdo: prática pela qual as plataformas controlam aquilo que nelas circula[56], geralmente autorizadas por seus próprios termos de uso, ou obrigadas por entes públicos ou internacionais. A moderação constitui um processo central para seu funcionamento e envolve motivações diversas,

[53] FARIA apud VALENTE, M. G. *A construção do Direito Autoral no Brasil: os anos 1989-1998*. Dissertação (Doutorado em Direito). Faculdade de Direito da USP, 2018, p. 409.

[54] GUIMARÃES, Tatiane. *O Estado controla a Internet? Um panorama do debate sobre a regulação da liberdade de expressão online*. CSOnline – Revista Eletrônica de Ciências Sociais, Juiz de Fora, n. 34, 2022.

[55] HARTMANN, I. A.; SILVA, L. A. DA. Inteligência artificial e moderação de conteúdo: o sistema CONTENT ID e a proteção dos direitos autorais na plataforma Youtube. *IUS GENTIUM*, v. 10, n. 3, p. 145-165, 2020.

[56] A moderação de conteúdo vale-se de instrumentos diversos, automatizados (como ferramentas de inteligência artificial) ou não (força de trabalho humana), havendo inclusive quem aponte para uma tensão entre essas formas de moderação. Gillespie: "O sonho da moderação do conteúdo AI é ser capaz de detectar não só cópias de conteúdos censuráveis conhecidos e suas variantes próximas, mas também novas instâncias de conteúdos censuráveis para substituir o trabalho dos moderadores humanos." (Tradução livre) No original, em inglês: "The dream of AI content moderation is to be able to detect not just copies of known objectionable content and their close variants but new instances of objectionable content as well—to replace the work of human moderators." GILLESPIE, Tarleton. Custodians of the Internet: Platforms, Content Moderation, and the Hidden Decisions That Shape Social Media. *Yale U Press*, 2018, p. 102.

como garantir o funcionamento de seus serviços, gerando um espaço em que as pessoas consigam participar de forma confiável e atraente; questões corporativas (por exemplo valores ou objetivos por detrás das empresas); e, sobretudo, por motivações econômicas[57]. Segundo Gillespie:

> As plataformas devem, de uma forma ou de outra, moderar: tanto para proteger um utilizador de outro, ou um grupo dos seus antagonistas, como para remover a ofensiva, odiosa, ou ilegal – bem como para apresentar a sua melhor face aos novos utilizadores, aos seus anunciantes e parceiros, e ao público em geral. (Tradução livre)[58]

Assim, por mais variados que sejam os modelos de plataforma existentes na internet, indo além das grandes redes sociais que hoje ocupam a grande parcela do imaginário digital[59], fato é que elas não são neutras. Para além de obrigações legais[60], elas atuam com objetivos próprios, e a partir de

[57] KLONICK, Kate. The New Governors: The People, Rules, and processes Governing Online Speech. *Harvard Law Review*, Cambridge, v. 131, p. 1598-1670, 2018, p. 1625-1627.

[58] No original: Platforms must, in some form or another, moderate: both to protect one user from another, or one group from its antagonists, and to remove the offensive, vile, or illegal—as well as to present their best face to new users, to their advertisers and partners, and to the public at large.
GILLESPIE, Tarleton. Custodians of the Internet: Platforms, Content Moderation, and the Hidden Decisions That Shape Social Media. *Yale U Press*, 2018, p. 5.

[59] Segundo o TIC 2020, 72% dos usuários de internet brasileiros a utilizam para acessar redes sociais e 93% para a troca de mensagens instantâneas. Núcleo de Informação e Coordenação do Ponto BR (NIC.br). *TIC Domicílios 2020 – Pesquisa sobre o uso das tecnologias de informação e comunicação nos domicílios brasileiros* (1. ed.). São Paulo: Comitê Gestor da Internet no Brasil, 2021. Disponível em: <https://cetic.br/media/docs/publicacoes/2/20211124201233/tic_domicilios_2020_livro_eletronico.pdf>. Acesso em 14.06.2022.

[60] "A fantasia de uma plataforma verdadeiramente 'aberta' é poderosa, ressoando com noções profundas e utópicas de comunidade e democracia – mas é apenas isso, uma fantasia. Não há nenhuma plataforma que não imponha regras, até certo ponto. Não o fazer seria simplesmente insustentável" (tradução livre). No original, em inglês: "The fantasy of a truly "open" platform is powerful, resonating with deep, utopian notions of community and democracy—but it is just that, a fantasy. There is no platform that does not impose rules, to some degree. Not to do so would simply be untenable." GILLESPIE, Tarleton. Custodians of the Internet: Platforms, Content Moderation, and the Hidden Decisions That Shape Social Media. *Yale U Press*, 2018, p. 5.

seus termos de uso e políticas[61] põem em movimento um processo amplo e muitas vezes silencioso de controle do que é produzido, compartilhado e acessado na rede[62].

A moderação possui inúmeros efeitos, potencializados pelo papel central das plataformas na sociedade contemporânea, crescentemente digital[63]. O impacto que elas possuem na vida cotidiana de seus usuários e no debate democrático da sociedade torna as plataformas governantes de espaços quase públicos[64]. Ao mesmo tempo, são empresas movidas por uma lógica privada, e ainda que preocupações éticas e sociais possam fazer parte de seu horizonte, nunca o farão enquanto prioridade[65].

Isso cria para o Estado a necessidade de se colocar diante dessa nova realidade de regulação pelas plataformas, compreendendo seus riscos e os limites que devem ser pensados ao seu funcionamento. Pois é possível que na relação estabelecida entre as empresas e seus usuários ocorram violação dos direitos destes, incluindo direitos fundamentais como liberdade

[61] GUIMARÃES, Tatiane. *O Estado controla a Internet? Um panorama do debate sobre a regulação da liberdade de expressão online*. CSOnline – Revista Eletrônica de Ciências Sociais, Juiz de Fora, n. 34, 2022.

[62] Essas companhias privadas, por vezes habilitadas, segundo Balkin, passam a deter o poder de bloquear, censurar e até mesmo controlar o acesso de locutores e interlocutores. BALKIN, Jack M. Old-school/new-school speech regulation. *Harvard Law Review*, Cambridge vol. 127:2296, p. 2296-2342, 2014, p. 2309. Sobre o assunto, ver também: KLONICK, Kate. The New Governors: The People, Rules, and processes Governing Online Speech. *Harvard Law Review*, Cambridge, v. 131, p. 1598-1670, 2018.

[63] BALKIN, Jack M. How to Regulate (and Not Regulate) Social Media. *Knight Institute Occasional Paper Series*, n. 1, 2020.

[64] MONTEIRO, Artur P. L.; CRUZ, Francisco B.; SILVEIRA, Juliana F.; VALENTE, Mariana G. *Armadilhas e caminhos na regulação da moderação de conteúdo, Diagnósticos & Recomendações*. São Paulo: InternetLab, 2021.

[65] Nas palavras de Giovanni de Gregorio: "Ao contrário dos atores públicos, as plataformas on-line não são obrigadas a garantir as mesmas salvaguardas constitucionais quando tomam decisões sobre a organização ou a remoção da fala on-line" (tradução livre). No original, em inglês: "Unlike public actors, online platforms are not required to ensure the same constitutional safeguards when they make decisions over the organisation or removal of speech online." GREGORIO, Giovanni De. Digital Constitutionalism in Europe Reframing Rights and Powers in the Algorithmic Society. *Cambridge University Press*, 2022, p.14.
HARTMANN, I. A.; SILVA, L. A. DA. Inteligência artificial e moderação de conteúdo: o sistema CONTENT ID e a proteção dos direitos autorais na plataforma Youtube. *IUS GENTIUM*, v. 10, n. 3, p. 145-165, 2020.

de expressão, diretamente ligada à infraestrutura de comunicação existente. Assim, regular essas companhias vai no sentido de torná-las responsáveis, com responsabilidades que variam de acordo com cada tipo de plataforma[66], mas que surgem desse lugar geral dos intermediários como "guardiões da internet"[67]. Nas palavras de Schapiro: "em sociedades democráticas, aqueles que controlam o acesso à informação tem a responsabilidade de apoiar/defender o interesse público"[68].

Desta forma, a percepção de que elas já controlam o comportamento online e que precisam ser reguladas gerou transformações consideráveis nas leis que versam sobre os intermediários, com uma tendência à expansão das responsabilidades desses atores em contraposição à posição anterior de isenção ou exceção de responsabilidade[69]. Ao lado da implementação de limites para as plataformas, houve também uma tendência de utilizá-las para fazer valerem outros interesses estatais, como vigilância e controle de determinados discursos.

Essa escolha dos agentes públicos por transferir parcela da responsabilidade (e dos custos de transação) da regulação de conteúdo online para as plataformas constitui o que Frosio chamou de "giro regulatório" ("*regulatory shift*"). Ou seja, uma tendência à intervenção nas plataformas não apenas para limitá-las, mas para fazer por meio de suas infraestruturas certos controles e prevenções desejados[70], sobretudo no campo da liberdade de expressão. Na prática, o aumento de poder das empresas de tecnologia estimula o Estado a recorrer a elas para regular o discurso online, fazendo com que a "nova escola de regulação do discurso" e a governança privada "gestem" uma à outra.[71]

[66] BALKIN, Jack M. How to Regulate (and Not Regulate) Social Media. *Knight Institute Occasional Paper Series*, n. 1, 2020.

[67] FROSIO, Giancarlo. *Regulatory Shift in State Intervention: From Intermediary Liability to Responsibility*. Hart Publishing, 2021.

[68] SCHAPIRO apud FROSIO, Giancarlo. *Regulatory Shift in State Intervention: From Intermediary Liability to Responsibility*. Hart Publishing, 2021.

[69] GREGORIO, Giovanni De. Digital Constitutionalism in Europe Reframing Rights and Powers in the Algorithmic Society. *Cambridge University Press, 2022, p. 24.*

[70] FROSIO, Giancarlo. *Regulatory Shift in State Intervention: From Intermediary Liability to Responsibility*. Hart Publishing, 2021.

[71] BALKIN, Jack M. Free Speech is a Triangle. *Columbia Law Review*, Nova York, v. 118, n. 7, p. 2011-2056, 2018.

A regulação da expressão online pode ser entendida a partir de um triângulo da liberdade de expressão, composto pelos Estados e agentes supranacionais em um vértice, os intermediários (incluindo as plataformas e outros provedores) em outro e, no último, os usuários e demais organizações da sociedade civil[72]. As possibilidades de se expressar no mundo digital hoje dependem da disputa e do equilíbrio de poder entre os atores envolvidos nesse triângulo, de modo que, compreendendo essa nova dinâmica operante no debate online,

> [...] os Estados, hoje, principalmente o Brasileiro, precisam se atentar para esta mistura de regulações. A fim de garantir direitos ou, ao menos, coibir violações a liberdade de expressão de seus cidadãos online, surge a necessidade de entender e dialogar com quem regula comportamentos online automaticamente, as plataformas de redes sociais, por exemplo, criando maneiras de desenvolver instrumentos para a garantia de direitos na Internet / cooptá-las para uma regulação conjunta.[73]

E sem perder de vista a garantia do interesse público e dos direitos dos usuários, muitas vezes violados no contexto digital[74]:

> Portanto, o principal desafio para o direito constitucional na sociedade algorítmica não é regular a tecnologia, mas enfrentar as ameaças vindas do aumento de poderes privados transnacionais irresponsáveis, cujos efeitos globais produzem cada vez mais desafios locais para as democracias constitucionais.[75] (Tradução livre)

[72] BALKIN, Jack M. Old-school/new-school speech regulation. *Harvard Law Review*, vol. 127:2296, 2014.

[73] GUIMARÃES, Tatiane. *O Estado controla a Internet? Um panorama do debate sobre a regulação da liberdade de expressão online*. CSOnline – Revista Eletrônica de Ciências Sociais, Juiz de Fora, n. 34, 2022 (no prelo).

[74] MONTEIRO, Artur P. L.; CRUZ, Francisco B.; SILVEIRA, Juliana F.; VALENTE, Mariana G. *Armadilhas e caminhos na regulação da moderação de conteúdo, Diagnósticos & Recomendações*. São Paulo: InternetLab, 2021.

[75] No original: Therefore, the primary challenge for constitutional law in the algorithmic society is not to regulate technology but to address the threats coming from the rise of unaccountable transnational private powers, whose global effects increasingly produce local challenges for constitutional democracies. GREGORIO, Giovanni De. *Digital*

Foi nesse cenário que a responsabilidade de intermediários se tornou uma das questões de governança definidoras do nosso tempo, dando origem a diversos modelos de responsabilização ao redor do mundo e a discussões profundas sobre as vantagens e riscos de cada um deles. E mais: conferindo aos direitos autorais um lugar especial nesses debates[76], algo que se fez sentir global e nacionalmente, como buscaremos demonstrar no próximo tópico.

2.2. O contexto brasileiro e a moderação dos conteúdos protegidos por direitos autorais

Na primeira parte do texto, vimos como essa mudança no cenário regulatório sobre as plataformas refletiu-se em âmbito nacional, em especial no processo de elaboração do Marco Civil da Internet. Apontamos a importância do debate sobre os regimes de responsabilidade de intermediários por conteúdos gerados por terceiros e de como a escolha por determinado modelo traz reflexos para toda uma gama de direitos dos usuários da internet. E como, no caso brasileiro, o MCI estabeleceu como regra geral a responsabilidade subjetiva mediante exame judicial, conhecida como *judicial-notice-and-take-down* (arts. 18 e 19 da Lei), mas excluiu os direitos autorais desse regime (art. 19, § 2º). Através da atuação do judiciário, convocado a responder ao vazio legal, este tema acabou submetido ao regime de responsabilidade subjetiva após conhecimento, modelo conhecido como *notice-and-take-down*.

Isso significa que no Brasil as problemáticas envolvidas nos discursos online e em sua moderação, como a desinformação ou o discurso de ódio, geram responsabilidade para as plataformas apenas após ter sido proferida uma decisão judicial sobre a remoção ou não de seu material. Todos os tipos de conteúdo obedecem a essa regra geral, menos um: aqueles relacionados a materiais protegidos pos direitos autorais. Para o judiciário, após a ciência de uma produção potencialmente infringente, os intermediários

Constitutionalism in Europe Reframing Rights and Powers in the Algorithmic Society. Cambridge University Press, 2022, p. 3.

[76] "INTERMEDIARY liability has emerged as a defining governance issue of our time, [...] with special emphasis on enforcement strategies dealing with intermediate liability for copyright [...]". FROSIO, G. (org.). *Mapping Online Intermediary Liability*. Oxford: Oxford Handbooks Online, 2020, pp. 1-2.

já se tornam responsáveis pelos prejuízos por ela gerados, podendo esse conhecimento ensejador de responsabilidade ocorrer também de forma extrajudicial. Na prática, isso estabelece em lei um controle mais severo sobre conteúdos violadores de direitos autorais que os demais materiais danosos que circulam na rede. Longe de aleatória, essa distinção é resultado de um processo histórico complexo, com efeitos tanto sobre os direitos autorais como sobre outros direitos fundamentais na internet. Nosso objetivo será, no presente tópico, ilustrar de que forma isso se dá.

Os Direitos Autorais tiveram um lugar de destaque no início das discussões sobre internet[77], em grande parte em razão daquelas que eram apontadas como suas vantagens: as possibilidades de um mundo conectado e de livre circulação de ideias e dados. Tais promessas, entretanto, pareciam desconsiderar essa gama de direitos, incidentes sobre uma parte considerável dos materiais que circulam pela rede, e suas implicações. Assim, desenhou-se um cenário em que o impulso por compartilhamento e as possibilidades aumentadas de agir sem tamanho controle por parte do Estado se viram contrapostos ao desejo por proteger e restringir os conteúdos objetos de direitos autorais. O resultado foi um balanço profundo do equilíbrio, já instável, que existia até então sobre tais direitos. Em uma famosa entrevista concedida por David Bowie em 2002, o cantor evidencia em sua fala essa sensação de risco acerca da sobrevivência dos direitos autorais nos anos porvir:

> A transformação completa de tudo que sabemos sobre música ocorrerá nos próximos 10 anos, e nada será capaz de conter isto. Eu não vejo motivo nenhum em fingir que isto não acontecerá. Eu tenho certeza absoluta que o direito autoral, por exemplo, deixará de existir nos próximos 10 anos, e que os conceitos de "autoria" e "propriedade intelectual" serão totalmente desconstruídos. (Tradução livre)[78]

[77] HARTMANN, I. A.; SILVA, L. A. DA. Inteligência artificial e moderação de conteúdo: o sistema CONTENT ID e a proteção dos direitos autorais na plataforma Youtube. *IUS GENTIUM*, v. 10, n. 3, p. 145-165, 2020.

[78] "David Bowie, 21st Century Entrepreneur". *The New York Times*. 09.06.2002. No original: "The absolute transformation of everything that we ever thought about music will take place within 10 years, and nothing is going to be able to stop it. I see absolutely no point in pretending that it's not going to happen. I'm fully confident that copyright, for instance,

A indústria do entretenimento, por sua vez, não permaneceu inerte a esse panorama. A reação dos grandes detentores de direitos autorais e a intensificação do discurso da "ameaça digital" aos criadores de obras intelectuais gerou uma pressão nas plataformas e nos Estados em prol de regras mais rígidas para o controle desses direitos. Ou seja, interesses privados em defesa de um controle exacerbado se fizeram sentir tanto na relação direta entre a indústria do entretenimento e os intermediários, como através dos Estados, para atingir as ações desses atores.

Como consequência, enquanto ainda predominava a escolha pela isenção de responsabilidade dos intermediários, os direitos autorais pareciam se bifurcar em um caminho distinto. Surgiram, então, as primeiras iniciativas de regulação dos direitos de autor no âmbito da internet, mencionadas no item 1.1. deste artigo, e, com a promulgação do DMCA norte-americano em 1998, que alterou o Título 17, capítulo 5, seção 512 do Código dos EUA, instaurou-se um regime de *notice-and-take-down* para responsabilização de intermediários online cujos efeitos se fazem sentir até hoje na atuação das plataformas.

Em resposta à pressão econômica e jurídica e diante dos riscos de serem responsabilizadas, as plataformas adequaram seus padrões de controle de conteúdo aos estabelecidos pela lei norte-americana, passando a agir mais ativamente para evitar violações de direitos autorais. Isto se traduziu em novas técnicas de proteção incorporadas à arquitetura online[79], com códigos e termos de serviço que estabelecessem regras sobre essa matéria, além de ferramentas de moderação de conteúdo, muitas delas automatizadas, para responder a possíveis violações.

Nesse meio tempo, foi se transformando a visão geral da sociedade acerca dos intermediários (vide item 2.1.). A percepção de um papel mais ativo dos provedores, que incluía a crescente proatividade das plataformas em monitorar a atividade/criação de conteúdo dos seus usuários, fez mudar o regime de responsabilidade de intermediários ao redor do mundo, abandonando-se a escolha pela isenção de responsabilidade em

will no longer exist in 10 years, and authorship and intellectual property is in for such a bashing."

79 HARTMANN, I. A.; SILVA, L. A. DA. Inteligência artificial e moderação de conteúdo: o sistema CONTENT ID e a proteção dos direitos autorais na plataforma Youtube. *IUS GENTIUM*, v. 10, n. 3, p. 145-165, 2020.

prol de modelos que previssem algum grau de responsabilização. No caso brasileiro, mencionamos como o Marco Civil da Internet, promulgado em 2014, estabeleceu o regime de responsabilização subjetiva após decisão judicial, *judicial-notice-and-take-down* (arts. 18 e 19 da Lei).

Tal tendência poderia ter resultado em uma aproximação no tratamento dos intermediários em relação aos diversos conteúdos potencialmente danosos que circulam na rede. Afinal, se as plataformas já interferiam nas ações dos usuários, e se por meio desse controle era possível evitar violações de direitos por parte dos usuários, crescia a percepção de que era necessário, além de benéfico, que os Estados e os provedores de internet atuassem conjuntamente para regular esses espaços digitais. E, de forma geral, não parecia existir nenhum motivo para que os direitos autorais recebessem um tratamento distinto de outros temas objetos de moderação de conteúdo, como desinformação e discurso de ódio. Outras questões pareciam até mesmo demandar um controle mais ágil e rígido, diante dos riscos à sociedade gerados pelo seu compartilhamento.

Entretanto, uma tal aproximação de abordagens não ocorreu. Pelo contrário, a mudança gradual dos intermediários de meros condutores a guardiões ativos do conteúdo criado e compartilhado online, ocorrida anteriormente e mais intensamente em matéria de direitos autorais[80], continuou tratando-os de maneira distinta. No Brasil, tivemos o Marco Civil da Internet em 2014 e o estabelecimento de um regime diferenciado de responsabilidade, mais rígido no caso de conteúdos violadores de direitos autorais. E, para além de propostas legislativas e efetivas reformas em diversos países[81], cujo tratamento não cabe no escopo deste texto, mais recentemente a União Europeia fortaleceu ainda mais esse movimento, com a aprovação em 2019 da Diretiva nº 2019/790 sobre Direitos de Autor que implementa regras e obrigações mais severas para a atuação dos intermediários nessa temática[82].

[80] FROSIO, Giancarlo; MENDIS, Sunimal. Monitoring and Filtering: European Reform or Global Trend? (July 12, 2019). in: FROSIO, Giancarlo (org.). *The Oxford Handbook of Online Intermediary Liability*. Oxford: OUP, 2019.

[81] Um exemplo de país que realizou um endurecimento das leis de direitos autorais no campo da internet foi a Australia, com o Copyright Amendment (Online Infringement) Act 2018.

[82] Outros textos deste livro se dedicam mais profundamente sobre as disposições e efeitos da Diretiva nº 2019/790 da União Europeia no plano da responsabilidade de intermediários e dos tratamentos dos direitos autorais na internet. Ver: LANA, A. P.; HOUANG, A.

Em resumo, a história da internet foi marcada por um excesso de controle em relação aos direitos autorais em comparação a outras temáticas. Diversas plataformas implementaram técnicas de moderação de conteúdo no âmbito de sua autorregulação, ou seja, baseadas em regras e modelos particulares, e mais rigorosos, em relação às violações de direitos autorais do que aqueles que a lei exigia[83]. Mas, ao invés de os estados usarem de sua regulação para restringir os casos de abusos, os movimentos recentes parecem indicar um crescimento ainda maior desse controle, por meio da implementação de regimes de responsabilidade mais severos. Assim, aumenta-se a pressão – e, em alguns casos, torna-se até mesmo uma obrigação – pela mudança das plataformas, de seus códigos, regras e práticas em prol de moderações de conteúdo mais rígidas, como é o caso da moderação automatizada.

Essas tendências contemporâneas de implementação de "novos deveres de cuidado das plataformas em relação aos usuários"[84] no campo autoral, apontando para a proliferação de iniciativas de endurecimento legal e aumento nos níveis de controle sobre as atividades e conteúdos que circulam na rede, tem gerado alertas sobre os direitos digitais e potenciais riscos a eles. Além de não amenizarem as preocupações em torno da questão dos direitos autorais na internet e seus efeitos, ainda fizeram surgir diversas discussões, complexas e multifacetadas, no âmbito da regulação e atuação das plataformas nesse contexto: (i) a existência de diferentes regimes de responsabilidade de intermediários e como eles podem afetar a totalidade dos usuários das plataformas, incluindo os criadores de obras intelectuais e, portanto, detentores de direitos autorais; (ii) a multiplicidade de legislações e normativas sobre direitos autorais, que

Responsabilidade de Intermediários e Direito Autoral no Brasil: ensinamentos a partir da Consulta Pública de 2019.

[83] O Content ID ilustra exemplarmente essa dinâmica: "Esse sistema de aplicação automatizado notifica grandes proprietários de direitos autorais quando seu próprio conteúdo é reproduzido em vídeos enviados ao YouTube por terceiros. Os detentores de direitos autorais fornecem arquivos de referência de áudio ou vídeo para identificar a obra e o banco de dados cria uma impressão digital (fingerprint)." HARTMANN, I. A.; SILVA, L. A. DA. Inteligência artificial e moderação de conteúdo: o sistema CONTENT ID e a proteção dos direitos autorais na plataforma Youtube. *IUS GENTIUM*, v. 10, n. 3, p. 145-165, 2020, p. 148.

[84] FROSIO, Giancarlo. *Regulatory Shift in State Intervention: From Intermediary Liability to Responsibility*. Hart Publishing, 2021, p. 12.

gera problemas de eficácia de normas e, no limite, de soberania, diante da submissão dos usuários a regras de direitos autorais que não são as dos seus países[85] ; (iii) as regras de direitos autorais que as plataformas afirmam adotar, geralmente adaptadas ao modelo norte-americano e às garantias à liberdade de expressão nele previstas[86], são desrespeitadas por elas mesmas, fazendo com que usos autorizados em lei (tanto as nacionais como as internacionais) acabem sendo objeto de moderação e remoção.

Tais questões, que revelam uma nova e problemática dinâmica entre Estados, detentores de Direitos Autorais, plataformas e sociedade civil, têm gerado efeitos variados e preocupantes sobre os direitos e a segurança dos atores envolvidos, em especial dos usuários. No âmbito da formulação das regras das plataformas, tem-se inseguranças advindas de políticas de comunidade confusas ou lacunosas, sem suficientes garantias de respeito a direitos, como mecanismos de transparência, *accountability* (prestação de contas) ou devido processo. Em relação ao funcionamento da moderação de conteúdo, aponta-se para quadros de funcionários mal treinados ou precarizados realizando essa atividade, além da falta de recursos alocados nessas tarefas. Destacam-se, sobretudo, as práticas de moderação automatizada incorporadas à própria arquitetura da rede, responsáveis por abrir um outro campo de discussão sobre os limites e riscos da atuação das plataformas.

Nesse campo, não é possível desconsiderar que a escala de usuários e de materiais a serem analisados apontam para a necessidade de ferramentas

[85] Não é uma exclusividade da internet o conflito entre a transnacionalidade das relações sociais envolvendo criações intelectuais e a territorialidade do direito autoral (existência de um regime de proteção autoral em cada país). Entretanto, ele foi potencializado no contexto digital, em que plataformas com atuação global acabam adotando modelos legais de determinados países e aplicando-os independentemente das leis locais. Isso faz com que muitas vezes conteúdos permitidos naquele país acabem retirados da rede.

[86] Um exemplo são os chamados "portos seguros" (*safe harbors*), instituto jurídico que garante a possibilidade de agir, em determinados casos e com base em critérios definidos em lei, sem que suas ações sejam consideradas ilícitas. Nicolo Zingales explica a dinâmica *safe harbor* como "uma área de isenção de responsabilidade garantida pelo sistema legal, uma "zona de conforto" que permite a busca do que de outra forma seria considerado atividades legalmente de risco (...) podem ser importantes não apenas para permitir experimentação e inovação, mas também, e particularmente no contexto das plataformas de fala, para permitir o livre fluxo de informações". BELLI, L.; ZINGALES, N.; CURZI, Y. *Glossary of platform law and policy terms*. Rio de Janeiro: FGV DIREITO RIO, 2021, p. 286.

de inteligência artificial que deem conta do volume de dados hoje alcançado pela rede. Nem que o uso desses algoritmos para o bloqueio ex ante de determinados conteúdos, conhecido como *prior restraint*, pode se mostrar benéfico para a proteção de determinados direitos especialmente sensíveis, em risco diante da circulação massiva de informações nas redes[87]. Entretanto, sua aplicação deve levar em consideração cuidados e garantias de modo a evitar excessos e violações por parte dessas tecnologias. Sem isso, as medidas gerais de monitoramento e filtragem acabam por afetar profundamente o balanceamento entre direitos autorais e outros direitos fundamentais[88].

No atual estado da arte dessas tecnologias, elas não são capazes de detectar adequadamente casos de conteúdos que estariam protegidos por limitações e exceções (no âmbito da Lei de Direitos Autorais), ou pela cláusula de fair use (prevista na legislação norte-americana)[89]. Sua implementação nesse cenário é geradora de falhas e erros gravíssimos, em que conteúdos legítimos protegidos pela liberdade de expressão acabam removidos por barreiras de direitos autorais. É enorme a quantidade de casos reportados como problemáticos, evidenciando como remoções e bloqueios excessivos acabam se inserindo no cotidiano e fazendo com que as pessoas se acostumem a altos níveis de controle e censura. Somada a isso, a falta de transparência e de garantias de devido processo acentua os potenciais riscos aos direitos dos usuários, como liberdade de expressão, acesso à cultura e à informação.

Ao final, a tendência de aumento de obrigações imposta aos intermediários com o argumento de defender direitos autorais online pode acabar por restringir esses mesmos direitos. Não há espaço para autores e criadores em um ambiente privado de liberdade de expressão: obras autorais são formas de se manifestar, de criticar e expressar, e dependem de um ecossistema de acesso e trocas para serem produzidas. Mais ainda: com a

[87] BALKIN, Jack M. *Free Speech is a Triangle*. Columbia Law Review, Nova York, v. 118, n. 7, p. 2011-2056, 2018.

[88] FROSIO, Giancarlo; MENDIS, Sunimal. Monitoring and Filtering: European Reform or Global Trend? (July 12, 2019), p. 21. in: FROSIO, Giancarlo (org.). *The Oxford Handbook of Online Intermediary Liability*. Oxford: OUP, 2019.

[89] HARTMANN, I. A.; SILVA, L. A. DA. Inteligência artificial e moderação de conteúdo: o sistema CONTENT ID e a proteção dos direitos autorais na plataforma Youtube. *IUS GENTIUM*, v. 10, n. 3, p. 145-165, 2020, p. 149.

internet, as fronteiras entre criadores e consumidores se borram continuamente, fazendo com que as dinâmicas atuais não alcancem aqueles que ela deveria proteger. Encontrar esse equilíbrio, respeitando obrigações e tendo em vista a complexidade dos atores e direitos envolvidos, é a única forma de começar a pensar um direito autoral da internet realista e efetivo.

Conclusões

O atraso da Lei de Direitos Autorais brasileira, diagnosticado a partir do seu nascimento, se torna maior objeto de crítica e debate quando falamos de produção e compartilhamento da cultura brasileira online. A breve retomada da história dos direitos autorais no Brasil, feita no primeiro capítulo deste artigo, buscou organizar os principais movimentos em torno da promulgação e da reforma da LDA, que vêm se avolumando ao lado de uma legislação em grande parte inalterada. Com isso, visou-se compreender de onde viemos, identificando as diferentes temáticas surgidas em diferentes pontos da história recente do debate brasileiro; onde estamos, frente à ausência de resposta legislativa aos efeitos da tecnologia na esfera da produção e difusão das criações intelectuais; e, por fim, para onde as atuais dinâmicas sociais, econômicas e jurídicas parecem estar nos levando.

Já o segundo capítulo dedicou-se a discutir os principais pontos do debate de por que e como regular os Direitos Autorais na sociedade atual. Já que discutimos neste artigo os movimentos de reforma da nossa lei, precisamos compreender a importância de uma alteração na regulação do instituto do Direito Autoral.

A internet é entendida como cenário incontornável e os atores nela atuantes não podem ser ignorados na tentativa de construir regulações. Além disso, uma legislação autoral que se proponha condizente com nosso tempo histórico deve levar em conta os limites dos Estados e objetivos e direitos a serem alcançados.

Percebeu-se neste artigo, portanto, que o tema da responsabilidade de intermediários foi assumindo uma relevância crescente nas reflexões sobre a regulação da internet, o que consequentemente se refletiu também no âmbito dos direitos autorais. Essa temática carrega o cerne de uma mudança regulatória muito mais ampla e profunda, capaz de refletir um novo cenário econômico, político e social pós consolidação da internet.

A responsabilidade de intermediários, a depender do regime escolhido por cada Estado, pode fazer (e faz) surgirem diversos problemas e coloca em risco não só, mas principalmente, a função social do Direito Autoral. Os usuários acabam sujeitos a regras de Direitos Autorais que não são as dos seus países, podendo fazer valer um regime mais brando ou mais rigoroso em relação ao seu regime nacional. Devido à escala da quantidade de conteúdo novo diariamente publicado nas redes sociais, a moderação algorítmica passa a ser vista como necessária, mas muito problemática: reforça leis não necessariamente locais e ignora contextos, limitando a liberdade de expressão e o fomento a culturas locais. São pontos como estes, tratados neste artigo, que deveriam ser foco de atenção em um eventual cumprimento da promessa da reforma da Lei de Direitos Autorais brasileira, ecoando preocupações que vão muito além dos aspectos destacados, mas que precisam considerar a proteção de obras conscientes dos novos espaços de produção e compartilhamento, dos direitos fundamentais dos usuários (ora criadores, ora consumidores) e das possibilidades e limites oferecidos pelas novas tecnologias da informação e da comunicação. Isso porque seus efeitos, que a legislação autoral brasileira ainda inicia a incorporar, estão longe de terminados.

Referências

ALBRECHT, Nayara F. M. M. *A Retórica Constitucional dos Direitos Autorais nas Disputas sobre a Legislação Brasileira*. In: Congresso de Direito de Autor e Interesse Público, 2020, Curitiba. Estudos de Direito do Autor e Interesse Público, 2020.

BALKIN, Jack M. *Old-school/new-school speech regulation*. Harvard Law Review, Cambridge vol. 127:2296, p. 2296-2342, 2014.

______. *Free Speech is a Triangle*. Columbia Law Review, Nova York, v. 118, n. 7, p. 2011-2056, 2018. Disponível em: <https://papers.ssrn.com/abstract=3186205>.

______. *How to Regulate (and Not Regulate) Social Media*. Knight Institute Occasional Paper Series, n. 1, 2020. Acesso em: <http://dx.doi.org/10.2139/ssrn.3484114 >.

BARLOW, John Perry. *A Declaration of the Independence of Cyberspace*. Electronic Frontier Foundation, 1996. Disponível em: <https://www.eff.org/pt-br/cyberspace-independence>.

BELLI, Luca; ZINGALES, Nicolo; CURZI, Yasmin. *Glossary of platform law and policy terms*. Rio de Janeiro: FGV DIREITO RIO, 2021.

BRANCO, S. V. *Direitos Autorais na Internet e o Uso de Obras Alheias*. Rio de Janeiro: Editora Lumen Juris, 2007, Disponível em: https://bibliotecadigital.fgv.br/

dspace/bitstream/handle/10438/2832/Sergio%20Branco%20-%20Direitos%20Autorais%20na%20Internet.pdf?sequence=1&isAllowed=y .

DATAREPORTAL. *Digital 2020: Brazil (January 2020) v01*. Disponível em: <https://datareportal.com/reports/digital-2020-brazil>. Acesso em 14.06.2022.

Electronic Frontier Foundation. *The Manila Principles on Intermediary Liability Background*. Paper. n. 1, v. online, 2015. Disponível em: <https://www.eff.org/files/2015/07/08/manila_principles_background_paper.pdf#page=19>.

FROSIO, Giancarlo. *Regulatory Shift in State Intervention: From Intermediary Liability to Responsibility. Hart Publishing*, 2021. Disponível em: <https://papers.ssrn.com/sol3/papers.cfm?abstract_id=3850483 >.

______ (org.). *The Oxford Handbook of Online Intermediary Liability*. Oxford: OUP, 2019. Disponível em: <http://dx.doi.org/10.2139/ssrn.3411615 >.

______ (org.). *Mapping Online Intermediary Liability*. Oxford: Oxford Handbooks Online, 2020.

GILLESPIE, Tarleton. *Custodians of the Internet: Platforms, Content Moderation, and the Hidden Decisions That Shape Social Media*. Yale U Press, 2018.

GOOGLE. *Google Relatório de Transparência*. 2022 Disponível em: <https://transparencyreport.google.com/?hl=pt_BR>. Acesso em 14.06.2022.

GUIMARÃES, Tatiane. *O Estado controla a Internet? Um panorama do debate sobre a regulação da liberdade de expressão online*. CSOnline – Revista Eletrônica de Ciências Sociais, Juiz de Fora, n. 34, 2022. Disponível em: <https://periodicos.ufjf.br/index.php/csonline/article/view/36169>

GUIMARÃES, T. B.; SILVEIRA, V. D. X.; GONCALVES, A. C.; FREIRE, M. E. N. *O Direito Autoral no Legislativo: a evolução da metodologia de mapeamento de Projetos de Lei*. CEPI – FEED (Medium) [online], Medium, 22.06.2021. Disponível em: https://medium.com/o-centro-de-ensino-e-pesquisa-em-inova%C3%A7%C3%A3o-est%C3%A1/o-direito-autoral-no-legislativo-a-evolu%C3%A7%C3%A3o-da-metodologia-de-mapeamento-de-projetos-de-lei-f8300963e415.

GREGORIO, Giovanni De. *Digital Constitutionalism in Europe Reframing Rights and Powers in the Algorithmic Society*. Cambridge University Press, 2022.

HARTMANN, I. A.; SILVA, L. A. DA. *Inteligência artificial e moderação de conteúdo: o sistema CONTENT ID e a proteção dos direitos autorais na plataforma Youtube*. IUS GENTIUM, v. 10, n. 3, p. 145-165.

HOUANG, A.; PITA, M. *Bolsonaro ignora direitos autorais nas redes*. UOL [online], São Paulo, 07.10.2021. Congresso em Foco. Disponível em: https://congressoemfoco.uol.com.br/area/congresso-nacional/bolsonaro-nao-compreende-direitos-autorais-nas-redes-e-debate-e-necessario/.

KLONICK, Kate. *The New Governors: The People, Rules, and processes Governing Online Speech*. Harvard Law Review, Cambridge, v. 131, p. 1598-1670, 2018, p. 1625-1627. Disponível em: <https://harvardlawreview.org/wp-content/uploads/2018/04/1598-1670_Online.pdf>.

LESSIG, Lawrence. *Free Culture: how big media uses technology and the law to lock down culture and control creativity*. New York: Penguin, 2006.

LIGUORI FILHO, Carlos Augusto. *Tente Outra Vez: O anteprojeto de reforma da lei de direitos autorais, sua compatibilidade na sociedade da informação e a espera pela reforma que nunca chega*. Dissertação (Mestrado em Direito). FGV Direito SP, 2016.

MINC encerra consulta pública sobre lei. Folha de S. Paulo [online], São Paulo, 02.09.2010. Ilustrada. Disponível em: https://www1.folha.uol.com.br/fsp/ilustrad/fq0209201033.htm.

MIRANDA, B. C.; SANTOS, C. X. *A política brasileira no alcance dos dedos: os limites e as possibilidades do agir democrático no ciberespaço*. Revista Internet & Sociedade, v. 1, p. 3-163, 2021.

MONCAU, Luiz Fernando Marrey; ARGUELHES, Diego Werneck. The Marco Civil da Internet and Digital Constitutionalism. *Oxford Handbook Of Online Intermediary Liability*, [S.L.], p. 189-213, 4 maio 2020. Oxford University Press. Disponível em: http://dx.doi.org/10.1093/oxfordhb/9780198837138.013.10 .

MONTEIRO, Artur P. L.; CRUZ, Francisco B.; SILVEIRA, Juliana F.; VALENTE, Mariana G. *Armadilhas e caminhos na regulação da moderação de conteúdo, Diagnósticos & Recomendações*. São Paulo: InternetLab, 2021.

NETANEL, Neil Weinstock. **Copyright's Paradox**. Oxford, New York: Oxford University Press, 2008.

Núcleo de Informação e Coordenação do Ponto BR (NIC.br). *TIC Domicílios 2020 – Pesquisa sobre o uso das tecnologias de informação e comunicação nos domicílios brasileiros* (1. ed.). São Paulo: Comitê Gestor da Internet no Brasil, 2021. Disponível em: <https://cetic.br/media/docs/publicacoes/2/20211124201233/tic_domicilios_2020_livro_eletronico.pdf>. Acesso em 14.06.2022.

PERZANOWSKI, Aaron; SCHULTZ, Jason. *The End of Ownership: personal propertyin the digital economy*. Cambridge, Ma: The Mit Press, 2016. 291. (The information).

PINTO, Rodrigo Póvoa Braule. *Lei de Direitos Autorais: Pequenos Trechos, Grandes Problemas*. Brasília: Câmara dos Deputados, 2009. Dissertação (Especialização). Centro de Formação, Treinamento e Aperfeiçoamento da Câmara dos Deputados.

REIA, Jhessica; MIZUKAMI, Pedro. Reformando a lei de direitos autorais: desafios para o novo governo na área da cultura. *Revista Eletrônica de Comunicação, Informação e Inovação em Saúde*, v. 9, n. 1, 2015. Disponível em: https://bibliotecadigital.fgv.br/dspace/bitstream/handle/10438/16664/Reformando%20a%20lei%20de%20direitos%20autorais.pdf?sequence=1&isAllowed=y.

RODRIGUES, Gustavo; KURTZ, Lahis. *Transparência sobre moderação de conteúdo em políticas de comunidade*. Belo Horizonte: Instituto de Referência em Internet e Sociedade, 2020. Disponível em: https://irisbh.com.br/wp-content/uploads/2020/10/Transpar%C3%AAncia-sobre-modera%C3%A7%C3%A3o-de-conte%C3%BAdo-em-pol%C3%ADticas-de-comunidade-IRIS.pdf.

RUIZ, Claudio. *Copyright as a weapon for censorship*. Derechos Digitales, 2014.

SILVA, Alexandre Pacheco (Coord). CEPI – Centro de Ensino e Pesquisa em Inovação. *Reformas do Direito do Autor na Era Digital – Resultados preliminares da pesquisa*. São Paulo, FGV, junho/2021.

SECRETARIA DE DIREITOS AUTORAIS E PROPRIEDADE INTELECTUAL (SDAPI). *Relatório Preliminar: Consulta Pública para a Reforma da Lei de Direitos Autorais (Lei nº 9.610/1998)*. Brasília, 2020. Disponível em: https://www.gov.br/turismo/pt-br/secretaria-especial-da-cultura/assuntos/direitos-autorais/consultas pulicas/pdfs/relatorio_preliminar___consulta_publica_2019.pdf.

Serviços de streaming de músicas deverão pagar direitos autorais ao Ecad. STJ, notícias, 09.02.2017. Disponível em: https://www.stj.jus.br/sites/portalp/Paginas/Comunicacao/Noticias-antigas/2017/2017-02-09_17-46_Servicos-de-streaming-de-musicas-deverao-pagar-direitos-autorais-ao-Ecad.aspx . Acesso em: 14.06.2022.

SUPERIOR TRIBUNAL DE JUSTIÇA. *Acórdão REsp nº 1.306.157 – SP*. Dafra. Relator: Ministro Luis Felipe Salomão. Brasília, DF, 24 de março de 2014. Recurso Especial Nº 1.306.157 – SP (2011/0231550-1). Disponível em: https://stj.jusbrasil.com.br/jurisprudencia/864485389/recurso-especial-resp-1306157-sp-2011-0231550-1/inteiro-teor-864485411.

SUPERIOR TRIBUNAL DE JUSTIÇA. *Acórdão REsp nº 1.501.603*. Google Brasil Internet Ltda. Relator: Ministra Nancy Andrighi. Brasília, DF, 12 de dezembro de 2017. Recurso Especial Nº 1.501.603 – RN (2014/0290071-6). Disponível em: https://www.stj.jus.br/sites/portalp/Paginas/Comunicacao/Noticias-antigas/2017/2017-12-20_08-09_Provedores-tem-responsabilidade-subjetiva-por-conteudos-gerados-por-terceiros.aspx.

SUTTON, Maira. *Copyright as a tool of censorship*. European Digital Rights. EFF, 2014.

VALENTE, M. G. *A construção do Direito Autoral no Brasil: os anos 1989-1998*. Dissertação (Doutorado em Direito). Faculdade de Direito da USP, 2018.

VALENTE, M. *Direito autoral e plataformas de internet: um assunto em aberto*. Blog InternetLab [online], São Paulo, 18.04.2019. Especial Marco Civil 5 anos. Disponível em: https://internetlab.org.br/pt/especial/direito-autoral-e-plataformas-de-internet-um-assunto-em-aberto/.

VIEIRA, A. P. *Direito Autoral na Sociedade Digital*. São Paulo: Editora Montecristo, 2018.

2. RESPONSABILIDADE DE INTERMEDIÁRIOS E DIREITO AUTORAL NO BRASIL: ENSINAMENTOS A PARTIR DA CONSULTA PÚBLICA DE 2019

Alice de Perdigão Lana
André Houang

Introdução

A responsabilidade de intermediários em casos de violação de direitos autorais por terceiros – isto é, o regime pelo qual as plataformas de internet se tornam responsáveis por violações de direitos autorais cometidas por usuários – é um dos principais temas do campo de direitos digitais. A grandeza do campo, tanto em termos de importância quanto de complexidade e embates, decorre do surgimento de novas dinâmicas na circulação, produção e acesso a obras protegidas por direito autoral possibilitadas pela internet, bem como do surgimento de novos e poderosos players, que por vezes entram em embate com atores já estabelecidos.

A internet possibilitou uma ampla descentralização na comunicação entre as pessoas, fazendo com que a figura dos intermediários ganhasse proeminência. No lugar de empresas de comunicação (como estações de rádio e canais de televisão) que transmitiam conteúdo diretamente ao seu público e eram responsáveis por ele, qualquer indivíduo com acesso à internet passou a poder disponibilizar obras na internet, comumente fazendo uso de intermediários. Nesse novo cenário, uma pergunta logo se formou: como o intermediário pode ser responsável caso seus usuários disponibilizem conteúdo que infringe os direitos autorais?

Ao longo das últimas décadas, diversos países tentaram – e ainda tentam – responder essa pergunta, apresentando diferentes soluções.

O tema tem sido foco de reformas legislativas em diversas jurisdições nos últimos anos – como na Austrália, Canadá, Espanha, Holanda, Índia, Irlanda, Itália, México, Nova Zelândia, Reino Unido e União Europeia[1]. A matéria está longe de ser consensual, e a proposição de novos modelos se dá enquanto permanecem dúvidas e questionamentos sobre os modelos já existentes.

O presente artigo buscará navegar nas águas turbulentas da responsabilidade de intermediários por violações de direitos autorais. Em um primeiro momento, apresentamos base teórica para este estudo, com análise dos diferentes modelos de responsabilidade atualmente existentes – dentro do espectro que vai de isenção total de responsabilidade, em uma ponta, até a responsabilidade objetiva, no outro extremo, passando por diversas formas de responsabilidade subjetiva. Será também apresentada a regra geral brasileira para a responsabilidade de intermediários e a exceção para direitos autorais.

Em seguida, a análise se voltará para a Consulta Pública organizada em 2019 pela Secretaria de Direitos Autorais e Propriedade Intelectual (SDAPI) sobre a necessidade de reformar a Lei de Direitos Autorais (Lei n. 9.610/98 – LDA)[2]. Após uma série de trâmites processuais[3], foi possível ter acesso às contribuições com todos os identificadores censuráveis,

[1] SILVA, Alexandre Pacheco (Coord). CEPI – Centro de Ensino e Pesquisa em Inovação. *Reformas do Direito do Autor na Era Digital – Resultados preliminares da pesquisa*. São Paulo, FGV, junho/2021.

[2] A consulta apresentava um formulário a ser preenchido e também possibilitava que os participantes enviassem contribuições mais longas e sem um formato pré-definido para um e-mail da SDAPI. Tratou-se de oportunidade de organizações de diversos setores e com diferentes interesses se manifestarem a respeito do sistema brasileiro de direitos autorais.

[3] Apesar de colher dezenas de contribuições e de elaborar um relatório preliminar, a SDAPI não chegou a publicar análise pormenorizada da consulta pública de 2019 e nem divulgou as contribuições recebidas no processo. Para possibilitar esse estudo, foi necessário entrar com um pedido via Lei de Acesso à Informação (lei 12.527/2011) solicitando as contribuições enviadas à consulta pública organizada pela SDAPI em sua integralidade. Os pedidos foram negados com fundamento nos argumentos de que o compartilhamento das contribuições enviadas à consulta pública infringiria a Lei Geral de Proteção de Dados (LGPD, Lei n. 13.079/2018) e de que o edital da Consulta Pública previa que as contribuições seriam mantidas em sigilo e seriam usadas apenas internamente pela SDAPI. Após numerosos recursos, tivemos acesso aos documentos.

acompanhadas de uma lista das pessoas jurídicas que participaram da consulta pública. Foram recebidos 88 documentos tarjados[4].

Dentre os diversos temas tratados na consulta pública, serão analisadas neste artigo especificamente as contribuições institucionais que fizeram referência à responsabilidade dos intermediários por violação de direitos autorais por parte de terceiros[5]. A análise da consulta pública permite, então, que se estude possíveis caminhos para a reforma da legislação brasileira no que tange à responsabilidade de intermediários e quais são os pontos de maior desavença e que podem dificultar tal reforma. Além disso, permite imaginar soluções para esses conflitos que possibilitem a construção de uma legislação capaz de acomodar os diferentes interesses e a adaptação de mecanismos estrangeiros à realidade brasileira.

Ainda, é importante esclarecer que, ao longo do capítulo, os termos "plataforma", "intermediário" e "provedor" são utilizados como sinônimos. A não ser que explicitamente indicado o contrário, estamos nos referindo aos provedores de aplicações de internet, como Facebook e Twitter, definidos no artigo 5º, inciso VII do Marco Civil da Internet (lei nº 12.965/2014), como "[...] o conjunto de funcionalidades que podem ser acessadas por meio de um terminal conectado à internet". Mesmo que exista discussão importante acerca da definição e diferenciação desses termos[6], ela não será objeto deste capítulo por questão de escopo. Além disso, salienta-se que o recorte escolhido se concentra na responsabilidade de intermediários relativa a violações de direitos autorais. Ainda que se reconheça a importância de discussões acerca da responsabilidade

[4] Todavia, nem todos continham contribuições: alguns eram imagens de capturas de tela de e-mails com aviso de remoção de conteúdo por direitos autorais; outros continham apenas o preenchimento do formulário enviado para quem realizou a contribuição com dados de identificação. Esses documentos foram deixados de fora da análise por não conterem conteúdo que auxiliasse no exame dos interesses da contribuição e desenvolvimento de uma discussão.

[5] A análise global dos temas tratados e dos grupos de interesse envolvidos na Consulta Pública de 2019 é objeto de *working paper*, de autoria dos autores deste artigo e de Jade Becari, atualmente em processo de revisão para publicação, de título provisório "Reforma da Lei de Direitos Autorais: mapeando interesses a partir da Consulta Pública de 2019".

[6] Para aprofundamento, por todos, ver GAWER, Annabelle. *Digital Platforms and Ecosystems: Remarks on the Dominant Organizational Forms of the Digital Age*. Innovation: Organization & Management. 1 ago. 2021. DOI: 10.1080/14479338.2021.1965888.

de intermediários em temas como desinformação, discurso de ódio[7], disseminação não consensual de imagens íntimas[8] e outros, tais assuntos não serão abordados no presente trabalho.

Dessa forma, o objetivo principal deste estudo é situar, apresentar e analisar criticamente as contribuições feitas à Consulta Pública de 2019, quanto à responsabilidade de intermediários nos casos de violação de direitos autorais por terceiros, e, a partir disso, trazer diagnóstico para ajudar a pensar os próximos passos no caso do Brasil.

1. Entendendo a responsabilidade de intermediários

1.1. Breve mapa dos modelos existentes

Ao tentar responder a pergunta "como o intermediário pode ser responsável caso seus usuários disponibilizem conteúdo que infringe os direitos autorais?", diferentes países[9] acabaram criando distintos sistemas de responsabilização, com características próprias, mas que podem ser agrupados em alguns "modelos".

Os diferentes modelos de responsabilização propostos ou adotados têm efeitos distintos não apenas sobre os direitos autorais, mas também sobre outros direitos fundamentais. Vale dizer que não se trata de um simples equilíbrio entre proteção de um lado e direitos fundamentais do outro. A responsabilização de intermediários é tema muito mais complexo do que a imagem da balança pode dar a entender, sendo possível implementar modelos que ao mesmo tempo são mais eficientes em promover as finalidades dos direitos autorais e garantir liberdades e direitos fundamentais.

Os variados modelos existentes para a responsabilização dos intermediários de internet podem ser organizados de distintas maneiras, o que

[7] Para aprofundamento em ambos os temas, com recorte latinoamericano, ver ALSUR. "*Mirando al sur: Hacia nuevos consensos regionales en materia de responsabilidad de intermediarios y moderación de contenidos en internet.*" *(Looking to the south: Towards new regional consensus in relation to the responsibility of intermediaries and content moderation on the internet.)*. abr. 2021.

[8] Para aprofundamento, ver VALENTE, Mariana; NERIS, Natália; RUIZ, Juliana; e BULGARELLI, Lucas. *O Corpo é o Código* (PDF). São Paulo: InternetLAB, 2016 e LANA, Alice de Perdigão. *Mulheres Expostas*. Curitiba: GEDAI, 2018.

[9] Algumas jurisdições propuseram respostas legais a essa pergunta mais rapidamente que outras. Foi o caso dos EUA, que criou um sistema para a responsabilização de intermediários por violação de direitos autorais em 1998 (DMCA) e da União Europeia, que trouxe sua resposta em 2001, com a Diretiva 2001/29/EC.

demonstra como o tema ainda está em disputa e é deveras complexo[10]. Em uma abordagem, os modelos podem, em linhas gerais, ser enquadrados em 3 categorias amplas: (i) isenção de responsabilidade, (ii) responsabilidade subjetiva e (iii) responsabilidade objetiva.

Em uma ponta desse espectro está a isenção de responsabilidade, quando apenas o usuário é passível de responsabilização por suas atitudes na internet e o intermediário não possui qualquer dever sobre tais atitudes nem pode ser responsabilizado por elas. Nesse modelo, o provedor não é responsabilizado em razão de ser considerado mero intermediário entre o usuário que realizou o ato ilícito e a pessoa que teve seus direitos violados. É o que ocorre no Brasil para provedores de conexão à internet, como Claro ou Vivo, conforme o Art. 18 do Marco Civil da Internet. Não há, portanto, responsabilidade do provedor pela conduta dos usuários nem dever de conduta (como a filtragem prévia) que possa tornar o intermediário responsabilizável[11].

Em outro pólo do espectro está a responsabilidade objetiva, quando o intermediário pode ser responsabilizado independente de sua culpa ou conduta, já que se entende que a responsabilização por práticas ilegais levadas a cabo por seus usuários faz parte do risco inerente à atividade dos intermediários. Segundo esse modelo, a responsabilização do provedor pode existir independentemente da existência de culpa sua. Essa responsabilidade pode se fundamentar, juridicamente, no conceito de risco da atividade desenvolvida ou no defeito da prestação de serviço[12]. Ainda que esse modelo seja pouco adotado[13], ele tem seus defensores[14].

[10] VALENTE, Mariana. *Direito autoral e plataformas de internet: um assunto aberto.* InternetLab, 18 abr. 2019.

[11] SOUZA, Carlos Affonso Pereira de. *Responsabilidade Civil dos Provedores de Acesso e de Aplicações de Internet: evolução jurisprudencial e os impactos da Lei nº 12.695/2014 (Marco Civil da Internet).* In: LEITE, George Salomão; LEMOS, Ronaldo (Coords.). Marco Civil da Internet. São Paulo: Atlas, 2014. p. 794.

[12] SOUZA, Carlos Affonso Pereira de. *Responsabilidade Civil dos Provedores de Acesso e de Aplicações de Internet: evolução jurisprudencial e os impactos da Lei nº 12.695/2014 (Marco Civil da Internet).* In: LEITE, George Salomão; LEMOS, Ronaldo (Coords.). Marco Civil da Internet. São Paulo: Atlas, 2014. p. 793.

[13] SANTOS, Manoel Joaquim Pereira dos. *O Controle on-line para coibir violações de direitos autorais.* In: SANTOS, Manoel Joaquim Pereira dos; JABUR, Wilson Pinheiro (Coords.) Propriedade Intelectual: Direito Autoral. São Paulo: Saraiva, 2014, p. 302.

[14] NETTO, Costa. *Direito Autoral no Brasil.* 3a. ed, São Paulo: Saraiva Educação, 2019, p. 384.

Apesar de serem defendidos por alguns, tanto o modelo de isenção de responsabilidade quanto o de responsabilidade objetiva não são comuns nas legislações dos países para a responsabilidade de plataformas, que tendem a adotar posicionamentos mais moderados. A maioria dos modelos de responsabilização de intermediários atualmente implementados se enquadram na categoria que pode ser entendida como um meio termo entre a responsabilização objetiva e a isenção de responsabilidade: a responsabilidade subjetiva. Nessa categoria, a responsabilidade de intermediários depende da ciência de certos acontecimentos e/ou da implementação de certas medidas ou políticas.

1.2. Diferentes facetas da responsabilidade subjetiva

A categoria da responsabilidade subjetiva, como apontado anteriormente, pode ser dividida em responsabilidade subjetiva mediante exame judicial, conhecida como *judicial-notice-and-take-down*; responsabilidade subjetiva após conhecimento, conhecida como *notice-and-take-down,* mas que também pode tomar a forma *do notice-and-notice* e *notice-and-stay-down,* dois modelos mais recentes que vêm sendo testados em alguns países. Vamos a eles.

A responsabilidade subjetiva mediante exame judicial é a regra geral válida no Brasil, consagrada no art. 19 do Marco Civil da Internet. Aqui, o provedor pode ser responsabilizado se, após receber uma ordem judicial específica para remoção/restauração de conteúdo, não cumpri-la – com exceções para violações de direito autoral, que serão melhor exploradas adiante, e para a disseminação não consensual de imagens íntimas (violação de intimidade)[15]. A decisão acerca da retirada de conteúdo é respaldada por uma decisão do judiciário, fazendo com que as plataformas tenham menor probabilidade de remover o conteúdo simplesmente porque uma notificação extrajudicial foi recebida. Isso proporcionaria um ambiente online menos arriscado às plataformas e com mais garantias a direitos fundamentais para os usuários, como a liberdade de expressão. Por outro lado, faz com que um conteúdo efetivamente danoso possa permanecer mais tempo online, pois sujeito à morosidade da análise judicial.

[15] Para aprofundamento, ver VALENTE; Mariana; NERIS, Natália; RUIZ, Juliana; e BULGARELLI, Lucas. *O Corpo é o Código*. São Paulo: InternetLab, 2016 e LANA, Alice de Perdigão. *Mulheres Expostas*. Curitiba: GEDAI, 2018.

Já no modelo da responsabilidade subjetiva após conhecimento, no formato *notice-and-take-down*, o provedor passa a ser responsabilizável após a ciência do conteúdo infringente – o que geralmente ocorre por meio de uma denúncia feita nos mecanismos oferecidos pela própria plataforma ou por uma notificação extrajudicial. Intermediários são passíveis de responsabilização se, após receberem notificação judicial solicitando a remoção de um determinado conteúdo, não prosseguirem com essa remoção. É o que vale para o Brasil nos casos de disseminação não consensual de imagens íntimas, conforme estabelecido no Art. 21 do Marco Civil da Internet.

Por sua vez, no modelo *notice-and-notice* (notificação e notificação), os intermediários têm o dever de, ao receberem a informação de uma possível violação de direitos autorais, notificarem o usuário que estaria praticando essa violação. A notificação original deve ser enviada pelo autor/titular de direitos. Mediante o envio da notificação ao usuário supostamente infrator, a plataforma deixa de ser responsabilizável pela violação. Nesse modelo, de forma geral, plataformas são responsabilizáveis caso (i) recebam notificação de infração e (ii) não notifiquem o usuário infrator. O usuário pode decidir remover o conteúdo objeto da notificação ou mantê-lo no ar, hipótese em que será responsável pela violação. Caso o usuário opte por não remover ou licenciar conteúdo, ele e o titular de direitos autorais poderão tentar exercer seus direitos pela via do Poder Judiciário[16]. Conforme coloca Valente, em linhas gerais, esse modelo:

> [...] distribui as responsabilidades de forma a tentar contemplar tanto o detentor de direitos, que quer um mecanismo mais rápido para notificação e possibilidade de remoção de conteúdo infringente de direitos autorais, quanto o usuário e com ele o público em geral.[17]

O modelo, portanto, permite a manutenção do conteúdo online, sob a responsabilidade do usuário. É um regime de caráter significativamente educativo, pois busca conscientizar usuários sobre a ilegalidade do uso de

[16] VALERIO, Ygor. *Uma Anedota Búlgara: um panorama dos procedimentos de retirada de conteúdo online*. Migalhas, [s.l.], 13 ago. 2013.

[17] VALENTE, Mariana. *Direito autoral e plataformas de internet: um assunto aberto*. InternetLab, 18 abr. 2019.

obras protegidas, considerando que as notificações não podem, por si só, dar origem a nenhum tipo de penalidade para o usuário[18][19].

O modelo de *notice-and-stay-down* tem ganhado força nos últimos anos e vai além dos anteriores. Ao receberem a notificação de que determinado conteúdo é protegido por direitos autorais e que sua disponibilização ou uso pode configurar violação dos referidos direitos, o intermediário passa a ter o dever não apenas de fazer cessar esse uso, mas também impedir novos usos infringentes desse conteúdo (daí o "*stay down*"). Nesse sentido, modelos de *notice-and-stay-down* são frequentemente associados à adoção de filtros de *upload*.

A adoção do modelo de *notice-and-stay-down* pela União Europeia se tornou um caso emblemático dos diferentes interesses e direitos envolvidos na criação de uma regra de responsabilização de intermediários. O artigo 17 da Diretiva Europeia de Direitos Autorais de 2019[20] estabelece um complexo sistema de responsabilização de intermediários ("prestadores de serviços de partilha de conteúdos em linha", definidos na legislação europeia) no que diz respeito à disponibilização de obras protegidas por direitos autorais. Uma análise pormenorizada desses dispositivos não cabe no presente artigo[21], mas interessa saber que ele afirma que intermediários apenas não são responsáveis por violações de direitos autorais caso, após notificação do titular de direitos, efetuem os melhores esforços para assegurar a indisponibilidade das obras em questão e, após a retirada dessas obras, para impedir o futuro carregamento das mesmas.

[18] CASTRO, Carla Frade de Paula. *Responsabilidade Civil de Provedores de Aplicações de Internet por Conteúdos de Terceiros que Violem Direitos Autorais: uma proposta legislativa para o Brasil.* 2021. 86 f., il. Dissertação (Mestrado Profissional em Propriedade Intelectual e Transferência de Tecnologia para a Inovação)—Universidade de Brasília, Brasília, 2021.

[19] GEIST, Michael. *Notice the Difference? New Canadian Internet Copyright Rules for ISPs Set to Launch.* Ottawa, 22 dez. 2014.

[20] Diretiva (UE) 2019/790 do Parlamento Europeu e do Conselho, de 17 de abril de 2019, relativa aos direitos de autor e direitos conexos no mercado único digital e que altera as Diretivas 96/9/CE e 2001/29/CE.

[21] Para tal, ver METZGER, Axel; SENFTLEBEN, Martin; DERCLAYE, Estelle; DREIER, Thomas; GEIGER, Christophe; GRIFFITHS, Jonathan; HILTY, Reto; HUGENHOLTZ, P. Bernt; RIIS, Thomas; ROGNSTAD, Ole Andreas; and STROWEL, Alain M; SYDNODINOU, Tatiana; XALABARDER, Raquel. *Selected Aspects of Implementing Article 17 of the Directive on Copyright in the Digital Single Market into National Law – Comment of the European Copyright Society.* 27 de abr. 2020.

Esse dispositivo foi motivo de sérios embates nas instâncias políticas europeias, de demonstrações populares que envolveram inclusive manifestações de rua e finalmente de questionamento junto ao Tribunal de Justiça da União Europeia (TJUE)[22]. Em linhas gerais, os críticos do dispositivo afirmam que ele obriga plataformas a adotarem filtros de upload, ou seja, a analisarem todo conteúdo que passa por elas, em busca de possíveis violações de direitos autorais, e a removerem tal conteúdo supostamente infringente de forma preemptiva. Isto poderia levar manifestações legítimas de usuários a serem removidas das plataformas por supostas violações de direitos autorais, cerceando direitos fundamentais e colocando em risco dinâmicas essenciais para o bom funcionamento da internet[23].

A Polônia então acionou o TJUE, afirmando que esses dispositivos violavam a liberdade de expressão e de informação[24] e deveriam, portanto, ser anulados. Após uma longa batalha judicial, a Corte rejeitou a ação em 26 de abril de 2022[25]. O TJUE reconheceu que plataformas podem ser obrigadas a adotar ferramentas de filtragem automática para evitarem responsabilização, mas julgou que a própria diretiva estabelece regras para evitar cerceamentos indevidos aos direitos fundamentais e que eventuais limitações à liberdade de expressão são justificáveis para proteger direitos de propriedade intelectual[26].

Ainda que a decisão do TJUE tenha sido favorável à diretiva, não se pode concluir que modelos de *notice-and-stay-down* serão sempre compatíveis com direitos fundamentais. O próprio tribunal amparou sua decisão no fato da própria diretiva prever salvaguardas aos direitos fundamentais[27]. Além disso, vale lembrar que o julgado do TJUE foi baseado na e voltado

[22] EUROPA. Curia. Processo C-401/19, Recorrente: República da Polônia, 24 de mai. de 2019.

[23] SENFTLEBEN, Martin. *Institutionalized Algorithmic Enforcement – The Pros and Cons of the EU Approach to UGC Platform Liability*. In: 14 FIU L. Rev. 299 (2020-2021).

[24] Reconhecidos no art. 11 da Carta dos Direitos Fundamentais da União Europeia.

[25] EUROPA. Curia. Acórdão ECLI: EU:C:2022:297, Recorrente: República da Polônia, 26 de abril de 2022.

[26] ROSATI, Eleonora. *BREAKING: Article 17 of the DSM Directive is VALID. Ipkitten*. 26 abr. 2022.

[27] Vale apontar que críticos têm afirmado que essas salvaguardas podem ser insuficientes para o objetivo proposto e que poucas transposições da diretiva às legislações nacionais seguiram o nível de salvaguardas que o TJUE parece ter seguido. Ver REDA, Felix; KELLER, Paul. *CJEU upholds Article 17, but not in the form (most) Member States imagined. Kluwer Copyright Blog*. 28 abr. 2022.

para a legislação europeia, e não pode ser simplesmente transposto para outras jurisdições, com outros arcabouços jurídicos quanto a direitos fundamentais, governança de internet e direitos de propriedade intelectual, bem como com distintas realidades socioeconômicas.

1.3. A confusa exceção brasileira para direitos autorais

Lembremos que, no Brasil, a regra geral para a responsabilidade de intermediários é o *judicial-notice-and-take-down*, previsto no art. 19 do Marco Civil da Internet. Violações de direitos autorais, no entanto, estão excluídas desta regra. O § 2º do art. 19[28] prevê que uma legislação específica trataria da responsabilização de intermediários nos casos de infrações de direitos de autor ou de direitos conexos. Até lá, o art. 31 determina que a responsabilidade civil dos provedores de aplicações "[...] continuará a ser disciplinada pela legislação autoral vigente aplicável na data da entrada em vigor desta Lei". A despeito da previsão do art. 19, oito anos depois da aprovação do Marco Civil da Internet, a legislação brasileira ainda carece de uma regra específica nesse sentido.

Tal opção se relaciona com o contexto de elaboração do Marco Civil da Internet, pois, na mesma época, estava sendo discutida reforma da Lei de Direitos Autorais, que deveria definir a questão[29]. Essa reforma deveria ser ampla e estava sendo pautada a partir de uma série de diálogos e eventos, incluindo consulta pública, organizados a partir de 2010 pelo então Ministério da Cultura[30]. A consulta pública recebeu mais de oito mil sugestões (enviadas por empresas, academia, pessoas físicas, terceiro setor, entre outros) e chegou até 2013, quando se discutia o Marco Civil da Internet[31]. Na época, discutia-se um modelo de responsabilidade civil que se consubstanciava na proposta de inclusão do art. 105-A à LDA:

[28] "A aplicação do disposto neste artigo para infrações a direitos de autor ou a direitos conexos depende de previsão legal específica, que deverá respeitar a liberdade de expressão e demais garantias previstas no art. 5º da Constituição Federal"

[29] SOUZA, Carlos Affonso; LEMOS, Ronaldo. *Marco Civil da Internet: construção e aplicação.* Juiz de Fora: Editar Editora Associada Ltda, 2016.

[30] SECRETARIA DE DIREITOS AUTORAIS E PROPRIEDADE INTELECTUAL (SDAPI). *Relatório Preliminar: Consulta Pública para a Reforma da Lei de Direitos Autorais (Lei nº 9.610/1998).* Brasília, 2020, p. 7.

[31] BITTAR, Carlos Alberto. *Direito de Autor.* 7. ed. revista, atualizada e ampliada. Rio de Janeiro: Forense, 2019, p. 39.

> Art. 105-A. Os responsáveis pela hospedagem de conteúdos na Internet poderão ser responsabilizados solidariamente, nos termos do Artigo 105, por danos decorrentes da colocação à disposição do público de obras e fonogramas por terceiros, sem autorização de seus titulares, se notificados pelo titular ofendido e não tomarem as providências para, no âmbito do seu serviço e dentro de prazo razoável, tornar indisponível o conteúdo apontado como infringente.[32]

A responsabilização de intermediários foi um dos temas mais controversos na tramitação do Marco Civil da Internet. A redação inicial do projeto previa que intermediários fossem responsabilizados pelo conteúdo gerado por usuários apenas após ordem judicial, regra que valeria para todo tipo de conteúdo, inclusive os protegidos por direitos autorais. Durante a tramitação do projeto, grandes titulares de direitos autorais e conexos passaram a defender que fosse criada uma exceção a essa regra para casos de violações de direitos autorais, hipótese em que a responsabilização de intermediários seria possível mesmo sem ordem judicial[33]. Essa demanda, advinda especialmente de empresas de rádio e televisão, visava a manutenção da prática comum de envio de notificações para a remoção de conteúdo autoral não autorizado[34] – notificações tidas como suficientes para gerar o dever de remover o conteúdo. Um dispositivo nesse sentido chegou a ser incluído no projeto, mas encontrou resistência por parte das plataformas, gerando um impasse que só foi solucionado com a inclusão do art. 19, §2º, que subtraiu o assunto do escopo do Marco Civil da Internet[35]. Todavia, a reforma da LDA não se concretizou e o tema acabou

[32] MORAES, Rodrigo; MORATO, Antonio Carlos. *Breve crônica dos riscos de uma lei criada sob o signo da hostilidade à criação intelectual.* In: MASSO, Fabiano Del; ABRUSIO, Juliana; FLORÊNCIO FILHO, Marco Aurélio (Orgs.). Marco Civil da Internet: Lei 12.965/2014. São Paulo: Revista dos Tribunais, 2014. p. 226.

[33] CRUZ, Francisco Carvalho de Brito. *Direito, democracia e cultura digital: a experiência de elaboração legislativa do Marco Civil da Internet.* Dissertação (Mestrado em Direito) – Faculdade de Direito, Universidade de São Paulo, 2015, p. 100.

[34] CASTRO, Carla Frade de Paula. *Responsabilidade Civil de Provedores de Aplicações de Internet por Conteúdos de Terceiros que Violem Direitos Autorais: uma proposta legislativa para o Brasil.* 2021. 86 f., il. Dissertação (Mestrado Profissional em Propriedade Intelectual e Transferência de Tecnologia para a Inovação)—Universidade de Brasília, Brasília, 2021, p. 38.

[35] ENOMOTO, Lívia Yuri de Queiroz. *Influência e disputa regulatória: a atuação de grupos de interesses do setor privado na definição da neutralidade de rede no Brasil.* Dissertação (Mestrado em

sem regulação específica. Nesse sentido, o §2 simboliza a dificuldade de se chegar a um acordo entre os variados (e poderosos) grupos de interesse envolvidos na questão.

Na ausência da legislação prevista no art. 19, §2 do MCI, o judiciário brasileiro inevitavelmente foi sendo acionado para decidir sobre a responsabilização de intermediários por violações de direitos autorais e tem se alinhado com o posicionamento da responsabilidade subjetiva após conhecimento, ou *notice-and-take-down*. Na prática, prevalece entre os magistrados brasileiros o entendimento do Superior Tribunal de Justiça de que não existe responsabilidade objetiva do provedor de aplicações em fiscalizar o conteúdo dos seus usuários, mas há responsabilidade solidária dos provedores "se, uma vez notificado de que um conteúdo constitui-se em infração de direito autoral, omitir-se em seu dever de torná-lo indisponível"[36]. Ou seja, uma plataforma como Facebook ou Twitter passa a ter responsabilidade no caso de violação de direitos autorais quando recebem uma notificação, ou seja, não há dever de monitoramento ou de filtro do que os usuários postam[37]. Ainda que não exista jurisprudência consolidada do STJ, é o que se depreende da leitura dos votos do caso Botelho vs. Google[38], e Botelho vs. Yahoo[39]. Ainda, há o Recurso Extraordinário (RE1037396)[40] em vias de ser julgado pelo STF sobre a exclusão de conteúdos pelas plataformas. O recurso foi interposto pela Meta/Facebook, contra decisão judicial que atribuiu às empresas a

Ciência Política) – Faculdade de Filosofia, Letras e Ciências Humanas, Universidade de São Paulo. São Pauol, 2017, p. 71.

[36] ROCHA, Francisco Ilídio Ferreira. *Da Responsabilidade por Danos Decorrentes de Conteúdos Gerado por Terceiros.* In: LEITE, George Salomão; LEMOS, Ronaldo (Coords.). Marco Civil da Internet. São Paulo: Atlas, 2014. p. 835.

[37] VALENTE, Mariana. *Direito autoral e plataformas de internet: um assunto aberto.* InternetLab, 18 abr. 2019.

[38] BRASIL, Superior Tribunal de Justiça. Recurso Especial n. 1.512.647/MG. Recorrente: Google Brasil Internet Ltda. Recorrido: Botelho Indústria e Distribuição Cinematográfica Ltda. Relator: Min. Luís Felipe Salomão. Órgão Julgador: Segunda Seção. Diário da Justiça Eletrônico, Brasília, DF, 5 ago. 2015.

[39] BRASIL, Superior Tribunal de Justiça. Recurso Especial n. 1707859/RJ, Rel. Ministra NANCY ANDRIGHI, Rel. p/ Acórdão Ministro MARCO AURÉLIO BELLIZZE, TERCEIRA TURMA, julgado em 24/04/2018, DJe 05/06/2018.

[40] BRASIL Superior Tribunal de Justiça. Recurso Extraordinário n. 1037396/SP, Rel. Ministro DIAS TOFFOLI, PLENO, aguardando julgamento.

obrigação de "analisar e excluir conteúdo gerado por terceiros, sem prévia análise pela autoridade judiciária competente"[41].

Vale ressaltar que pesquisadores da área, como Aline Iramina[42], entendem ser possível a aplicação por analogia do art. 105[43] da Lei de Direitos Autorais para defender a necessidade de ordem judicial para a responsabilização dos provedores. O termo chave do artigo é "autoridade judicial competente". Em outras palavras, para a autora, as notificações em relação à violação de direitos autorais por terceiros nas plataformas devem, conforme esse artigo, ser regidas pelo modelo da responsabilidade subjetiva após notificação judicial (*judicial-notice-and-take-down*). Todavia, na prática do judiciário, o modelo defendido pelo STJ é majoritário.

2. A consulta pública de 2019

2.1. O conteúdo das contribuições de cada setor

Em junho de 2019, a Secretaria Nacional de Direitos Autorais e Propriedade Intelectual (SDAPI), vinculada à Secretaria Especial da Cultura (SEC), então parte do Ministério da Cidadania, realizou consulta pública para avaliar uma possível reforma da Lei 9.610/98. Com isso, a discussão sobre a reforma da LDA foi retomada aparentemente do zero, sem maiores relações com as contribuições construídas nos anos anteriores[44]. O objetivo declarado da consulta pública era:

[41] ASTRO, Carla Frade de Paula. *Responsabilidade Civil de Provedores de Aplicações de Internet por Conteúdos de Terceiros que Violem Direitos Autorais: uma proposta legislativa para o Brasil*. 2021. 86 f., il. Dissertação (Mestrado Profissional em Propriedade Intelectual e Transferência de Tecnologia para a Inovação)—Universidade de Brasília, Brasília, 2021, p. 38.

[42] IRAMINA, Aline. *Responsabilidade Civil dos Provedores de Aplicações de Internet por Infrações a Direitos Autorais no Brasil: Desafios e Perspectivas.* Revista de Direito e as Novas Tecnologias, [s.l.], v. 4, jul./set. 2019.

[43] Art. 105. A transmissão e a retransmissão, por qualquer meio ou processo, e a comunicação ao público de obras artísticas, literárias e científicas, de interpretações e de fonogramas, realizadas mediante violação aos direitos de seus titulares, deverão ser imediatamente suspensas ou interrompidas pela autoridade judicial competente, sem prejuízo da multa diária pelo descumprimento e das demais indenizações cabíveis, independentemente das sanções penais aplicáveis; caso se comprove que o infrator é reincidente na violação aos direitos dos titulares de direitos de autor e conexos, o valor da multa poderá ser aumentado até o dobro.

[44] Houve diversos esforços de alteração da lei após sua aprovação, inclusive com a organização de consultas públicas pelo poder executivo (a esse respeito, ver VALENTE, Mariana. *Reconstrução do debate legislativo sobre direito autoral no Brasil: os anos 1989-1998.* 2018. Tese

> Consultar a sociedade civil acerca da necessidade de reforma da Lei de Direitos Autorais, por meio do recebimento de contribuições e sugestões, de modo a auxiliar a equipe técnica da SDAPI na identificação dos artigos e eixos temáticos prioritários, assim como iniciar os debates para a construção de proposta de texto para a reforma da lei de iniciativa do Poder Executivo Federal[45].

Embora o edital da consulta não mencionasse especificamente a responsabilidade de intermediários, o tema foi um dos mais recorrentes nas contribuições enviadas à SDAPI, refletindo antigos debates sobre o tema no Brasil. A responsabilidade dos provedores de aplicação foi o segundo tema mais sugerido na consulta pública (14,96%, com 120 indicações), ficando atrás apenas de "Direitos Autorais e Internet" (19,34%, com 185 indicações)[46].

Diante da lacuna do art. 19, §2 do MCI, a consulta pública revelou a permanência da discordância entre titulares de direitos autorais e conexos e empresas de internet nas discussões sobre responsabilidade de intermediários, bem como a entrada de novos atores nesse debate. Abordaremos, portanto, as posições de três grupos de interesse distintos sobre o tema: i) titulares de direitos autorais (como a Associação Brasileira de Emissoras de Rádio e Televisão – ABERT e a Associação Brasileira de Música e Artes – ABRAMUS); ii) plataformas (como o Twitter); e iii) terceiro setor (como instituições de defesa de direitos difusos). Os posicionamentos desses setores e os argumentos que eles trazem refletem alguns dos modelos mencionados de responsabilização de intermediários e salientam suas qualidades e defeitos.

de Doutorado – Faculdade de Direito da Universidade de São Paulo, 2018; e ALBRECHT, Nayara. *Cultura, poder e democracia: o lobby das indústrias criativas sobre políticas de direitos autorais no Brasil.* 2019. Tese de Doutorado – Universidade Nacional do Brasil, 2019).

[45] SECRETARIA DE DIREITOS AUTORAIS E PROPRIEDADE INTELECTUAL (SDAPI). *Relatório Preliminar: Consulta Pública para a Reforma da Lei de Direitos Autorais (Lei nº 9.610/1998).* Brasília, 2020, p. 4.

[46] SECRETARIA DE DIREITOS AUTORAIS E PROPRIEDADE INTELECTUAL (SDAPI). *Relatório Preliminar: Consulta Pública para a Reforma da Lei de Direitos Autorais (Lei nº 9.610/1998).* Brasília, 2020, p. 4.; CASTRO, Carla Frade de Paula. *Responsabilidade Civil de Provedores de Aplicações de Internet por Conteúdos de Terceiros que Violem Direitos Autorais: uma proposta legislativa para o Brasil.* 2021. 86 f., il. Dissertação (Mestrado Profissional em Propriedade Intelectual e Transferência de Tecnologia para a Inovação)—Universidade de Brasília, Brasília, 2021, p. 50.

i. Titulares de direitos autorais

Os titulares de direitos autorais, como associações de empresas da indústria musical ou audiovisual, costumam defender na consulta pública modelos mais restritivos de responsabilização de intermediários. As contribuições desses setores tendem a priorizar a proteção de direitos autorais em relação a outros direitos fundamentais e a afirmar que a responsabilidade de intermediários deve ter por objetivo oferecer a máxima proteção aos titulares de direitos. Nesse sentido, esses setores tendem a argumentar que modelos de *notice-and-take-down* ou *notice-and-stay-down* para a violação de direitos autorais oferecem maior proteção às obras, o que, para esse setor, geraria mais incentivos para a criação de novas obras.

Algumas contribuições de representantes de titulares consideram modelos de *notice-and-take-down* insuficientes para a efetiva proteção de obras online e defendem que o Brasil adote o modelo de *notice-and-stay-down*. Os proponentes desse modelo mais severo de responsabilidade de intermediários costumam ancorar sua posição em dois argumentos. O primeiro é o da ineficácia: o modelo de *notice-and-take-down* não seria eficaz na proteção de obras, já que, mesmo após a retirada de um conteúdo infringente mediante notificação, o modelo não impediria um outro upload do mesmo conteúdo novamente[47]. O segundo argumento é o do custo: a tentativa (ineficaz, nessa visão) de proteção mediante a retirada de conteúdo infringente demandaria o envio de um número elevado de notificações a diferentes provedores de aplicações, o que representaria um custo alto e até impeditivo aos titulares de direitos.

Somados, a ineficácia e o custo elevado significariam a inexistência da proteção efetiva para obras na internet, o que, por sua vez, colocaria em risco os incentivos que a proteção autoral oferece para a criação de novas obras. O modelo de *notice-and-stay-down* sanaria essas falhas do modelo de *notice-and-take-down*, já que, mediante uma única notificação, o intermediário seria obrigado não apenas a retirar o conteúdo supostamente infringente, como também a impedir o upload de novos conteúdos, fazendo cessar violações presentes e evitando infrações futuras. Isto é perceptível no trecho "os sistemas de notificação e retirada sem nenhuma

[47] Vale notar que proponentes de modelos de notice-and-stay-down costumam compará-lo a modelos de notice-and-take-down, mas não aos demais modelos existentes de responsabilidade de intermediários, como o notice-and-notice.

obrigação de manter o conteúdo indisponível foram extensivamente testados, e que ficou substancialmente comprovado que são ineficazes para atingir o fim pretendido"[48]. Além disso, também há claro posicionamento pelo endurecimento da sistemática atual de responsabilização: "há uma oportunidade e um motivo claro para propor uma legislação que exija que os Provedores de Aplicações implementem controles que impeçam que o conteúdo retirado anteriormente seja novamente disponibilizado pelo mesmo Provedor de Aplicações"[49].

As contribuições que propõem a adoção de um modelo de *notice-and-stay-down* não costumam fazer referência aos direitos fundamentais, aos direitos dos usuários, às limitações e exceções ou aos princípios de governança da internet no que diz respeito à responsabilidade de intermediários. Em contraste, esse modelo mais severo de responsabilidade de intermediários é frequentemente defendido com a apresentação da Diretiva Europeia de direitos autorais[50] como referência a ser seguida: "As medidas dispostas pela Diretiva apontam para o controle mais eficiente e justo pelos titulares de direitos autorais sobre o conteúdo protegido que circula em larga escala e de forma indevida nos serviços dos provedores, gerando elevados lucros para tais serviços, em claro prejuízo para criadores e titulares de tais bens intelectuais"[51]. A influência da legislação europeia sobre os defensores de um modelo de *notice-and-stay-down* para o Brasil encontra paralelo em como o sistema de *safe harbors* do DMCA

[48] Contribuição n. 15. No mesmo sentido, afirma a contribuição n. 11: "os sistemas experimentados em outras jurisdições, como o "notice and take down" não se mostraram efetivos, seja porque os conteúdos são removidos e depois retornam ou reaparecem em outros domínios imediatamente, exigindo novas notificações que torna um processo custoso e infindável, que não gera efeitos práticos quando se tratam de malfeitores profissionais".

[49] Contribuição n. 15

[50] Diretiva (UE) 2019/790 do Parlamento Europeu e do Conselho, de 17 de abril de 2019, relativa aos direitos de autor e direitos conexos no mercado único digital e que altera as Diretivas 96/9/CE e 2001/29/CE

[51] Contribuição n. 13. O mesmo posicionamento pode ser encontrado na Contribuição n. 15: "Nesse sentido, embora seja importante considerar a motivação por trás da legislação da UE, que visa melhorar o enforcement das normas, qualquer que seja a solução, ela não deve criar isenções ou privilégios adicionais para os intermediários de hospedagem, mas deve concentrar-se em esclarecer as obrigações dos intermediários e incentivar a implementação de medidas tecnológicas para lidar com a ampla escala da pirataria online".

estadunidense serve de referência para os defensores de um modelo de *notice-and-take-down*.

A despeito desse paralelismo quanto às inspirações internacionais, há clivagens significativas entre os defensores dos modelos de *notice--and-stay-down* (como empresas de radiodifusão e do setor audiovisual) e de *notice-and-take-down* (como empresas de *software* e de videogames). A primeira delas diz respeito à avaliação da eficácia do modelo de responsabilidade mediante notificação. Os defensores deste modelo afirmam que o sistema de *notice-and-take-down* combinado com *safe harbors* proporciona aos intermediários "incentivos claros para que estes atuem de forma responsável quanto ao funcionamento dos seus serviços, inclusive agindo rapidamente para remover conteúdos infratores em resposta a notificações"[52].

Um segundo ponto de divergência é que, diferentemente das contribuições favoráveis a um modelo de *notice-and-stay-down*, os defensores do modelo de *notice-and-take-down* mencionam a necessidade de equilíbrio na definição de regras de responsabilização de intermediários. Por um lado, ressaltam que o procedimento de remoção de conteúdo infrator com base em uma notificação adequada é importante para a proteção de direitos autorais. Por outro, dão especial ênfase aos safe harbors como mecanismo para equilibrar a proteção aos direitos de propriedade intelectual assegurados por esse modelo de responsabilização com a proteção de outros direitos e com o bom funcionamento da internet[53]. Nesse sentido, os defensores do modelo de *notice-and-take-down* se mostram críticos às obrigações de monitoramento e de filtragem típicos de sistemas de *notice-and-stay-down*, afirmando que elas "enfraqueceriam os incentivos à inovação e ameaçariam o dinamismo e os valores que tornaram a Internet tão valiosa"[54].

[52] Contribuição n. 42

[53] "Para garantir que tais políticas não se tornem um obstáculo para realização de todo o potencial da Internet como um meio de livre expressão, inovação e comércio digital, é extremamente importante disponibilizar aos prestadores de serviços online a isenção de responsabilidade (safe harbor) apropriada referente aos conteúdos infringentes (ou de alguma outra forma ilegais) postado por terceiros." (Contribuição n. 42)

[54] Contribuição n. 42.

ii. Plataformas

A responsabilidade de intermediários é um tema que afeta diretamente as plataformas da internet e é razoável presumir que elas estão entre os principais setores interessados pelo assunto. Apesar de no passado terem se mostrado especialmente prolíficas nos debates sobre a possível adoção de determinados modelos de responsabilidade de intermediários pelo Brasil[55], as contribuições enviadas por plataformas à consulta pública realizada pela SDAPI, em sua maioria, pouco se aprofundaram no tema.

Em vez de analisarem a fundo o sistema atual de responsabilidade de intermediários por violação de direitos autorais no Brasil, de proporem modelos alternativos ou de apresentarem legislações estrangeiras como referência, as contribuições das plataformas ressaltam as suas próprias políticas para a proteção de direitos de propriedade intelectual, inclusive direitos autorais. Nesse sentido, as plataformas fazem referência às próprias políticas de educação de usuários, a parcerias com titulares de direitos e sobretudo a seus termos de serviço, a seus padrões de comunidade e a seus canais de denúncia. As plataformas ressaltam que seus termos e padrões proíbem usuários de postar conteúdo que infrinja os direitos autorais de terceiros ou prevêem que a plataforma poderá remover conteúdo que viole direitos de terceiros, e que os canais de denúncia são a forma como essas políticas são operacionalizadas. Essas contribuições também afirmam que, mediante o recebimento de denúncia de infração de direito autoral, as plataformas prosseguem para a remoção do conteúdo e até para o bloqueio de contas.

Nos curtos trechos em que comentam a legislação brasileira de responsabilidade de intermediários, as plataformas parecem ser favoráveis à atual sistemática prevista (ou melhor, deixada em aberto) pelo Marco Civil da Internet, de forma relativamente vaga, ou à expansão do modelo de *judicial-notice-and-take-down* do caput do art. 19 também para direitos

[55] CRUZ, Francisco Carvalho de Brito. *Direito, democracia e cultura digital: a experiência de elaboração legislativa do Marco Civil da Internet.* Dissertação (Mestrado em Direito) – Faculdade de Direito, Universidade de São Paulo, 2015; ENOMOTO, Lívia Yuri de Queiroz. Influência e disputa regulatória: a atuação de grupos de interesses do setor privado na definição da neutralidade de rede no Brasil. Dissertação (Mestrado em Ciência Política) – Faculdade de Filosofia, Letras e Ciências Humanas, Universidade de São Paulo. São Paulo, 2017; e SOUZA, Carlos Affonso; LEMOS, Ronaldo. Marco Civil da Internet: construção e aplicação. Juiz de Fora: Editar Editora Associada Ltda, 2016.

autorais. As contribuições são, em certo grau, evasivas, parecendo evitar tomar posições que possam colocar as plataformas em embate direto com os titulares de direitos autorais.

Por vezes, há posicionamento que elogia "a atual sistemática da legislação brasileira"[56] porque, "além de não oferecer prejuízos aos detentores dos direitos autorais, também contribui para o crescimento da economia digital no Brasil"[57], chegando-se a afirmar que ela evita "o aumento de litigiosidade envolvendo discussões sobre a responsabilidade dos provedores de aplicação de Internet por eventual violação de direitos autorais no conteúdo veiculado por seus usuários"[58]. No mesmo sentido, uma contribuição parece defender a regra atual ao sustentar que a sistemática de responsabilização do MCI "tem sido um vetor importante em fomentar a economia da internet ao estabelecer segurança jurídica e previsibilidade para usuários, detentores de direitos e ISPs de todos os tamanhos"[59]. Em outra contribuição, uma plataforma matiza uma aparente defesa de alteração legal ao afirmar que "a necessidade de ordem judicial específica para remoção de eventual conteúdo apontado como infringente não impede que [se] aja proativamente em relação às denúncias recebidas diretamente na plataforma"[60].

Por outro lado, também há manifestações apoiando, em termos vagos, "o objetivo de uma reforma legislativa geral"[61], defendendo que acreditam "que seja importante adaptar a lei às novas oportunidades e desafios trazidos por novas tecnologias, bem como pelo desenvolvimento vibrante das comunidades digitais"[62] ou ainda sustentando "que faz sentido reavaliar a estrutura jurídica do direito autoral brasileiro"[63]. Nesse sentido, algumas contribuições se posicionam timidamente pela alteração da lei de forma que o *judicial-notice-and-take-down* previsto no caput do art. 19 seja também aplicado para conteúdos de terceiros que infrinjam direitos autorais nas plataformas. Uma contribuição afirma que

[56] Contribuição n. 79
[57] Contribuição n. 79
[58] Contribuição n. 79
[59] Contribuição n. 71.
[60] Contribuição n. 79.
[61] Contribuição n. 71.
[62] Contribuição n. 71.
[63] Contribuição n. 45.

"a sistemática de responsabilização civil dos provedores de aplicação de Internet estabelecida pela Lei nº. 12.965/2014"[64] (aparentemente a regra do art. 19 de *judicial-notice-and-take-down*) "é também adequada aos casos de remoção de conteúdo que caracterize violação de direitos autorais e conexos"[65]. Outra sustenta, sob a mesma orientação, que, "ao obrigar a remoção de conteúdo somente após ordem judicial específica, resguarda-se um espaço de florescimento da inovação e protege-se a liberdade de expressão"[66].

Ainda que os posicionamentos das plataformas sejam por vezes tímidos, há defesa mais incisiva em favor de um modelo de *safe harbor*, afirmando-se, em item de título "Um sistema equilibrado de *safe harbor* promoverá inovação e competitividade, incentivando as economias criativas. Também levará a uma crescente colaboração entre provedores de serviços e detentores de direitos autorais."[67], que:

> A Lei no. 12.965/2014 (Marco Civil da Internet – MCI) estipulou, de maneira geral, um *safe harbor* para provedores de aplicações de internet, exceto nos casos envolvendo a lei de direitos autorais. A jurisprudência tem procurado preencher a lacuna deixada pela falta de um *safe harbor* para a lei de direitos autorais. Decisões importantes estipularam que os provedores de aplicações de internet apenas serão condenados por danos causados por conteúdos gerados por usuários se deixarem de remover esses conteúdos após receberem uma notificação judicial específica.[68]

Precedentes que se alinham à responsabilidade subjetiva após decisão judicial são indicados como "decisões importantes", mas sem apoio expresso à adoção de um modelo de *judicial-notice-and-take-down* em eventual reforma da lei. Em adição, as plataformas, diferentemente dos titulares, fazem menção a outros direitos fundamentais e princípios da governança de internet. Uma plataforma afirma reconhecer "a necessidade,

64 Contribuição n. 79.
65 Contribuição n. 79.
66 Contribuição n. 47.
67 Contribuição n. 45.
68 Contribuição n. 45.

em última instância, de preservar a inovação e a liberdade de expressão."[69] Outra plataforma faz referência a "uma interpretação sistemática da Constituição Federal, tratados internacionais adotados pelo Brasil, princípios do Marco Civil da Internet, e melhores práticas e modelos de negócios atuais adotados no Brasil e no mundo inteiro."[70]

O que se verifica, portanto, é que, na consulta pública de 2019, as plataformas ressaltam suas próprias políticas para responder a violações de direitos autorais e, em segundo plano, se manifestam de forma obscura sobre eventual necessidade de alteração das regras brasileiras em função da ausência de uma regra específica para violações de direitos autorais, fazendo comentários dúbios sobre possíveis modificações da lei. Embora qualquer tentativa de ler nas entrelinhas das contribuições seja arriscada, uma possível interpretação é que, ao invés de uma regra geral de responsabilidade de intermediários, as plataformas preferem ter a liberdade para adotar suas próprias políticas de direitos autorais, em um sistema de auto-regulação. Essa liberdade permite que as plataformas se eximam de eventual responsabilização por políticas consideradas insuficientes e, ao mesmo tempo, implementem no Brasil a mesma política criada para atender às demandas de legislações estrangeiras, de forma a não terem que desenvolver novas regras especificamente para o Brasil. Além disso, parecem não querer criar atritos com grandes titulares de direitos autorais, pois não defendem abertamente soluções que, em teoria, poderiam ser mais favoráveis para as plataformas – como o *notice-and-notice*.

iii. Terceiro Setor

As contribuições de organizações do terceiro setor à consulta pública demonstram especial preocupação em como a responsabilidade de intermediários afeta direitos fundamentais, sobretudo a liberdade de expressão, e os seus efeitos sobre a transparência e o devido processo na remoção de conteúdos. Nesse sentido, costumam defender a adoção de modelos de *notice-and-notice* ou de *judicial-notice-and-take-down*, são avessos ao modelo de *notice-and-take-down* e são especialmente críticos a modelos

[69] Contribuição n. 71.

[70] Contribuição n. 45. A contribuição n. 47 também contém trecho praticamente idêntico.

de responsabilização como o de *notice-and-stay-down* previsto na legislação europeia.

À semelhança das contribuições dos titulares de direitos autorais e das plataformas, o terceiro setor também ancora suas posições em parâmetros internacionais. Os Princípios de Manila[71] e os Princípios de Santa Clara[72] aparecem como suas referências para a adoção de mecanismos de responsabilização de intermediários. Por considerar que a regra geral de responsabilidade de intermediários do MCI atende a esses princípios, o terceiro setor defende a extensão desse modelo também para violações de direitos autorais. Em sua defesa da adoção do *judicial-notice-and-take-down*, apresenta também a legislação chilena, que optou por esse mesmo modelo de responsabilidade de intermediários. Além de defender o modelo de *judicial-notice-and-take-down*, essas contribuições também vêm positivamente o modelo de *notice-and-notice*. O setor apresenta como referência para a adoção deste modelo a reforma da legislação canadense, que determina que intermediários encaminhem notificações recebidas por supostas violações de direitos autorais ao suposto infrator, mas que não exigem a retirada de conteúdo.

O modelo de *notice-and-take-down* é criticado pelo terceiro setor por responder "a demandas de detentores de direitos autorais, com custo significativamente elevado para os direitos dos consumidores", sendo "corriqueiro o uso de notificações de maneira errônea, fraudulenta e com fins de abuso"[73]. A despeito dessas críticas, as contribuições apontam que esse modelo "tem o mérito de ser previsível, e já se encontra implementado na prática em diversos países ao redor do mundo — mesmo na inexistência de legislação específica —"[74] (como é o caso do Brasil) "pelo simples fato de que os serviços com maior penetração são estadunidenses e acabam por utilizar o mesmo sistema nos países em que operam"[75]. Por esse motivo, esse modelo parece estar mais disseminado mundialmente do que o modelo de *notice-and-stay-down* adotado pela União Europeia. Este é fortemente criticado pelo terceiro setor, que vê nele não apenas riscos

[71] Disponíveis em https://manilaprinciples.org/

[72] Disponíveis em https://santaclaraprinciples.org/

[73] Contribuição n. 10.

[74] Contribuição n. 10.

[75] Contribuição n. 10.

à liberdade de expressão e ao acesso ao conhecimento, como também à inovação e à concorrência.

2.2. Diagnósticos para o Brasil

Se a consulta pública pode servir de referência para os debates sobre responsabilização de intermediários em uma eventual reforma da LDA, é possível antever que cinco possibilidades serão discutidas para a realidade brasileira: (i) *notice-and-take-down*, apoiado por alguns titulares de direitos autorais; (ii) *notice-and-stay-down*, apoiado por outros titulares de direitos autorais; (iii) *notice-and-notice*, apoiado pelo terceiro setor; (iv) *judicial-notice-and-take-down*, apoiado pelo terceiro setor de forma tímida e pelas plataformas; e (v) eventual manutenção do atual vácuo normativo do MCI, apoiado, novamente de forma ambígua, pelas plataformas.

A adoção de qualquer modelo de responsabilização de intermediários nos casos de violação de direitos autorais deve passar pela análise dos efeitos dos distintos modelos sobre os diferentes direitos e interesses envolvidos no ecossistema brasileiro de direitos autorais e no cenário cultural e criativo como um todo. Isto significa olhar não apenas para os grandes titulares de direitos autorais, que historicamente têm preponderado, mas também para pequenos criadores, para usuários de plataformas, para organizações do terceiro setor e para os próprios intermediários.

Análises intersetoriais devem ser acompanhadas por análises intrasetoriais, que levem em consideração dinâmicas para além dos direitos autorais. É necessário avaliar, por exemplo, como diferentes modelos de responsabilização de intermediários podem afetar a concentração do mercado de plataformas. A adequação a modelos de *notice-and-stay-down*, por exemplo, costumam demandar que intermediários implementem filtros de upload ou outras medidas tecnológicas altamente custosas, o que pode favorecer grandes plataformas em detrimento das pequenas.

Desta forma, é preciso avaliar não apenas como os diferentes modelos oferecem proteção às obras, mas também como eles influenciam o exercício da liberdade de expressão, do acesso à educação c à cultura c tantos outros direitos constitucionalmente assegurados. Modelos de *notice-and-stay-down* são, nesse sentido, especialmente preocupantes. Embora possam oferecer um alto grau de proteção, isso frequentemente vem às custas do cerceamento da liberdade de expressão e do prejuízo a usos legítimos de obras[76]. Modelos de *notice-and-take-down* também apresentem riscos similares, mas que podem ser minimizados com a adoção de parâmetros como a necessidade de uma ordem judicial prévia (*judicial-notice-and-take--down*) ou a possibilidade de solicitação de restauração de conteúdo pelo usuário[77].

Além disso, é importante que a discussão sobre o tema seja enraizada na realidade brasileira. O acesso a obras protegidas e o acesso à internet são marcadamente diferentes entre o Brasil e outros países que já desenvolveram regimes próprios de responsabilização de intermediários. Ademais, a enorme desigualdade social que marca muitos países do Sul Global, incluindo o Brasil, tem efeitos diretos na porcentagem de renda que cada pessoa/família pode destinar a bens culturais. Aumentar os custos ou dificultar sobremaneira o acesso a esses bens, para essas pessoas, pode significar um obstáculo intransponível para o acesso à cultura.

Conclusões

A consulta pública revela que a responsabilização de intermediários é um dos temas centrais para os setores envolvidos em direitos autorais e que há importantes divergências de setores sobre qual modelo de responsabilização o Brasil deveria seguir. Ao mesmo tempo que a discussão sobre responsabilidade de intermediários parece ser inevitável em um eventual processo de revisão da LDA, os posicionamentos de diferentes setores a respeito do tema parecem ser de difícil conciliação, criando, assim, um impasse central na aprovação de uma reforma.

Não há fórmula mágica para agradar todos os interesses envolvidos na disputa. Todavia, é preciso sempre levar em conta o desejo, que deve ser coletivamente compartilhado, de uma sociedade que incentive o florescimento de obras criativas, permitindo o acesso a elas sempre que possível e remunerando adequadamente seus criadores. Ao discutir modelos

[76] KUCZERAAWY, Aleksandra. *From 'Notice and Take Down' to 'Notice and Stay Down': Risks and Safeguards for Freedom of Expression*. 19 dez. 2018. Giancarlo Frosio (ed), The Oxford Handbook of Intermediary Liability Online, 2019.

[77] Para aprofundamento na discussão, recomenda-se FROSIO, Giancarlo (ed). *The Oxford Handbook of Intermediary Liability Online*. Oxford: Oxford University Press, 2020.

regulatórios, é preciso olhar além dos interesses financeiros existentes em determinado momento, pensando no futuro que queremos ajudar a construir e moldar.

Referências

ALSUR. 2021. "*Mirando al sur: Hacia nuevos consensos regionales en materia de responsabilidad de intermediarios y moderación de contenidos en internet.*" *(Looking to the south: Towards new regional consensus in relation to the responsibility of intermediaries and content moderation on the internet.)* Disponível em: https://www.alsur.lat/reporte/mirando-al-sur-hacia-nuevos-consensos-regionales-en-materia-responsabilidad-0. Acesso em 3.abr.2022

BRANCO JÚNIOR, Sérgio Vieira. *Direitos Autorais na Internet e o Uso de Obras Alheias.* Rio de Janeiro: Lumen Juris, 2007. Disponível em: <https://bibliotecadigital.fgv.br/dspace/bitstream/handle/10438/2832/Sergio%20Branco%20-%20Direitos%20Autorais%20na%20Internet.pdf>. Acesso em: 10 mar. 2022.

BITTAR, Carlos Alberto. *Direito de Autor.* 7. ed. revista, atualizada e ampliada. Rio de Janeiro: Forense, 2019. Disponível em: <https://integrada.minhabiblioteca.com.br/#/books/9788530986001>. Acesso em: 2 abr. 2022.

BRASIL. *Lei n. 9.610, de 19 de fevereiro de 1998.* Diário Oficial [da] República

Federativa do Brasil, Poder Executivo, Brasília, DF, 20 fev. 1998b. Disponível em: <http://www.planalto.gov.br/ccivil_03/leis/l9610.htm>. Acesso em: 8 mar. 2022.

__________. *Lei n. 12.965, de 23 de abril de 2014.* Diário Oficial [da] República Federativa do Brasil, Poder Executivo, Brasília, DF, 24 abr. 2014. Disponível em: <http://www.planalto.gov.br/ccivil_03/_ato2011-2014/2014/lei/l12965.htm>. Acesso em: 8 mar. 2022.

__________. *Superior Tribunal de Justiça. Recurso Especial n. 1.512.647/MG.* Recorrente: Google Brasil Internet Ltda. Recorrido: Botelho Indústria e Distribuição Cinematográfica Ltda. Relator: Min. Luís Felipe Salomão. Órgão Julgador: Segunda Seção. Diário da Justiça Eletrônico, Brasília, DF, 5 ago. 2015. Disponível em: <https://scon.stj.jus.br/SCON/GetInteiroTeorDoAcordao?num_registro=201001897672&dt_publicacao=04/08/2020>. Acesso em: 7 abr. 2022.

__________. *Superior Tribunal de Justiça. Recurso Especial n. 1.707.859/RJ.* Recorrente: Yahoo! do Brasil Internet Ltda. Recorrido: Botelho Indústria e Distribuição Cinematográfica Ltda. Relatora: Min. Nancy Andrighi. Relator para Acórdão: Min. Marco Aurélio Bellizze. Órgão Julgador: Terceira Turma. Diário da Justiça Eletrônico, Brasília, DF, 5 jun. 2018. Disponível em: <https://scon.stj.jus.br/SCON/GetInteiroTeorDoAcordao?num_registro=201501521545&dt_publicacao=05/06/2018>. Acesso em: 7 abr. 2022.

CASTRO, Carla Frade de Paula. *Responsabilidade Civil de Provedores de Aplicações de Internet por Conteúdos de Terceiros que Violem Direitos Autorais: uma proposta legislativa para o Brasil.* 2021. 86 f., il. Dissertação (Mestrado Profissional em Propriedade Intelectual e Transferência de Tecnologia para a Inovação) – Universidade de Brasília, Brasília, 2021. Disponível em: <https://repositorio.unb.br/handle/10482/42693>. Acesso em: 26.04.2022

GAWER, Annabelle. *Digital Platforms and Ecosystems: Remarks on the Dominant Organizational Forms of the Digital Age.* Innovation: Organization & Management, 1 ago 2021. DOI: 10.1080/14479338.2021.1965888, Disponível em: https://ssrn.com/abstract=3900105

GEIST, Michael. *Notice the Difference? New Canadian Internet Copyright Rules for ISPs Set to Launch.* Ottawa, 22 dez. 2014. Disponível em: <https://www.michaelgeist.ca/2014/12/notice-difference-new-canadian-internet-copyright-rulesisps-set-launch/>. Acesso em: 22 abr. 2022.

INTERNETLAB. 2021. *[União Europeia] Comissão publica orientações para implementação de artigo da Diretiva Europeia de Direitos Autorais.* Semanário, São Paulo, 9 jun. 2021. Disponível em: <https://www.internetlab.org.br/pt/itens-semanario/uniao-europeia-comissaopublica-orientacoes-para-implementacao-de-artigo-da-diretiva-europeia-de-direitosautorais/>. Acesso em: 12 mar. 2022.

IRAMINA, Aline. *Responsabilidade Civil dos Provedores de Aplicações de Internet por Infrações a Direitos Autorais no Brasil: Desafios e Perspectivas.* Revista de Direito e as Novas Tecnologias, [s.l.], v. 4, jul./set. 2019.

KURCZERAWY, Aleksandra. *From 'Notice and Take Down' to 'Notice and Stay Down': Risks and Safeguards for Freedom of Expression.* 19 dez. 2018. Giancarlo Frosio (ed), The Oxford Handbook of Intermediary Liability Online, 2019, Forthcoming, Disponível em: https://ssrn.com/abstract=3305153

Giancarlo Frosio (ed). *The Oxford Handbook of Intermediary Liability Online,* Oxford: Oxford University Press, 2020.

LANA, Alice de Perdigão. *Mulheres Expostas.* Curitiba: GEDAI, 2018

METZGER, Axel; SENFTLEBEN, Martin; DERCLAYE, Estelle; DREIER, Thomas; GEIGER, Christophe; GRIFFITHS, Jonathan; HILTY, Reto; HUGENHOLTZ, P. Bernt; RIIS, Thomas; ROGNSTAD, Ole Andreas; and STROWEL, Alain M; SYDNODINOU, Tatiana; XALABARDER, Raquel. *Selected Aspects of Implementing Article 17 of the Directive on Copyright in the Digital Single Market into National Law – Comment of the European Copyright Society.* 27 de abr. 2020. Disponível em: https://ssrn.com/abstract=3589323 ou http://dx.doi.org/10.2139/ssrn.3589323. Acesso em: 2 mai 2022.

MONCAU, Luiz Fernando Marrey. *Intermediários de Internet e Liberdade de Expressão: o mapa da busca de um delicado equilíbrio regulatório.* Dissenso.org, [s.l.], 6 jun. 2018. Disponível em: <https://dissenso.org/intermediarios-de-internet-e-

-liberdade-de-expressao-omapa-da-busca-de-um-delicado-equilibrio-regulatorio/>. Acesso em: 15 mar. 2022.

MORAES, Rodrigo; MORATO, Antonio Carlos. *Breve crônica dos riscos de uma lei criada sob o signo da hostilidade à criação intelectual.* In: MASSO, Fabiano Del; ABRUSIO, Juliana; FLORÊNCIO FILHO, Marco Aurélio (Orgs.). Marco Civil da Internet: Lei 12.965/2014. São Paulo: Revista dos Tribunais, 2014. p. 207-232.

PARANAGUÁ, Pedro; BRANCO, Sérgio. *Direitos Autorais*. Rio de Janeiro: Editora FGV, 2009. Disponível em: <https://bibliotecadigital.fgv.br/dspace/bitstream/handle/10438/2756/Direitos%20Autorais.pdf>. Acesso em: 14 fev. 2022.

ROCHA, Francisco Ilídio Ferreira. *Da Responsabilidade por Danos Decorrentes de Conteúdos Gerado por Terceiros.* In: LEITE, George Salomão; LEMOS, Ronaldo (Coords.). Marco Civil da Internet. São Paulo: Atlas, 2014. p. 817-845. Disponível em: <https://integrada.minhabiblioteca.com.br/#/books/9788522493401>. Acesso em: 13 mar. 2022.

SOUZA, Carlos Affonso; LEMOS, Ronaldo. *Marco Civil da Internet: construção e aplicação.* Juiz de Fora: Editar Editora Associada Ltda, 2016.

SECRETARIA DE DIREITOS AUTORAIS E PROPRIEDADE INTELECTUAL (SDAPI). *Relatório Preliminar: Consulta Pública para a Reforma da Lei de Direitos Autorais (Lei nº 9.610/1998).* Brasília, 2020. Disponível em: <http://cultura.gov.br/wpcontent/uploads/2020/05/Anexo-1-Relatorio-Preliminar-Consulta-P%C3%BAblica-2019.docx>. Acesso em: 15 fev. 2022.

SENFTLEBEN, Martin. *Institutionalized Algorithmic Enforcement – The Pros and Cons of the EU Approach to UGC Platform Liability.* In: 14 FIU L. Rev. 299 (2020-2021).

SILVA, Alexandre Pacheco (Coord). CEPI – Centro de Ensino e Pesquisa em Inovação. *Reformas do Direito do Autor na Era Digital – Resultados preliminares da pesquisa.* São Paulo, FGV, junho/2021, não publicado.

SOUZA, Carlos Affonso Pereira de. *Responsabilidade Civil dos Provedores de Acesso e de Aplicações de Internet: evolução jurisprudencial e os impactos da Lei nº 12.695/2014 (Marco Civil da Internet).* In: LEITE, George Salomão; LEMOS, Ronaldo (Coords.). Marco Civil da Internet. São Paulo: Atlas, 2014. p. 791-816. Disponível em: <https://integrada.minhabiblioteca.com.br/#/books/9788522493401>. Acesso em: 29 mar. 2022.

__________. *Reforma da Lei de Direitos Autorais.* Curitiba, nov. 2019. 21 slides. Disponível em: <https://www.gedai.com.br/wp-content/uploads/2019/11/Carlos-Affonso-ITSrio-Diretiva-UE-Direitos-Autorais.pdf>. Acesso em: 29 mar. 2022.

TEFFÉ, Chiara Antonia Spadaccini de. *Responsabilidade Civil e Liberdade de Expressão no Marco Civil da Internet: A Responsabilidade Civil dos Provedores por Danos Decorrentes de Conteúdo Gerado por Terceiros.* Revista de Direito Privado, vol. 63, p. 59-83, jun./set. 2015.

VALENTE, Mariana Giorgetti. *Por Dentro do Mercado de Música Digital no Brasil.* In: FRANCISCO, Pedro Augusto P.; VALENTE, Mariana Giorgetti (Orgs.). Da Rádio ao Streaming: ECAD, Direito Autoral e Música no Brasil. 1. ed. Rio de Janeiro: Beco do Azougue, 2016. p. 265-300. Disponível em: <https://bibliotecadigital.fgv.br/dspace/handle/10438/17034>. Acesso em: 12 fev. 2022.

VALENTE; Mariana; NERIS, Natália; RUIZ, Juliana; e BULGARELLI, Lucas. *O Corpo é o Código* (PDF). São Paulo: InternetLAB, 2016.

VALERIO, Ygor. *Uma Anedota Búlgara: um panorama dos procedimentos de retirada de conteúdo online.* Migalhas, [s.l.], 13 ago. 2013. Disponível em:
<https://www.migalhas.com.br/depeso/184194/uma-anedota-bulgara-um-panorama-dosprocedimentos-de-retirada-de-conteudo-online>. Acesso em: 6 mar. 2022.

3. REGULAÇÃO DO DIREITO AUTORAL E AS PLATAFORMAS: TRANSPARÊNCIA E MECANISMOS DE MODERAÇÃO DE CONTEÚDO

Lahis Pasquali Kurtz
Luíza Couto Chaves Brandão

Introdução

Direito autoral se destaca entre os temas regulatórios que foram atualizados com a emergência de novas práticas e possibilidades decorrentes da internet. O incremento nas possibilidades de expressão e comunicação também permitiu maior facilidade no compartilhamento de material intelectual produzido por terceiros. Se por um lado isso representou avanço na socialização da ciência e do conhecimento de maneira geral, sob o ponto de vista do direito autoral houve preocupação com a inicial ausência de controle sobre a reprodução e circulação de obras.

Como os interesses envolvidos vão além de direitos individuais, movimentando indústrias e o próprio mercado do entretenimento, essa área contou com forte pressão econômica por regulação e imposição de obrigações específicas a intermediários de conteúdo online. Alia-se a isso o interesse mercadológico das plataformas na proteção a direitos autorais, a fim de garantir parcerias comerciais e evitar litígios. Elas adotam, via de regra, diversas medidas no âmbito da moderação de conteúdo a fim de evitar que seus espaços online sejam meios para violação a direitos autorais.

Em consequência, vem crescendo a preocupação com os efeitos indesejados dessas medidas, por exemplo, sobre a liberdade de expressão. Nesse sentido, elenca-se a transparência como importante meio de controle sobre práticas implementadas em relação a direitos autorais na moderação de conteúdo. Conhecer os limites e potenciais vieses seria o primeiro passo para que sejam propostas melhorias para equilibrar o sistema de proteção de direitos autorais e outros direitos dos usuários de internet.

Dois importantes canais para que haja acesso a essas informações são as políticas que explicam como o assunto é manejado pelas plataformas e instruem a ação de usuários, ao lado dos relatórios que publicizam números sobre as atitudes tomadas frente a demandas e violações. Esta pesquisa propõe-se, assim, a responder ao seguinte questionamento: as políticas de comunidade e relatórios de transparência das principais plataformas permitem conhecer as medidas adotadas em relação a direitos autorais?

Tendo em consideração o contexto no qual se conforma a proteção aos direitos autorais, a principal hipótese é no sentido de que há lacunas de transparência nesses documentos. O enfoque excessivo em garantir direitos autorais pode invisibilizar os riscos que o tratamento desses casos oferece para o exercício de outros direitos. Tal foco prejudicaria o aprimoramento das ferramentas, a fim de evitar que a proteção de direitos autorais seja abusivamente utilizada para inibir outros direitos.

Para verificar se esta é a realidade nas principais mídias sociais utilizadas no Brasil, esta pesquisa lançou mão de revisão de literatura e observação direta combinada com análise documental de políticas e relatórios. O estudo é apresentado em quatro partes, além desta introdução, e compreende 1) a discussão sobre o direito autoral na moderação de conteúdo; 2) a descrição das escolhas metodológicas para a observação realizada, com os critérios de análise da transparência de quinze plataformas online; 3) os resultados da observação à luz da discussão sobre transparência na moderação de conteúdo; e 4) as conclusões. Feita essa exposição, passa-se à seção que contextualiza o debate temático dos direitos autorais face ao controle de conteúdo em plataformas.

1. O direito autoral como hipótese de moderação de conteúdo dos usuários pelas plataformas

Ao mesmo tempo que oferece mais oportunidades de circulação de dados, informações e conteúdos, por diversos tipos de mídia, a internet também amplia as implicações sociais, políticas e jurídicas sobre o que seus usuários acessam, produzem ou compartilham pela rede. Nesse sentido, as aplicações de internet, especialmente aquelas voltadas a conteúdos produzidos pelos usuários, ou que realizam diferentes formas de seleção do que a eles é acessível, ganham cada vez mais destaque. O aumento de conteúdo que circula globalmente em razão da internet, não apenas em quantidade, mas também em velocidade e influência sobre as pessoas e instituições, revela a inviabilidade de um "ciberespaço independente", como sugerido por Barlow[1]. Assim, parâmetros normativos, como os relacionados a direitos autorais, passam a influenciar a circulação do conteúdo pela internet.

Plataformas, intermediários ou provedores de aplicação são termos utilizados para designar os atores privados, sobretudo empresas com finalidades lucrativas, que atuam de forma global com quantidades massivas e variadas de tratamento de dados, e diferentes conteúdos: textos, imagens, áudios, vídeos, etc. A atuação dessas plataformas sobre a internet[2] e a definição de limitações a o que nelas circula leva a práticas de moderação de conteúdo. O nível de transparência das condutas das plataformas sobre o conteúdo de usuários varia em seus termos de uso ou políticas de comunidade. Esse tipo de contrato ou códigos de conduta, que seriam os instrumentos mais diretos entre as empresas e seus consumidores, possuem diferentes graus de efetiva transparência[3].

O aumento da utilização dessas plataformas para produção, compartilhamento, reprodução e, no geral, circulação de diversos conteúdos também faz crescer o que é esperado por parte dos intermediários em relação ao conteúdo dos usuários[4]. Os termos privados de serviço, códigos de conduta e também projetos de lei em diferentes países demonstram o avanço da temática de governança de conteúdo e a variedade de critérios, métodos e temas que podem ser objeto de, igualmente variadas, formas de moderação. As temáticas apresentadas incluem discurso de ódio, exposição não consensual de imagens íntimas, uso indevido de imagens,

[1] BARLOW, John Perry. *Declaration of independence of cyberspace.* 1996.

[2] HELMOND, A. The platformization of the web: making web data platform ready. *Social Media+ Society*, Thousand Oaks, v. 1, n. 2, 2015.

[3] RODRIGUES, Gustavo; KURTZ, Lahis. *Transparência sobre moderação de conteúdo em políticas de comunidade.* Belo Horizonte: Instituto de Referência em Internet e Sociedade, 2020.

[4] NIC.BR – Núcleo de Informação e Coordenação do .Br (editor). *Internet & jurisdição:* relatório de status global 2019/ Dan Jerker B. Svantesson; trad. Ana Zuleika Pinheiro Machado. – 1. ed. -- São Paulo : Comitê Gestor da Internet no Brasil, 2020.

material de exploração sexual infantil (CSAM), incitação à violência, nudez, automutilação, entre outros, considerados conteúdos danosos. Em âmbito global, alguns deles são tratados com maior grau de harmonização – como a criminalização de CSAM –, mas outros são abordados de modos bastante divergentes, do ponto de vista jurídico, político e social – como nudez[5].

Conteúdos relacionados a criações protegidas por direitos autorais abrem um campo de atuação específico sobre o conteúdo dos usuários de plataformas digitais. A indústria do entretenimento e produção cultural tornam maior a pressão para que plataformas atuem sobre conteúdo envolvendo direitos autorais. Ainda que esse cenário seja relativamente recente e impulsionado pelas novas e mais abrangentes formas de criação e consumo online de conteúdos, a proteção de direitos autorais tem esforços de transnacionalidade tão marcantes quanto a própria internet e suas plataformas. Padrões mínimos, direitos e arranjos de proteção datam de 1886, com a Convenção de Berna sobre Direitos Autorais para Proteção das Obras Literárias e Artísticas[6], revista em Paris, em 1971, em função dos avanços nas formas de reprodução de conteúdo pelas telecomunicações. Ainda na fase embrionária da internet, em 1994, o tema foi incluído no TRIPs, o Acordo Sobre os Aspectos dos Direitos de Propriedade Intelectual Relacionados ao Comércio[7].

Mesmo com regime internacional robusto, a partir da propriedade intelectual, os direitos autorais também são tratados em leis internas. Diferentes regimes normativos passam a conviver, então, a partir dos modelos de negócio globais viabilizados pela internet. Isso leva não apenas a uma profusão de normas para regulação de plataformas, por exemplo, mas também à busca por regimes cada vez mais abrangentes, rígidos e

[5] NIC.BR – Núcleo de Informação e Coordenação do .Br (editor). *Internet & jurisdição:* abordagens operacionais em dados, conteúdo e domínios / Rede de Políticas Internet & Jurisdição; trad. Ana Zuleika Pinheiro Machado. --1. ed. -- São Paulo, SP: Comitê Gestor da Internet no Brasil, 2021.

[6] BRASIL. Decreto nº 75.699, de 6 de maio de 1975. Promulga a Convenção de Berna para a Proteção das Obras Literárias e Artísticas, de 9 de setembro de 1886, revista em Paris, a 24 de julho de 1971. *Diário Oficial da União.* 9 maio 1975.

[7] BRASIL. Decreto nº 1.355, de 30 de dezembro de 1994.Promulgo a Ata Final que Incorpora os Resultados da Rodada Uruguai de Negociações Comerciais Multilaterais do GATT. *Diário Oficial da União.* 31 dez. 1994.

sancionatórios[8]. Os direitos autorais não estão fora desse contexto. Pelo contrário, estão no centro de propostas normativas que, há anos, estendem regimes específicos a vários países pelo mundo. Nesse sentido, é possível identificar o DMCA (*Digital Millennium Copyright Act*), dos Estados Unidos.[9]

O desenvolvimento das plataformas digitais, com concentração ainda presente nos EUA, levou o país a reformar o sistema de direitos autorais na virada do milênio. As empresas, mesmo com a escalada global de suas atividades, ficam, então, vinculadas ao DMCA, assim como a outros instrumentos normativos do país de sua constituição. Por isso, a lei direcionou esforços especificamente aos intermediários. O DMCA alterou o Título 17 do Código dos EUA, no capítulo 5, seção 512, sobre direitos autorais com procedimentos para evitar responsabilidade sobre materiais online. Entre eles está a obrigação de que a plataforma permita a denúncia pelo detentor dos direitos, promovendo rapidamente a indisponibilização do material e a notificação do usuário diretamente afetado, bem como cessando a restrição caso haja contranotificação, com alerta ao denunciante inicial para que possa reiterar os motivos[10].

Considerando um cenário de maior e mais variado conteúdo, com crescente atuação de plataformas da internet sobre o que nelas circula, duas premissas são tomadas neste estudo. A primeira é de que os direitos autorais configuram um dos principais temas das práticas de moderação, pelas empresas, do conteúdo gerado por seus usuários. A segunda envolve o contexto de padrões protetivos elevados nas regulações de direitos autorais, especialmente pelo envolvimento de agentes econômicos relevantes, como a indústria do entretenimento. Ainda que internacionalmente sejam estabelecidos padrões de proteção mínimos, os intermediários buscam seguir aqueles mais elevados, como o dos EUA, em razão da pressão regulatória.

A partir de tais premissas relacionadas às práticas de moderação de conteúdo de usuários, por plataformas, e ao papel dos direitos autorais

[8] DE LA CHAPELLE, Bertrand; FEHLINGER, Paul. Jurisdiction on the internet: from legal arms race to transnational cooperation. *Global Commission on Internet Governance.* Paper series n. 28, abr. 2016..

[9] EUA – Estados Unidos da América. *Digital Millennium Copyright Act.* Public Law 105–304 28 out, 1998. Title II, Sec. 202. a Dez. 1998.

[10] EUA – Estados Unidos da América. *United States Code.* 17 USC 512: Limitations on liability relating to material online. 28 out. 1998.

sobre elas, quatro hipóteses foram levantadas. Elas também procuram orientar a investigação sobre o grau de transparência das ações de moderação que envolvem essa matéria. Nesse sentido, a primeira hipótese (H1) é de que os direitos autorais são sessões específicas das políticas de comunidade ou termos de uso das plataformas, assim como seus relatórios de transparência. Ela decorre tanto do tratamento regulatório específico direcionado ao tema quanto do procedimento diferenciado proposto para esse tipo de conteúdo.

A segunda hipótese (H2) é relativa à capacidade de resposta às ações das plataformas sobre o conteúdo dos usuários, no que diz respeito aos direitos autorais. O tema reflete uma desproporcionalidade de meios, ferramentas jurídicas e acesso a um sistema de recursos, mesmo quando disponibilizado, entre usuários individuais e grandes conglomerados do entretenimento, por exemplo. Corrobora para esta hipótese, ainda, a complexidade das ações de remoção e limitação de conteúdo ou mesmo das contas de usuários comuns. Estes podem, inclusive, preencher requisitos para as exceções ou limitações aos direitos autorais, mas sobre elas também não têm conhecimento ou condições para questionar efetivamente a plataforma e sua decisão sobre o conteúdo moderado.

A falta de informação sobre o processo de moderação reforça a terceira hipótese (H3), que se refere ao quadro mais amplo de moderação de conteúdo, majoritariamente automatizada. Esse tipo de moderação algorítmica, que busca corresponder ao volume de conteúdo presente na plataforma, apresenta uma série de limitações técnicas e erros de contexto que, por sua vez, conduzem a efeitos sociais. Entre eles, riscos à liberdade de expressão ou de formação de opinião, assim como a manifestações artísticas, que atingem sobremaneira comunidades já socialmente marginalizadas, como as pessoas LGBTQIA+[11]. Nesses casos, a proteção aos direitos autorais, quando orientada por elevados padrões de controle, engendra práticas de moderação automatizadas que, por exemplo, impedem a circulação de fragmentos de conteúdos autorais, como músicas, ainda que estejam sendo utilizados com finalidades legítimas, como aquelas consideradas excepcionais nos próprios sistemas normativos.

[11] DE NARDIS, Laura; HACKL, Andrea M. Internet control points as LGBT rights mediation. *Information, Communication & Society*, v. 19, n. 6, p. 753-770, 2016.

Por fim, a quarta hipótese (H4) trata dos relatórios de transparência e a forma como direitos autorais neles são apresentados. Nesse sentido, considera a possibilidade de que os direitos autorais somem-se a outras hipóteses de moderação de conteúdo na tomada de decisão sobre o conteúdo dos usuários. Em conjunto, portanto, pode não ser possível verificar efetivamente o quanto as regras sobre direitos autorais afetam o conteúdo criado e compartilhado online, que é submetido à moderação. Ainda que determinados resultados sejam alcançados a partir dos relatórios de transparência, eles podem não refletir efetivamente o papel dos direitos autorais para a interferência das plataformas sobre o conteúdo dos usuários.

As hipóteses e premissas aqui delineadas constituem o fio condutor das análises desempenhadas sobre políticas de comunidade, termos de uso e relatórios de transparência das maiores plataformas de conteúdo utilizadas no Brasil. Os elementos investigados, bem como os resultados e suas possibilidades interpretativas, são descritos a seguir.

2. Desenho de pesquisa para analisar transparência em políticas e relatórios de direitos autorais

Considerando as hipóteses e premissas apresentadas, o desenho da parte empírica da pesquisa buscou verificar quais informações estão disponíveis sobre a moderação de conteúdo por direitos autorais em plataformas online. Mais especificamente, foi analisada a presença de políticas que orientam essa atividade, e, quando presentes, se elas permitem conhecer como são os procedimentos e de que forma é fundamentada a restrição desses conteúdos. Além disso, foram observados os relatórios de transparência a fim de averiguar se há dados sobre moderação de conteúdo motivada por direito autoral, assim como quais dados são disponibilizados.

A partir de observação direta e análise documental, foi possível identificar lacunas de informação e alguns riscos daí decorrentes.

A amostra foi selecionada com base na relevância de uso pelo público brasileiro, em consulta à pesquisa "Digital 2022: Brazil"[12] publicada pela agência *We Are Social* em parceria com a *Hootsuite* no *DataReportal*. Foram inicialmente elencadas as quinze mídias sociais mais usadas:

[12] WE ARE SOCIAL; HOOTSUITE. Digital 2022: Brazil. 9 fev. 2022. *DATAREPORTAL*.

1) *Whatsapp;*
2) *Instagram;*
3) *Facebook;*
4) *TikTok;*
5) *Facebook Messenger;*
6) *Kuaishou (Kwai);*
7) *Telegram;*
8) *Pinterest;*
9) *Twitter;*
10) *LinkedIn;*
11) *Skype;*
12) *Snapchat;*
13) *Discord;*
14) *Imessage;*
15) *Reddit.*

Definida a amostra, foi realizada observação direta semiestruturada, com o seguinte procedimento: por meio do navegador, localizou-se a página inicial da plataforma; quando esta não apontava diretamente para uma seção ou link de políticas de comunidade e/ou relatório de transparência, foi realizada nova busca com palavras chave "(Nome da plataforma) direitos autorais"/"(Nome da plataforma) *copyright*"/"(Nome da plataforma) transparência". Com exceção de duas mídias (*Facebook Messenger e Imessage*), o procedimento permitiu localizar as informações necessárias, motivo pelo qual foi considerado adequado para a coleta.

O conteúdo de cada política e relatório de transparência localizado foi examinado e tabulado de acordo com os seguintes critérios predefinidos:

QUADRO 1 – **Critérios de análise para observação direta**

Hipótese correspondente	Informação observada	Ação
Dados básicos	Link para políticas da mídia	Preenchimento livre
	Direitos autorais (Localizada política ou menção)	Marcar caso positivo
H1	Separado da política de conteúdo	Marcar caso positivo
H1 e H2	Qual o termo usado	Preenchimento livre
H2	Instruções sobre fair use	Marcar caso positivo
	Mecanismo de denúncia	Marcar caso positivo
	Se sim, qual mecanismo	Preenchimento livre
	Notifica usuário sobre violação/ denúncia	Marcar caso positivo
	Mecanismo de contranotificação	Marcar caso positivo
	Está em português	Marcar caso positivo
	Explicita instrumento normativo (lei, tratado)	Marcar caso positivo
	Qual instrumento normativo	Preenchimento livre
	Explicita exceções aos direitos autorais	Marcar caso positivo
H3	Explicita uso de I.A.	Marcar caso positivo
	Há indícios de uso de I.A.	Marcar caso positivo e anotar quais
Dados básicos	Presença de relatório de transparência	Marcar caso positivo
	Link para o relatório	Preenchimento livre
H4	Informação sobre direitos autorais	Marcar caso positivo
	Indica quantos pedidos e quantas remoções	Marcar caso positivo
	Explicita instrumento normativo (lei, tratado)	Marcar caso positivo
	Dados de remoção proativa	Marcar caso positivo
	Observações	Preenchimento livre

Fonte: autoria própria.

Sobre os dados, foi possível realizar análise qualitativa em relação à realidade encontrada nas mídias selecionadas em relação aos aspectos documentais das hipóteses levantadas. Os resultados dessa observação permitem tecer algumas considerações sobre a possibilidade de conhecer as medidas adotadas em relação a esse tipo de conteúdo na amostra, que são discutidos na seção seguinte.

3. As informações disponíveis sobre moderação por direitos autorais

Os critérios de análise aplicados aos termos de uso e relatórios de transparência encontrados pela pesquisa permitiram a verificação das hipóteses investigadas. A partir delas, é possível identificar possíveis riscos relacionados às práticas de moderação de conteúdo baseadas em direitos autorais, especialmente para direitos dos usuários, como liberdade de expressão, formação de opinião, e acesso ao conhecimento. Além disso, a observação permite identificar questões relativas à transparência e devido processo sobre os mecanismos de moderação baseada em direitos autorais.

De forma geral, entre as 15 plataformas presentes na amostra, o *Facebook Messenger* e o *Imessage* se destacaram pela ausência de resultados observáveis, devido à inexistência de página para análise, motivo pelo qual não há conteúdo a ser analisado em relação a suas políticas. A inexistência desse material, a despeito de serem mensageiros privados, aponta para uma lacuna, uma vez que outros serviços com função similar, como *Skype, Whatsapp e Telegram*, possuem orientações a respeito do tema em suas páginas.

3.1. Tratamento de direitos autorais (H1)

A primeira observação conduzida diz respeito à presença de menções específicas aos direitos autorais e sua proteção nos termos de uso, políticas de comunidade e relatórios de transparência (H1). Esse tratamento direto sinaliza para a importância do tema nos processos de moderação conduzidos pelas plataformas, especialmente em relação a possíveis sanções aos próprios intermediários por violações aos direitos autorais, ainda que por conteúdo de usuários. Nesse sentido, foi possível observar, em geral, que os textos analisados contam com previsões diretas sobre o tema.

Apenas *Facebook Messager, Imessage* e *Telegram* não tratam de direitos autorais diretamente em suas políticas. As demais plataformas não apenas obtiveram resultados positivos sobre a existência de políticas relativas aos direitos autorais, mas também contam com uma seção específica para o tema. Dessa forma, o tema não está entre os demais conteúdos das políticas ou termos, mas consta em seções a ele dedicadas. Nelas, em geral, as seções dizem respeito a "direitos autorais". O *TikTok*, por sua vez, faz referência a "direitos de autor". Já o *Pinterest* e o *Discord* utilizam o termo "*copyright*", com ampla conexão ao sistema normativo dos EUA relativo aos direitos autorais. Ainda sobre o conteúdo apresentado no tratamento de direitos autorais, observa-se que apenas as políticas ou termos do *Instagram* e *TikTok* explicitam a possibilidade de limitações ou exceções aos direitos autorais, ou seja, descrevem situações em que a violação aos direitos autorais é afastada. O texto do *Facebook* vagamente faz menção a esses casos, enquanto as demais plataformas não chegam a apontá-los.

Quanto à presença de direitos autorais nos relatórios de transparência dos serviços analisados, a maioria permite identificar casos de moderação de conteúdo especificamente ligados ao tema. Os instrumentos de transparência do *Instragram, Facebook, TikTok, Kwai, Pinterest, Twitter, LinkedIn, Snapchat, Discord* e *Reddit* apresentam dados específicos de moderação sobre conteúdo dos usuários relacionados a direitos autorais.

3.2. Informações quanto aos mecanismos de recurso (H2)

Quanto aos mecanismos de recurso, verificou-se um padrão nas treze plataformas com resultados observáveis: a indicação de meios de denúncia sobre violação de direitos autorais nas políticas correspondentes (H2). Em geral, o meio disponível é o formulário online ou um email. Tais formatos são compatíveis com o meio no qual ocorre a violação e podem tornar mais simples a adoção de medidas protetivas pela pessoa detentora de direitos. Algumas plataformas destoam nesse sentido, como *Reddit* e *Snapchat,* cujos formulários são apresentados em inglês, e *Skype*, cujo meio de contato é apenas por telefone ou correio.

No papel informativo a respeito desse tipo de moderação, há poucas plataformas que mencionam limites aos direitos autorais, seja com referência a fair use (uso justo, ou situações em que o uso legítimo do material independe de autorização ou pagamento ao detentor dos direitos), como *Instagram, Facebook, Twitter* e *Snapchat*, seja com referência a exceções em geral, como *TikTok*. Apesar de não ser uma medida direta de transparência, esse tipo de instrução ao usuário aponta também para critérios que podem orientar a negativa de concretização de medidas de moderação.

Outro ponto de observação foi quanto ao mecanismo da plataforma para analisar casos de potencial violação. Nesse sentido, oito delas mencionam que notificam o usuário alvo da denúncia ou potencial violador – *Whatsapp, Instagram, Facebook, TikTok, Pinterest, Twitter, LinkedIn* e *Reddit* –, enquanto nove – *Instagram, Facebook, TikTok, Kwai, Telegram, Pinterest, Twitter, LinkedIn, Discord* e *Reddit* – mencionam que disponibilizam mecanismos de contranotificação, para que o usuário possa justificar sua conduta e impedir ou suspender a aplicação de medidas de moderação.

É notória a influência do contexto regulatório estadunidense na forma como o tema é manejado nas políticas de direitos autorais. *TikTok, Discord, Pinterest* e *Reddit* apresentam os mecanismos ou as instruções para o procedimento de denúncia ou contranotificação somente em língua inglesa. Todos, com exceção do *Whatsapp* e do *Kwai*, mencionam o DMCA em suas políticas, ou, no caso do *Telegram*, no e-mail para envio de denúncia, como instrumento normativo que rege direitos autorais. A Convenção de Berna é mencionada apenas nas políticas do *Facebook*, e o *TikTok* menciona adicionalmente a Diretiva da União Europeia.

Percebe-se que as políticas referentes a direitos de autor seguem uma lógica diversa do restante da moderação de conteúdo promovida pelas plataformas. Em geral, existe uma preocupação em oferecer meios de denúncia e estabelecer quais os procedimentos adotados em relação aos casos de alegada violação. Por sua vez, as respostas oferecidas somente são compatíveis com padrões e recomendações internacionais de moderação de conteúdo[13] – como, por exemplo, Princípios de Santa Clara e Princípios de Manila[14] – no que coincidem com as regras de *notice-and-take-down* da legislação estadunidense, o DMCA[15].

Também é perceptível, pelas políticas e relatórios, a ênfase na proteção aos direitos autorais e a ausência de preocupação declarada com mecanismos que impeçam seu abuso em detrimento da livre expressão, da privacidade e do acesso à informação. As plataformas traduzem, em sua maioria, o conteúdo relativo à temática para o português, mas não adaptam

[13] SANTA CLARA PRINCIPLES COALITION. *Santa Clara Principles 2.0.* 2021.

[14] EFF – Electronic Frontier Foundation et al. *Princípios de Manila sobre responsabilidade civil de intermediários.*

[15] EUA – Estados Unidos da América. *Digital Millennium Copyright Act.* Public Law 105–304 28 out, 1998. Title II, Sec. 202. a Dez. 1998, p. 23-24.

as instruções nem especificam quais direitos locais permitem ou limitam sua tomada de atitude.

3.3. Moderação algorítmica (H3)

No contexto de elevado volume de conteúdo circulando pelas plataformas[16], também é possível considerar a automatização da moderação, em suas diversas formas, em casos envolvendo direitos autorais (H3). A moderação automatizada (ou algorítmica) lança mão de técnicas de inteligência artificial, como *machine learning*, com algoritmos cada vez mais complexos e sofisticados para várias fases de ingerência sobre o conteúdo do usuário[17]. As técnicas geralmente estão envolvidas na detecção de conteúdo infringente de direitos autorais, mas também podem ser utilizadas para decidir sobre violações e até aplicar sanções aos usuários. Dessa forma, a moderação por meio de algoritmos interfere diretamente na garantia de direitos, especialmente na liberdade de expressão. Nesse sentido, inclusive, surgem pelo mundo distintas iniciativas legislativas a fim de atribuir parâmetros regulatórios para a moderação de conteúdo, especialmente no caso da algorítmica, em razão de sua limitada transparência e profundo impacto sobre os usuários[18].

Apesar de a utilização de inteligência artificial para moderação de conteúdo ser difundida, no que se refere às práticas relacionadas aos direitos autorais, seu uso não consta, em geral, nos textos informados pelas plataformas. De modo não explícito, é possível verificar que o *Kwai* descreve o uso de inteligência artificial nos procedimentos de moderação em direitos autorais. Com poucos detalhes, o *Telegram* se refere ao uso de bots nos canais de comunicação. De forma explícita, no entanto, a informação sobre o uso de inteligência artificial ou filtros automatizados para violações de direitos autorais não pode ser verificada em nenhum

[16] De acordo com o Youtube, por exemplo, mais de 500 horas de conteúdo são inseridas na plataforma por minuto. Informação disponível em: https://blog.youtube/press/.

[17] CENTER FOR DEMOCRACY & TECHNOLOGY (2022). *Olhando de fora para dentro:* abordagens para moderação de conteúdo em sistemas criptografados de ponta a ponta. Tradução: SANTARÉM, Paulo René da Silva. VIEIRA, Victor Barbieri Rodrigues. Instituto de Referência em Internet e Sociedade – IRIS-BH, p.10-12.

[18] KURTZ, Lahis Pasquali; DO CARMO, Paloma Rocillo Rolim; VIEIRA, Victor Barbieri Rodrigues. *Transparência na moderação de conteúdo:* tendências regulatórias nacionais. Belo Horizonte: Instituto de Referência em Internet e Sociedade, 2021.

dos termos analisados, apesar das indicações nas políticas do *Kwai e Telegram*.

A indicação do uso de algoritmos ou outras técnicas similares na moderação também não é explícita nos relatórios de transparência, em geral. Aplica-se apenas nos casos do *Whatsapp* e *Facebook*, que indicam a realização de detecção proativa. Esta, por sua vez, indica o uso de inteligência artificial. Na página de transparência sobre propriedade intelectual, que abrange direitos autorais, a Meta – que abrange tanto *Whatsapp* quanto *Facebook*, além do *Instagram* – descreve o emprego de várias ferramentas automatizadas para detecção de possíveis violações à propriedade intelectual. Elas incluem, mas não se limitam, a "insights de modelos de aprendizado de máquina, a presença de determinadas palavras-chave associadas a atividades de pirataria e falsificação e violações anteriores de IP de contas problemáticas"[19].

A ausência de indicações explícitas do uso de inteligência artificial reforça a demanda por transparência nos processos de moderação. Considerados os riscos sociais assumidos na utilização da inteligência artificial e do emprego dos algoritmos em ampla escala para moderação de conteúdo, de forma globalizada e com pouco ou nenhum controle social, é preocupante que as políticas não mencionem de forma específica seus usos.

3.4. Relatórios de transparência sobre moderação por direitos autorais (H4)

Nem todas as mídias sociais analisadas apresentaram relatórios de transparência. Cinco delas – *Whatsapp, Facebook Messenger, Telegram, Skype* e *Imessenger* – não publicam esse documento. Essa ausência dificulta o monitoramento social sobre as atitudes tomadas pelas plataformas em decorrência de direitos autorais, tanto no sentido de verificar se há proteção adequada quanto se há abuso ou efeitos inibitórios sobre os direitos dos usuários.

Ao analisar os documentos disponibilizados, percebe-se que o *Discord* não possui dados sobre direitos autorais em seu relatório de transparência. A ausência de um relatório distinto para esse tipo de conteúdo equipara a moderação realizada com base em outros documentos, como políticas

[19] Tradução livre. META. *How we protect intellectual property (IP) rights..*

de comunidade em sentido amplo ou legislações locais diversas, àquela manejada para proteção de direitos de autor. Isto impede que se conheça, nesse caso, a dimensão da relevância que as normas e procedimentos delas decorrentes possuem sobre a circulação de conteúdo e a liberdade de expressão.

Uma possibilidade levantada para as mídias que não disponibilizam qualquer relatório de transparência foi a inexistência de mecanismos de moderação, por se considerar que são aplicativos mensageiros que prezam pela privacidade das comunicações. Inclusive, alguns utilizam a criptografia de ponta-a-ponta, que inviabilizaria o conhecimento e, por consequência, a intervenção direta no conteúdo transmitido ou recebido por usuários. Entretanto, existem menções a direitos autorais nas políticas de algumas dessas plataformas, inclusive com mecanismos para denúncia, como é o caso de *Whatsapp, Telegram* e *Skype.*

Dessa forma, a ausência de mecanismos de publicização sobre como essas violações são abordadas representa um risco à livre expressão, uma vez que as providências adotadas pelas plataformas a fim de responder às denúncias são desconhecidas. Outrossim, a opacidade quanto aos desdobramentos de uma denúncia ou mesmo quanto à quantidade de denúncias recebidas por direitos autorais impede que se avalie o nível de proteção aos dados pessoais e às comunicações privadas que é garantido, por exemplo, por recomendações ao usuário para que não compartilhe informações sensíveis, ou por notificação ao usuário denunciado. Como não há dados ou informações sobre o procedimento, é impossível avaliar se há cautelas e mecanismos de mitigação desses riscos.

A menção a medidas para proteger direitos autorais nas políticas do aplicativo sem o relatório de transparência correspondente pode resultar em uso instrumental dessa terminologia. Segundo Gillespie[20], a busca por transparência das plataformas sinaliza preocupação com esses direitos aos segmentos interessados – usuários, anunciantes e legisladores. Nesse caso, a transparência em relação ao usuário é insuficiente, pois não há garantia de medidas efetivas, ou mesmo de prevenção a medidas abusivas. Mesmo em relação a anunciantes e legisladores, a primeira menção transparece a preocupação simbólica da plataforma com esses direitos, ao passo que

[20] GILLESPIE, Tarleton. *Custodians of the Internet:* Platforms, content moderation, and the hidden decisions that shape social media. Yale University Press, 2018. p. 74

não fica evidente sua concretização, pela ausência de dados sobre medidas efetivamente adotadas.

As mídias que apresentaram relatórios de transparência sobre medidas voltadas a direitos autorais, por sua vez, publicaram por padrão a quantidade de pedidos recebidos e quantos resultaram em remoção/restrição de conteúdo. Destaca-se que os relatórios do *Reddit* e do *LinkedIn* estavam em inglês, o que dificulta seu acesso pelo público brasileiro, e o do *Kwai*, embora em português, apresenta os dados no formato de imagens que aparentam ser retiradas de outro documento, o qual não é disponibilizado. Isso prejudica a acessibilidade e a confiabilidade dessas informações por não estarem integralmente disponíveis e de fácil compreensão e conferência, por exemplo, para tratamento automatizado com fins de pesquisa e monitoramento pela sociedade. Os relatórios não apresentam, via de regra, o dispositivo ou instrumento normativo usado como parâmetro para as decisões, com referências ao DMCA nos cinco documentos nos quais essa informação foi localizada (*Facebook, Instagram, TikTok*[21], *Twitter, Snapchat*).

Ainda quanto aos dados presentes, *Facebook* e *Instagram* destacam-se ao divulgarem dados de remoção proativa de conteúdo devido a direitos autorais. Entretanto, diversamente da informação disponibilizada acerca do conteúdo removido a partir de notificação, que apresenta quantos casos não resultaram em restrição, não há a quantidade de remoções revertidas para esses casos.

Os relatórios de transparência podem ser considerados como instrumentos para oferecer uma resposta formal à demanda por controle e fiscalização que emerge com relação à restrição de conteúdo online, bem como à demanda por medidas protetivas dos direitos autorais. Entretanto, os dados e as informações disponibilizadas promovem uma transparência opaca[22], que não permite reconhecer riscos e déficits do que é implementado.

[21] No relatório do TikTok, consta ainda referência à regulação da União Europeia e "outras leis similares".

[22] RODRIGUES, Gustavo; KURTZ, Lahis. *Transparência sobre moderação de conteúdo em políticas de comunidade*. Belo Horizonte: Instituto de Referência em Internet e Sociedade, 2020, p. 30.

3.5. Síntese

Os déficits observados quanto à transparência do tratamento de direitos autorais reforçam críticas já realizadas em outros estudos – como as de relatórios da *Electronic Frontier Foundation*[23] –, as quais indicam que procedimentos anticircunvenção de direitos autorais ferem a livre expressão dos usuários. Isto ocorre principalmente porque as medidas adotadas para adequaçao ao DMCA, observadas em todos os resultados, obrigam a um rápido manejo do conteúdo pelos provedores de aplicação. Assim, a mera identificação do material por um terceiro como conteúdo violador sem a devida contranotificação pode gerar sua remoção.

Por isso, a margem existente em relação aos demais tipos de conteúdo moderado – cláusulas de "porto seguro" –, perante os quais as plataformas não estão sujeitas, via de regra, ao regime de notificação e retirada como forma de prevenção à censura colateral, perde força protetiva. Basta um conteúdo indesejado ser denunciado por direitos autorais ou ser associado a violações desse tipo para que seja removido preventivamente. Soma-se a esse contexto a necessidade do uso por parte das plataformas de meios automatizados para moderação, a fim de cumprir o requisito de rapidez de manejo desse tipo de situação, o que agrega erros de categorização e ausência de sutileza na análise do contexto[24]. A própria eficiência dos mecanismos automatizados é prejudicada, uma vez que não se pode conhecer e corrigir os erros sem que haja publicização adequada e mecanismos para apontar erros[25].

Dessa forma, medidas protetivas a direitos autorais podem ir muito além de seu âmbito regular de incidência sem a devida fiscalização. A ausência de mecanismos de transparência adequados em relação a esses procedimentos relega às entidades de monitoramento independentes o papel de elencar e listar casos de abuso. Esse cenário arrisca os direitos humanos dos usuários de internet, além de ser um contrassenso aos propósitos da proteção a direitos autorais, uma vez que a regulação e as práticas de proteção nesse âmbito adotam mecanismos excessivamente

[23] EFF – Electronic Frontier Foundation. *Unintended Consequences:* sixteen years under the DMCA. Set. 2014.

[24] OLIVA, Thiago. Content moderation technologies: applying human rights standards to protect freedom of expression. *Human Rights Law Review,* n. 20, p. 607–640, 2020. p. 633

[25] Ibidem, p. 637-638.

rígidos, com prejuízo da circulação de conhecimento, bem como da expressão legítima.

Conclusões

Tendo em consideração as preocupações com efeitos negativos da proteção a direitos autorais sobre outros direitos no contexto da moderação de conteúdo, essa pesquisa buscou averiguar os canais de publicização das plataformas quanto às medidas de transparência adotadas nesse tema. O contexto e as hipóteses levantadas a partir da discussão da literatura sobre moderação de conteúdo, transparência e direitos autorais permitiram traçar critérios para observação de políticas e relatórios disponibilizados pelas mídias sociais.

Da análise realizada, conclui-se que as políticas e os relatórios disponibilizados pelas plataformas observadas proporcionam um retrato opaco e incompleto das medidas adotadas em relação à moderação de conteúdo por direitos autorais. O tratamento de conteúdo em relação a direitos autorais é feito em referência principalmente à regulação dos EUA, o DMCA, ao passo que nem todas as políticas e relatórios dispensam uma seção ou discriminam a forma como esse tipo de conteúdo é abordado. Os mecanismos de denúncia, em sua maioria, não explicitam as regras que serão levadas em consideração na avaliação do pedido, nem fornecem a quem precisa responder a denúncia o suporte para inserir seu caso em alguma exceção à violação aos direitos autorais. Os mecanismos automatizados de que as plataformas lançam mão devido ao alto volume de conteúdo moderado não são descritos nem explicados nos canais disponíveis. Também não é possível identificar quais as medidas adotadas para correção ou revisão de suas decisões. Os relatórios de transparência não são disponibilizados por todas as plataformas, e quando presentes também não representam sempre de maneira específica os pedidos e providências tomadas devido a direitos autorais de forma apartada dos demais casos de moderação de conteúdo.

A partir dos resultados apresentados, confirma-se a hipótese de que os mecanismos de moderação se dedicam à matéria de direitos autorais (H1), mas isto não reflete, necessariamente, transparência sobre o tema. Tal descompasso é demonstrado pela limitação das medidas de recurso ou resposta de um usuário que tem seu conteúdo, ou mesmo perfil, moderado de alguma forma (H2). Outro indicativo de opacidade relacionada aos direitos autorais e atuação sobre conteúdo dos usuários revela-se diante da falta de indicação expressa sobre a automatização, por algoritmos, dos processos de moderação (H3). O uso não confirmado pelas políticas ou relatórios apenas pode ser considerado em razão do volume de conteúdo gerado nas mídias e das práticas mercadológicas, sem considerar a transparência devida aos usuários. Finalmente, a presença do tema de direitos autorais especificada por poucas mídias em seus relatórios de transparência (H4) reforça a necessidade de evolução desse sistema para efetivar a informação sobre as práticas das plataformas aos usuários e à sociedade em geral.

A pesquisa analisou apenas as políticas e relatórios disponíveis, de forma que pode ser complementada com estudos acerca das motivações e percepções das plataformas quanto à temática. Assim, novas hipóteses sobre os efeitos dos direitos autorais em políticas de moderação de conteúdo, bem como em relatórios de transparência, podem ser levantadas. Também pode-se considerar realizar um estudo contemplando um maior número de plataformas, a fim de identificar se plataformas de menor escala reproduzem esse padrão de tratamento, quão influenciadas são pelo DMCA, se há preocupação em publicar relatórios de transparência, lacunas nas informações disponíveis, diferentes medidas adotadas e, também, dificuldades enfrentadas. Assim, outros critérios para a escolha das plataformas estudadas, além de novas perguntas sobre suas políticas e relatórios de transparência, podem também ser considerados em estudos futuros. Essas iniciativas são importantes para o avanço da transparência nas práticas de moderação de conteúdo, especialmente em sua interface com direitos fundamentais, como a liberdade de expressão e acesso ao conhecimento.

Referências

BARLOW, John Perry. *Declaration of independence of cyberspace.* 1996. Disponível em: https://www.eff.org/pt-br/cyberspace-independence. Acesso em: 4 maio 2022.

BRASIL. Decreto nº 1.355, de 30 de dezembro de 1994.Promulgo a Ata Final que Incorpora os Resultados da Rodada Uruguai de Negociações Comerciais Multilaterais do GATT. *Diário Oficial da União.* 31 dez. 1994. Disponível em: https://www.gov.br/inpi/pt-br/servicos/marcas/arquivos/legislacao/Trips_ptbr.pdf. Acesso em: 5 maio 2022.

BRASIL. Decreto nº 75.699, de 6 de maio de 1975. Promulga a Convenção de Berna para a Proteção das Obras Literárias e Artísticas, de 9 de setembro de 1886, revista em Paris, a 24 de julho de 1971. *Diário Oficial da União*. 9 maio 1975. Disponível em:http://www.planalto.gov.br/ccivil_03/decreto/1970-1979/d75699.htm. Acesso em: 05 maio 2022.

CENTER FOR DEMOCRACY & TECHNOLOGY (2022). *Olhando de fora para dentro:* abordagens para moderação de conteúdo em sistemas criptografados de ponta a ponta. Tradução: SANTARÉM, Paulo Rená da Silva. VIEIRA, Victor Barbieri Rodrigues. Instituto de Referência em Internet e Sociedade – IRIS-BH. Disponível em: https://bit.ly/3GKVY7. Acesso em: 6 maio 2022.

DE LA CHAPELLE, Bertrand; FEHLINGER, Paul. Jurisdiction on the internet: from legal arms race to transnational cooperation. *Global Commission on Internet Governance*. Paper series n. 28, abr. 2016. Disponível em: https://www.cigionline.org/sites/default/files/gcig_no28_web.pdf. Acesso em: 4 maio 2022.

DE NARDIS, Laura; HACKL, Andrea M. Internet control points as LGBT rights mediation. **Information, Communication & Society**, v. 19, n. 6, p. 753-770, 2016. Disponível em: https://doi.org/10.1080/1369118X.2016.1153123. Acesso em: 4 maio 2022.

EFF – Electronic Frontier Foundation et al. *Princípios de Manila sobre responsabilidade civil de intermediários*. Disponível em: https://manilaprinciples.org/pt-br/principles.html. Acesso em: 4 maio 2022.

EFF – Electronic Frontier Foundation. *Unintended Consequences:* sixteen years under the DMCA. Set. 2014. Disponível em: https://www.eff.org/files/2014/09/16/unintendedconsequences2014.pdf. Acesso em: 4 maio 2022.

EUA – Estados Unidos da América. *Digital Millennium Copyright Act*. Public Law 105–304 28 out, 1998. Title II, Sec. 202. a Dez. 1998. Disponível em: https://www.copyright.gov/legislation/pl105-304.pdf. Acesso em: 4 maio 2022.

EUA – Estados Unidos da América. *United States Code*. 17 USC 512: Limitations on liability relating to material online. 28 out. 1998. Disponível em: http://uscode.house.gov/view.xhtml?req=granuleid:USC-prelim-title17-section512&num=0&edition=prelim. Acesso em: 4 maio 2022.

GILLESPIE, Tarleton. *Custodians of the Internet:* Platforms, content moderation, and the hidden decisions that shape social media. Yale University Press, 2018.

HELMOND, A. The platformization of the web: making web data platform ready. *Social Media+ Society*, Thousand Oaks, v. 1, n. 2, 2015. Disponível em: https://bit.ly/2lTztJk. Acesso em: 4 maio 2022.

KURTZ, Lahis Pasquali; DO CARMO, Paloma Rocillo Rolim; VIEIRA, Victor Barbieri Rodrigues. *Transparência na moderação de conteúdo*: tendências regulatórias nacionais. Belo Horizonte: Instituto de Referência em Internet e Sociedade, 2021. Disponível em: https://bit.ly/3xjAUka. Acesso em: 6 maio 2022

META. *How we protect intellectual property (IP) rights*. Disponível em: https://transparency.fb.com/data/intellectual-property/protecting-intellectual-property-rights/. Acesso em: 6 maio 2022.

NIC.BR – Núcleo de Informação e Coordenação do .Br (editor). *Internet & jurisdição:* relatório de status global 2019/ Dan Jerker B. Svantesson; trad. Ana Zuleika Pinheiro Machado. – 1. Ed. – São Paulo: Comitê Gestor da Internet no Brasil, 2020.

NIC.BR – Núcleo de Informação e Coordenação do .Br (editor). *Internet & jurisdição:* abordagens operacionais em dados, conteúdo e domínios / Rede de Políticas Internet & Jurisdição; trad. Ana Zuleika Pinheiro Machado. –1. Ed. – São Paulo, SP: Comitê Gestor da Internet no Brasil, 2021.

OLIVA, Thiago. Content moderation technologies: applying human rights standards to protect freedom of expression. *Human Rights Law Review*, n. 20, p. 607–640, 2020.

RODRIGUES, Gustavo; KURTZ, Lahis. *Transparência sobre moderação de conteúdo em políticas de comunidade*. Belo Horizonte: Instituto de Referência em Internet e Sociedade, 2020. Disponível em: https://bit.ly/3nUbXYh. Acesso em: 12 abr. 2022

SANTA CLARA PRINCIPLES COALITION. *Santa Clara Principles 2.0*. 2021. Disponível em: https://santaclaraprinciples.org/. Acesso em: 4 maio 2022.

WE ARE SOCIAL; HOOTSUITE. Digital 2022: Brazil. 9 fev. 2022. *DATAREPORTAL*. Disponível em: https://datareportal.com/reports/digital-2022-brazil. Acesso em: 4 maio 2022.

4. DIREITO AUTORAL E A SOCIEDADE DIGITAL: O ATRASO DA LEI DE DIREITOS AUTORAIS

Alexandre Henrique Tavares Saldanha
Paloma Mendes Saldanha

Introdução

Analisando-a criticamente, como está a situação da lei brasileira de Direitos Autorais inserida no contexto da amadurecida cultura digital nos idos da terceira década do século XXI? Esta pergunta serve como diretriz norteadora deste trabalho, que busca analisar pontos problemáticos de incidência e gestão de direitos autorais em práticas comuns e situações cotidianas envolvendo a rede mundial de computadores e a cultura digital. De modo geral, e como hipótese de discussão, qualquer proteção normativa vigente no mundo contemporâneo, não somente a brasileira, sofre com problemas de adaptação de suas regras de proteção sobre criações intelectuais perante as inovações tecnológicas que criam e amadurecem a internet, bem como perante novos comportamentos e exigências socioculturais que caracterizam o que passou a ser chamado de cultura digital. Assim, é necessário revisar tais regulamentações jurídicas para buscar evitar déficits de soberania e para compatibilizar sistemas normativos de direitos autorais com novos aspectos culturais em desenvolvimento.

Tal trabalho de revisão crítica deve, obviamente, ser feito em cada país, em cada contexto normativo, respeitando as diferenças entre ordenamentos jurídicos e as diferenças de objetivos com as proteções dadas aos bens intelectuais. Isto justifica que este presente trabalho não tenha como pretensão analisar atrasos específicos de diversas regras existentes de direitos autorais, mas que tenha o objetivo de identificar alguns atrasos presentes na lei brasileira de direitos autorais (que de certa forma não são problemas exclusivos dela) e de identificar possíveis trabalhos que busquem solucioná-los, tudo considerando o contexto cultural digital que caracteriza boa parte de nossos comportamentos contemporâneos. De forma mais clara, o objetivo aqui é o de colaborar não somente para um trabalho de revisão e renovação legislativa, mas também para um trabalho mais amplo de criação de uma cultura de maior conhecimento e adequação dos direitos autorais às demandas sociais, considerando interesses de diferentes naturezas que lhes estão relacionados.

De início, será analisada a relação, ou relações, entre o esquema jurídico para direitos autorais e dinâmicas próprias e características daquela que passou a ser chamada de sociedade da informação. Neste ponto, o objetivo é identificar caracterizações deste modelo social contemporâneo, analisando comportamentos e padrões culturais que se tornaram responsáveis pelo próprio uso da denominação associada à informação. Além disto, busca-se identificar e analisar em que situações, dentre as que se associam ao modelo social em destaque, há incidência de direitos autorais, ou seja, identificar quando tais regras surgem nos comportamentos sociais comuns do cotidiano.

O segundo ponto terá como propósito destacar problemas de interpretação e aplicabilidade de direitos autorais, independente de incidirem em ambiente digital ou não. Existem, tanto do ponto de vista teórico quanto da prática, pontos sensíveis no esquema normativo dos direitos autorais. Pontos que, possivelmente, são comuns em diversos ordenamentos jurídicos, mas, como corte de pesquisa, faremos uma análise destes problemas considerando o direito autoral brasileiro. Com base nos pontos indicados como carentes de melhor trabalho legislativo, jurisprudencial e doutrinário, será possível identificar anacronismos existentes no sistema de direito autoral, em especial sob o enfoque do contexto da sociedade hiperconectada analisada no ponto anterior.

Chegando ao passo final deste trabalho, identificados pontos de incidência de direitos autorais no cotidiano contemporâneo e constatados pontos sensíveis e problemáticos no tratamento jurídico dado a tais direitos, serão apresentados argumentos que funcionem como propostas que possam colaborar com uma melhor adequação dos comportamentos digitais envolvendo obras intelectuais, no contexto de práticas próprias da sociedade de hiperconectividade. Seria de muita pretensão apresentar propostas definitivas e certas para solucionar pontos tão complexos, mas, o objetivo é, ao final, colaborar com demais discussões e iniciativas que tratem do mesmo tema. Sejam iniciativas legais, judiciais e até mesmo educacionais, uma vez que, para criarmos uma cultura de melhor relação com direitos de autor, será necessário promover uma educação para tal. Vamos lá.

1. Incidência de direitos autorais na sociedade do fluxo de informações digitais

Para começarmos nossas considerações sobre práticas digitais e bom relacionamento com o sistema de regulação dos direitos autorais, é necessário contextualizar a discussão no cenário contemporâneo de hiperconectividade e de amplo, e intenso, uso de tecnologias digitais em diversos atos cotidianos. Estamos falando da caracterização da chamada sociedade da informação, marcada pela cibercultura, e da hibridização de comportamentos humanos em sociedade.

É quase comum, apesar de não ser possível demonstrar isto empiricamente neste momento, usar a expressão "sociedade da informação" para caracterizar o estado social contemporâneo de amplo e intenso uso de ferramentas de interação digital. A expressão, apesar de não ser exatamente incorreta, é bastante insuficiente para definir uma configuração social de uma época tão complexa e mutável quanto a contemporânea. Isto se dá por alguns motivos.

Um motivo é o uso do próprio termo "informação" como característica de um tempo, já que em qualquer outra fase de desenvolvimento social houve produção e trocas de informação. O que pode ser considerado novo na relação entre esta configuração social contemporânea e a informação é o alto nível de produção e de fluxo de qualquer medida de informação, aquilo que Pierre Lèvy trabalha em todo seu livro "Cibercultura" como dilúvios de informação sem controle. Conceito este, o de cibercultura, interessante para esboçar traços de identificação da complexa estrutura social atual, o qual "especifica aqui o conjunto de técnicas (materiais e intelectuais), de práticas, de atitudes, de modos de pensamento e de valores que se desenvolvem juntamente com o crescimento do ciberespaço"[1]. Ciberespaço que, por sua vez, não se resume ao ambiente digital criado

[1] LÈVY, Pierre. *Cibercultura.* São Paulo: Ed. 34, 1999. Página 17.

pelos computadores, pois envolve, além desta infraestrutura, um universo incalculável de informações, assim como todas as pessoas que usufruem deste espaço[2]. Ou seja, a questão não é que a sociedade seja "da informação", mas que há todo um acervo e toda uma cultura voltada para produção e acesso a informações, de qualquer natureza.

Outro motivo pelo qual "sociedade da informação" não representa toda a complexidade que caracteriza a atual circunstância social decorre do fato dela não mencionar a hiperconectividade que também é responsável pelo fluxo incalculável de informações compartilhadas. Atualmente, ainda que de forma genérica, existem conexões ligando tudo e todos, ligando pessoas com pessoas, ligando coisas com coisas e ligando coisas com pessoas, surgindo daí derivações da internet, passando por numerações que dão ideia de progresso (tal como web 2.0 e web 3.0) ou por termos como a própria hiperconectividade. E de tudo isto surge o uso da expressão "Internet das Coisas", designada pela sigla IOT[3].

Além dos motivos acima, ainda podemos destacar que "sociedade da informação" é uma expressão insuficiente também pelo grau de generalização que cria, pois, ainda que as tecnologias da informação sejam hoje difusas e acessíveis em escala global, há questões econômicas e culturais que criam diferenças abissais entre países, cidades, pessoas, no que diz respeito ao real acesso e uso das ferramentas que criam o ambiente digital e permitem o alto fluxo de informação. Tais questões culturais devem ser levadas em consideração, ainda que diante de cenário tão complexo e tão "hiper" como este. Esta mesma expressão destacada (hiper) passa a ser usada também para compor a chamada hiperculturalidade, a qual reproduz traços culturais atuais de implosão, de surgimento de culturas padronizadas, sem traços espaciais naturais ou localização própria[4].

Em resumo, a contextualização da discussão sobre dinâmicas em ambiente digital passa muito mais pela compreensão de comportamentos comuns nele ocorridos do que pela tentativa de caracterização objetiva, e provavelmente reducionista, do estado social atual. Como premissa, é

[2] LÈVY, Pierre. *Cibercultura*. São Paulo: Ed. 34, 1999. Página 17.

[3] MAGRANI, Eduardo. *Entre dados e robôs: ética e privacidade na era da hiperconectividade*. Rio de Janeiro: Ed. Konrad Adenauer Stiftung, 2018. Página 37.

[4] HAN, Byung-Chul. *Hiperculturalidade: cultura e globalização*. Petrópolis: Ed. Vozes, 2019. Página 24.

possível adotar a ideia de que se trata de uma sociedade (generalizando e respeitando inúmeras diferenças sociais e econômicas) com amplo e intenso fluxo de informações produzidas e compartilhadas em ambiente digital, criado, por sua vez, pela hiperconectividade proporcionada tanto pela rede mundial de computadores quanto por outras tecnologias digitais de interatividade.

Com base nesta premissa é que podemos passar para a segunda parte deste primeiro ponto, ou segundo objetivo, identificando momentos do cotidiano digital comum sobre os quais incidem direitos autorais. Em outros termos, procuraremos identificar em que situações cotidianas, envolvendo práticas digitais ou ocorridas em ambiente digital, tais regras surgem como elemento de regulação de comportamentos e de distribuição de direitos e deveres. Para isto, será necessário apresentar, ainda que rapidamente, caracterizações básicas de tais normas de propriedade intelectual. Sim, pois trata-se de uma espécie do gênero maior "propriedade intelectual", dividindo espaço com a propriedade industrial e com a normatização do *software*, embora a análise destes não esteja entre os objetivos deste texto, que tem como ênfase os direitos autorais.

Diferentemente das regras de propriedade industrial, os direitos autorais têm como objeto as criações intelectuais de natureza artística, científica e cultural, sem qualquer conotação de utilitarismo e reprodução em grau industrial. Não há juízo de valor cultural nem aplicabilidade prática necessária sobre as manifestações do pensamento que estão protegidas por tais normas, sendo, então, a parte do ordenamento jurídico "que regula as relações jurídicas, advindas da criação e da utilização econômica de obras intelectuais específicas e compreendidas na literatura, nas artes e nas ciências"[5]. Quando é dito acima que não há necessidade de tais criações possuírem aplicabilidade prática para estarem protegidas por direitos autorais, pode-se ler que estes regulam a utilização econômica das obras, não havendo contradição de termos nisto. Ocorre que, diversamente do que se exige para ser reconhecida a propriedade industrial, a aplicabilidade prática não está presente dentre os pressupostos exigidos para incidência de direitos de autor. No entanto, uma vez incidindo, nada impede que a obra protegida seja utilizada para fins econômicos.

[5] BITTAR, Carlos Eduardo. *Direito de autor*. Rio de Janeiro: Ed. Forense, 2015. Página 27.

Para incidência de direitos autorais sobre uma criação intelectual basta haver exterioridade e originalidade. Exterioridade é um aspecto de determinada criação que esteja expressa de alguma forma[6] e originalidade designa que a pessoa que a criou tenha assim o feito com algum grau de pessoalidade, deixando alguma contribuição pessoal no setor intelectual[7]. Assim, a partir do momento em que a obra é exteriorizada, pode haver sua exploração comercial, embora não seja necessariamente útil para alguma finalidade prática. É justamente nesta questão do controle das formas de reprodução da obra, incluindo aquelas que envolvem finalidades econômicas, em que há o início da compreensão da diferença entre dois "tipos" de direitos autorais, os de natureza moral e os de natureza patrimonial. Esta distinção é interessante para os fins deste trabalho, seja para podermos distinguir em que momentos de nosso cotidiano encontramos direitos autorais, seja para posteriormente analisá-los criticamente no contexto de sua revisão.

Quando falamos em direitos autorais morais, falamos em regras que regulamentam aspectos decorrentes da relação entre pessoa que cria e sua criação. São aspectos envolvendo a pessoalidade (identificação e creditação) e a subjetividade envolvidas nos processos de criação intelectual (reputação tanto da obra quanto da pessoa que a cria). Já os direitos autorais patrimoniais são representados por normas cujo foco é o controle das formas de reprodução das obras, prevendo exigências de autorização e situações excepcionais que dispensam autorização para uso, regendo, assim, suas utilizações (em sentido amplo). Não são exatamente dois tipos diversos de direitos. São aspectos duais que, mesmo separáveis para fins didáticos e práticos, são indissociáveis por natureza[8].

Tal distinção entre aspectos morais e patrimoniais dos direitos autorais nos ajuda a identificar em que circunstâncias de um cotidiano comum há incidência de tais normas, para, adiante, analisarmos criticamente este conjunto de direitos. Pois bem.

[6] BARBUDA, Ciro de Lopes e. *Princípios do direito autoral.* Rio de Janeiro: Ed. Lumem Juris, 2015. Página 221.

[7] BARBUDA, Ciro de Lopes e. *Princípios do direito autoral.* Rio de Janeiro: Ed. Lumem Juris, 2015. Página 228.

[8] BITTAR, Carlos Eduardo. *Direito de autor.* Rio de Janeiro: Ed. Forense, 2015. Página 30.

Vamos imaginar uma pessoa num contexto de médio padrão de vida em ambiente urbano considerado complexo e relativamente desenvolvido economicamente, imerso em cultura regional e internacional de ampla ou média repercussão, e ainda tendo ao alcance tecnologias de acesso à informação, tais como *smartphones, smart TVs*, microcomputadores etc. e seus respectivos aplicativos e outros fornecedores de experiências digitais.

Quando esta pessoa acorda, digamos que ela use seu smartphone para programar seu despertador, tanto a hora quanto o toque, que é uma de suas músicas preferidas. Pronto, já aí esta pessoa se depara com direitos autorais patrimoniais, pois, para reproduzir tal música como toque, foi necessário que o aplicativo tenha sido autorizado a inserir esta composição no seu acervo de disponibilidades. Surge um possível problema (meramente hipotético), pois a música utilizada como despertador é uma composição de alguém, embora sampleada por outro artista, cujos créditos não foram informados. Surge, então, uma situação complexa e indesejada envolvendo direitos autorais morais na cultura da remixagem.

Durante seu dia, esta pessoa, imaginemos que seja uma nativa digital ou uma pessoa bem integrada à cultura da sociedade hiperconectada, ouvirá música por serviços de streaming e, além disto, postará em seus perfis de redes sociais momentos de seu dia ao som do que está escutando naquele momento, ou mesmo o que queria estar escutando se a vida tivesse uma trilha sonora. Esta pessoa, em algum momento, também acessará a rede mundial de computadores para coletar informações para seus estudos, pois há trabalhos acadêmicos a fazer envolvendo imagens, sons e textos disponíveis na rede. Há aí um emaranhado de ligações de direitos autorais, tanto de natureza moral quanto patrimonial, pois todo este fluxo de informação foi criado por pessoas e está sob proteção de outras – sem contar com a hipótese desta pessoa trabalhar em setores criativos, o que intensificará seu contato com conteúdos protegidos pelos aspectos duais de direitos autorais, ou ler romances disponíveis em plataformas digitais. Ao final do dia, esta pessoa, para relaxar, assistirá a uma de suas séries preferidas utilizando serviço de *streaming*, oportunidade na qual terá contato com produções imersas complexamente em direitos de imagem e direitos autorais. E esta pessoa ainda quer fazer comentários, também em redes sociais, sobre o conteúdo que está assistindo, compartilhando imagens e informações sobre a produção em exibição.

Nesta narrativa muito resumida de um cotidiano hoje considerado comum, várias são as situações em que nos deparamos com direitos autorais. A "digitalização" de diversos de nossos comportamentos sociais e culturais provoca o contato quase permanente com regras que protegem as criações, tanto em seus aspectos morais quanto patrimoniais. Daí advém a sensação de anacronismo de tais normas, da necessidade de revisarmos criticamente alguns de seus pontos, para manter seu sentido de ser no ambiente normativo. Quais pontos consideramos mais sensíveis de serem revistos, assim como uma iniciativa que podemos identificar como colaboradora no resgate da dignidade dos direitos autorais, é o que veremos adiante.

2. Pontos sensíveis (ou atrasos) no sistema normativo de direitos autorais

Considerando que são problemas de natureza geral, destacaremos alguns pontos problemáticos na normatização dos direitos de autor. Tal apontamento leva em consideração o conjunto normativo brasileiro dos referidos direitos, ainda que sejam questões a serem enfrentadas também em perspectiva internacional, já que estamos numa sociedade hiperconectada e estimulada ao compartilhamento de obras intelectuais.

Nossa Lei de Direitos Autorais (LDA), Lei 9.610, de 1998, é uma lei tecnicamente boa, prevendo grande parte dos problemas envolvendo o objeto da lei de direitos autorais e seu âmbito normativo. Porém, é uma lei de 1998. No contexto de sua formação, as tecnologias da informação não estavam no mesmo estado em que estão hoje (terceira década do século XXI), tanto no que diz respeito ao aspecto do avanço tecnológico quanto à acessibilidade pela população em geral. As transformações tecnológicas que alteraram o tecido sociocultural e nos trouxeram as peculiaridades que caracterizam a cibercultura e o estado atual da sociedade hiperconectada produzem, obviamente, impactos no Direito.

Todavia, independentemente da "descontextualidade" da legislação de Direitos Autorais perante a cultura digital, alguns pontos dogmáticos desses direitos sempre foram problemáticos, ainda que não envolvam avanços tecnológicos.

Vejamos. Uma das primeiras lições aprendidas sobre o objeto de tutela dos direitos autorais é que estes não recaem sobre ideias, o que está previsto tanto na legislação quanto na doutrina especializada, esta apresentando justificativas para tal pelo fato de certas manifestações intelectuais estarem ligadas a interesses coletivos, daí representarem exceções à incidência normativa[9]. Certo, compreendemos os motivos para as ideias não serem objeto de tutela normativa, mas, do ponto de vista pragmático, como identificar se são só ideias ou se são criações intelectuais protegidas por lei? Quais limites podem ser apresentados para identificar algo como ideia? É evidente que tal problema está relacionado a pressupostos de incidência dos direitos autorais, pois, para isto ocorrer, deve haver originalidade, aqui entendida como contribuição pessoal e personalizada, e deve ser expressa em algum suporte. Esta exterioridade está na forma como a obra foi criada, sendo seu aspecto extrínseco[10]. E é justamente o critério utilizado para distinguir algo que recebe proteção (algo exteriorizado) e algo que não recebe (algo no plano das ideias em abstrato).

Contudo, considerando o contexto de digitalização dos suportes, da hiperculturalidade, das inúmeras possibilidades de conexão e compartilhamento, não seria relevante termos elementos mais objetivos para distinguir quais ideias são estas que não estão no programa normativo dos direitos autorais? Não ficaria mais fácil identificar com base em conceitos mais fechados? É uma reflexão.

Vejamos, ainda, que, para enfrentar esta questão da tutela das ideias, passamos por elementos que são da mesma forma sensíveis para os direitos autorais, quais sejam, as compreensões de originalidade e expressão externa. Esta necessidade da criação estar expressa também pode ser problemática, por mais que entendamos sua razão de ser e a mensagem que passa. Porém, diante das inúmeras possibilidades de armazenamento de informações que temos hoje, o que exatamente é "expressar" uma criação? Estando no meu HD, a criação está expressa? E se estiver arquivada nas "nuvens"? E se passei minha criação para alguém (ou para mim mesmo) usando aplicativos de comunicação, como o *Whatsapp*, por exemplo, já satisfaço tal exigência? Podem ser vários os problemas daí decorrentes.

Vê-se, pois, a necessidade da questão ser melhor enfrentada, tanto do ponto de vista legal, quanto da perspectiva da doutrina, que por sua vez

[9] BITTAR, Carlos Eduardo. *Direito de autor.* Rio de Janeiro: Ed. Forense, 2015. Página 44.

[10] BARBUDA, Ciro de Lopes e. *Princípios do direito autoral.* Rio de Janeiro: Ed. Lumem Juris, 2015. Página 227.

influenciará no enfrentamento jurisprudencial sobre o tema. Mas não para por aí: a questão da originalidade também precisa de revisão crítica e circunstancial, devido a novas dimensões do problema. As tecnologias de processamento de dados, bem como o amadurecimento das pesquisas empíricas baseadas em dados, fizeram surgir novas ferramentas para elaboração e redação de conclusões de pesquisas. Caso utilizemos destes algoritmos para obter conclusões após análise autômata de dados, teremos uma pesquisa original? Em âmbito artístico propriamente dito, há exemplos de obras criadas por inteligências artificiais, equiparadas a composições de Kurt Cobain e pinturas de Rembrandt. Há originalidade em tais obras que justifique incidência de direitos?

A questão das inteligências artificiais ainda nos faz lembrar de outro ponto sensível: o da titularidade do material que está sendo criado por algoritmos. Uma vez sendo original e estando expresso, o material criado por máquinas se configura como obra protegida por direitos autorais. Estamos falando de inteligências artificiais consideradas fortes, por simular raciocínios humanos, em contraponto às consideradas fracas, pois projetadas para tarefas específicas[11], portanto, falamos também de questões como para quem vão os direitos patrimoniais de autoria? Os créditos pessoais devem ser dados a quem? Haveria uma co-titularidade incluindo o próprio "robô" como eventual sujeito de direito? Como poderia a "obra robótica" ser inclusa em domínio público? São questões a serem necessariamente enfrentadas.

E por falar em domínio público, este ponto também não é livre de problemas sensíveis, que merecem ser reexaminados sob a perspectiva tanto da hiperconectividade quanto de outras óticas. Além das investigações "tradicionais" sobre o tema, a exemplo de sua natureza jurídica e das fronteiras de uso[12], e, ainda, das questões envolvendo suas funções socias e os prazos para incorporação das obras em domínio público, emergirão questões como marco inicial da contagem para obras criadas em convergência de esforços humanos e maquinais, assim como com relação à indústria do conhecimento e o combate à desinformação,

[11] MAGRANI, Eduardo. *Entre dados e robôs: ética e privacidade na era da hiperconectividade*. Rio de Janeiro: Ed. Konrad Adenauer Stiftung, 2018. Página 35.

[12] BRANCO, Sérgio. *O domínio público no direito autoral brasileiro: uma obra em domínio público*. Rio de Janeiro: Ed. Lumen Juris, 2011. Página 162.

além de outras que no momento não se identificam, mas certamente aparecerão, por conta da "nebulosidade" que o tema normalmente já apresenta.

A problemática salientada acima recebe especial dimensão se falarmos dos direitos autorais e o acesso público das obras voltadas para processos de ensino e aprendizagem, ou o que ficou chamado de recursos educacionais. A relação entre direitos autorais e dinâmicas acadêmicas nunca foi simples e, aparentemente, nunca será. Entretanto, é possível crer que um melhor tratamento legislativo, doutrinário e jurisprudencial sobre o tema colabore com a redução de tal complexidade. Não há, por exemplo, na legislação termos mais concretos e objetivos do que é e quais são as hipóteses de plágio no ambiente acadêmico. Problema este que adquire excepcional complexidade quando no contexto da sociedade hiperconectada e imersa em experiências digitais, uma vez que as possibilidades de cópia e de reprodução fraudulenta de obra protegida por direitos autorais aumentam significativamente.

Não trabalharemos com números, pois não temos acesso a pesquisa feita neste sentido. Estamos lidando com uma hipótese: a de que as tecnologias contemporâneas facilitam o compartilhamento de informação, criando possibilidades de reprodução fraudulenta que, até surgirem a rede mundial de computadores e a cultura digital, não eram pensadas. A ausência de critérios legais mais claros e objetivos sobre a configuração de plágio e suas consequências (vale lembrar que o termo "plágio" não está presente na nossa lei de direitos autorais) pode representar um desafio bastante problemático, pois colabora para uma cultura de usos não autorizados e violadores de identificações corretas de autoria.

Ainda, não é só este o problema existente entre sistema de direitos autorais e processos educacionais. Deveria haver (apenas como sugestão) um setor específico das normas autorais voltado para a questão das finalidades pedagógicas, no intuito de (i) esclarecer melhor as possibilidades de uso, e (ii) evitar problemas práticos envolvendo professores, instituições e discentes.

Tudo bem, a questão da finalidade pedagógica está prevista no rol de exceções e limites da necessidade de prévia autorização típica destes direitos. Contudo, isto não é o suficiente, principalmente diante de novos ambientes e estratégias de ensino e aprendizagem surgidas com a imersão social em ambiente digital. O que é uma finalidade pedagógica?

Quem pode ter esta finalidade? Ter finalidade pedagógica é algo que exclui automaticamente pretensões lucrativas? Estas são apenas algumas questões que problematizam este tópico e que precisam de mais nítido norte legal para solução.

Iniciativas como a do "Recursos Educacionais Abertos"[13] ajudam a amadurecer e, inclusive, a propagar o debate. Não obstante, ele precisa ser também realizado pelas instituições oficiais. As próprias exceções de uso de conteúdo protegido por direitos autorais são, por si mesmas, um ponto que precisa de melhor tratamento legal, jurisprudencial e doutrinário. Foi necessário bastante tempo, debates, embates e processos judiciais para chegarmos à conclusão de que a lista prevista no artigo 46 da LDA representa um rol não taxativo de hipóteses em que não há necessidade de prévia autorização para usar conteúdo protegido por estes direitos, o que poderia já ter sido concluído por qualquer dos agentes envolvidos, considerando a discussão e a necessidade de reflexão profunda sobre as funções sociais dos Direitos Autorais. Adequar os usos de conteúdo protegido por direitos autorais conforme suas funções sociais é adequá-los a um problema contemporâneo de desequilíbrio entre os usos econômicos exclusivos pelos titulares e os interesses e necessidades da coletividade[14]. É necessário que os usos excepcionais sejam previstos, interpretados e postos na legislação de uma forma que contemple os referidos interesses de diferentes naturezas, prevendo princípios, requisitos e enfrentamentos à questão. Uma nova legislação (bem como novos parâmetros doutrinários e jurisprudenciais) tutelando este ponto será bastante salutar para o equilíbrio do sistema normativo de direitos da propriedade intelectual em geral.

Todos os pontos sensíveis levantados aqui representam pontos de discussão, seja em âmbito acadêmico, seja em dinâmicas jurídicas, inclusive judiciais. Não obstante, como mencionado, a proposta foi a

[13] Recursos Educacionais Abertos, ou REAs, são tanto uma iniciativa quanto uma comunidade, e até mesmo um acervo, envolvendo reutilização, retenção, compartilhamento e outras ações com materiais de ensino e aprendizagem. Mais informações podem ser encontradas em vários sites, como a própria Wikipédia (https://pt.wikipedia.org/wiki/Recursos_educacionais_abertos) e o Educação Aberta (https://educacaoaberta.org/cadernorea/o_que).

[14] SOUZA, Allan Rocha de. *A função social dos direitos autorais: uma interpretação civil-constitucional dos limites da proteção jurídica*. Campos dos Goytacazes: Ed. Faculdade de Direito de Campos, 2006. Página 282.

de levantarmos "nós" do sistema de direitos autorais, que precisam ser objeto de reflexão para que sejam mais adequadamente tutelados pelas instituições. Porém, se pudermos colaborar com o cenário de propostas, apontamos que uma educação voltada para direitos autorais pode contribuir com a solução de problemas envolvendo usos e interpretações de tais normas. Por meio de uma educação não somente jurídica mas também cidadã, voltada para conhecimento destes direitos e para sua adequação perante os momentos cotidianos de sua incidência, é possível vislumbrar perspectivas mais otimistas para os direitos de autor e seus desafios. Para desenvolver e esclarecer melhor esta ideia proposta, abriremos o último ponto deste texto.

3. Educação digital voltada para direitos autorais como possível colaboração para solução de determinados problemas em contexto digital: por uma cultura de conscientização jurídica

Analisamos no primeiro ponto deste trabalho situações de nosso cotidiano imerso em experiências digitais que sofrem incidência direta ou indireta do sistema normativo de direitos autorais. No segundo ponto, identificamos aspectos sensíveis destas normas, que carecem de revisão crítica e legislativa, que, independentemente da hiperconectividade, se tornam ainda mais sensíveis no contexto da cultura digital. Diante disso, o que podemos sugerir para colaborar com os diversos esforços voltados para melhor adequação dos direitos autorais na nossa contemporaneidade? E, aqui, como terceiro ponto, propomos uma educação voltada para o conhecimento, a aplicabilidade e a eficácia de tais normas. Uma educação "pró-direitos autorais".

Esclareceremos melhor nossa sugestão.

Esforços legislativos evidentemente devem existir, seja para revisar nossa legislação autoral, seja para inserir o sistema brasileiro em outros esquemas normativos internacionais, ou mesmo para criar novas diretrizes jurisprudenciais. É a partir de novas leis ou novas interpretações que adequaremos as normas autorais aos interesses e exigências da cultura da hiperconectividade, bem como endereçaremos a solução dos diversos pontos sensíveis que foram destacados anteriormente. Existem algumas sugestões feitas ao poder legislativo no sentido de direcioná-lo ao estabelecimento de melhores contornos da função social dos direitos autorais, desde inserções e retiradas de dispositivos legais até inclusão de novos direitos a eles relacionados[15]. A tarefa não será fácil. Há diversas dificuldades regulatórias no setor em decorrência de fatores como o contexto internacional, o compartilhamento de dados, a facilitação das violações, a ampliação dos horizontes de acesso à informação, além de avanços científicos em áreas como cibernética, genética e nanotecnologia[16], sem falar em novas tecnologias que produzirão impactos diretos na fruição de bens culturais, a exemplo da impressora 3D. Todavia, isso não impede, ou não deve impedir, avanços no tratamento legal da regulamentação da proteção das obras autorais e do controle de seus usos.

Além de tudo, trata-se de uma necessidade técnica, considerando a eficácia do ordenamento jurídico como um todo e, especificamente, a coerência da lei de direitos autorais no contexto normativo em que é inserida. A tarefa do poder legislativo nesta área é imprescindível também por uma questão de soberania estatal. Esta afirmação leva em consideração o fato de que, em determinados aspectos, os agentes que vêm "legislando" a respeito de direitos autorais em ambiente digital são as chamadas *Big Techs*[17]. Precisaríamos de uma pesquisa estatística ou empírica para demonstrar isto (o que pode ser feito em outro trabalho, por que não?), mas quem acompanha as dinâmicas dos provedores de aplicações de redes sociais pode saber que no passado recente houve alterações nas regras de direitos autorais em conteúdo postado no *YouTube* e em conteúdo postado no *Instagram*. Regras que são impostas pela empresa, a despeito de ser recepcionada pela legislação interna. Ou seja, problema de soberania legal.

Então são várias as razões pelas quais é necessário repensar o tratamento legal dos direitos autorais, seus fins, suas razões de ser e sua adequação a contextos contemporâneos. Porém, tal esforço em criar uma nova arquitetura legal para tais normas pode ser incentivado, auxiliado e tornado mais eficaz num cenário em que haja uma cidadania voltada para boas condutas envolvendo direitos autorais, e isto só pode existir com

[15] SOUZA, Allan Rocha de. *A função social dos direitos autorais: uma interpretação civil-constitucional dos limites da proteção jurídica*. Campos dos Goytacazes: Ed. Faculdade de Direito de Campos, 2006. Página 307.

[16] BITTAR, Carlos Eduardo. *Direito de autor*. Rio de Janeiro: Ed. Forense, 2015. Página 40.

[17] Esta expressão passou a ser usada para representar um grupo de empresas de tecnologia que investem em inovações e passaram a dominar este mercado, a exemplo do Google, da Apple e da Meta. Sugestão de leitura para aprofundamento: https://www.politize.com.br/big-techs/.

iniciativas educacionais voltadas para criar padrões de comportamento adequados.

Tal medida envolve o chamado letramento digital, embora vá além dele. Este conceito de letramento remete a capacidades de ler e escrever em situações envolvendo o ambiente digital[18], o que faz parte, em sentido amplo, de uma educação pró-direitos autorais. Mas esta educação ocorreria em diversos momentos de nossa formação, seja como pessoas cidadãs, seja como juristas.

Uma grande parcela dos usuários de redes sociais deve ser composta por adolescentes (afirmação levianamente feita, pois deveria ser provada por pesquisas empíricas, mas serve como premissa para a discussão), que poderiam ter, desde a infância, aulas sobre quais conteúdos podem ser postados sem violar direitos autorais, sobre como proteger suas próprias criações, evitar plágios, atingir resultados em funções sociais etc. Crianças, seja nas escolas ou em suas casas, podem usar diversas ferramentas, da informática ou não, para criar conteúdos autorais (desenhos, textos, composições e mais). Tal material está protegido por direitos autorais? Se sim, quem são os titulares? E o que pode ser feito com estas obras? Perguntas estas que desde cedo podem ser feitas e respondidas nos processos de ensino e aprendizagem, colaborando, assim, com um processo macro de conscientização e prevenção de problemas legais indesejáveis, o que, por sua vez, pode resultar numa cultura cidadã de bom relacionamento com normas jurídicas de direitos autorais.

Salientamos mais uma questão. Quando lemos obras de pensadores como Pierre Lévy, Byung-Chul Han, Yuval Harari, Kai-Fu Lee, dentre outros, uma das impressões que fica é que dificilmente daremos passos para trás quanto ao nosso relacionamento com as tecnologias da informação e com a cultura digital. Ainda que seja necessário deixarmos um pouco de lado os smartphones, sairmos de frente das telas e sentirmos o mundo ao redor com outros sentidos, isto não significa que abriremos mão do uso de tais tecnologias, ou que elas deixem de existir. Esta proximidade aparentemente inevitável entre nós e as tecnologias digitais de informação interfere, inclusive, em processos educacionais, em diversos graus.

[18] MARTINS, César. *Você já ouviu falar em letramento digital? Veja como trabalhá-lo!* Publicado por Escolas Disruptivas. Em 2018.

Os métodos de ensino e aprendizagem contemporâneos não podem simplesmente ignorar a presença das ferramentas digitais e ambientes proporcionados pela hiperconectividade. Não é adequado simplesmente "demonizar" a tecnologia digital e afastá-la das dinâmicas pedagógicas. O que não significa que estejamos corroborando com narrativas propagadoras da substituição de professores por máquinas ou da substituição da presencialidade pela conexão remota.

Máquinas computacionais são excelentes reforços na otimização de cálculos, buscas de informação, acesso a material de leitura etc., mas não nos substituem no desenvolvimento nem de habilidades sociais, nem de habilidades voltadas para a criatividade[19]. Pesquisadores de áreas envolvidas com processos educacionais arguem que será cada vez mais comum fazer uso dos computadores e da rede, mas não que haverá substituição de pessoas por máquinas[20].

Desta forma, precisamos refletir a respeito da necessidade de preparar alunos e professores para fazer bom uso do imenso material cognitivo presente no ambiente digital, e um dos pontos para esta "boa etiqueta" é conhecer o sistema de direitos autorais. Mais um ponto que fortalece a educação "pró-direito autoral" aqui proposta.

Quando falamos em educar pessoas para conhecer direitos autorais, falamos em diversos graus de formação. Estudantes e docentes de uma escola infantil, por exemplo, devem saber limites e potencialidades de tais direitos, principalmente se levarmos em consideração as hipóteses de criação e compartilhamento de conteúdo em ambiente digital. Mas nossos juristas, em especial, devem conhecer os direitos autorais. Vamos lá. Mais uma vez faremos uma afirmação que precisa ser fundada em pesquisa estatística, mas não é o momento para tal. Ocorre que a maior parte, ampla maior parte, dos cursos de Direito de nosso país não aprofunda, por vezes sequer aborda, a formação jurídica sobre a estrutura normativa dos direitos autorais, ou até da propriedade intelectual em geral. Como dissemos, isto precisa ser objeto de pesquisa empírica para comprovação, mas se quem estiver lendo este texto conhecer a realidade dos perfis curriculares atuais vai saber que não se trata de uma "blasfêmia". Há ocasiões em

[19] PIANGERS, Marcos. *A escola do futuro: o que querem (e precisam) alunos, pais e professores*. Porto Alegre: Ed. Penso, 2019. Página 117.

[20] Ibidem.

que o conteúdo de propriedade intelectual é visto muito rapidamente em disciplinas como Direitos Reais ou Direito Empresarial, mas não o suficiente para domínio de questões essenciais presentes na nossa atual cidadania cultural digital.

Em outros termos, num contexto de permanente estado de investimento em inovação, de aumento de acesso à cultura e à informação, de ambientes econômicos criativos, de mercados de soluções inovadoras e de empreendimentos gigantes na área de entretenimento, não estamos formando juristas que conheçam e saibam discutir e solucionar problemas envolvendo direitos autorais. Um passo imprescindível para uma cultura de melhor amadurecimento em direitos autorais é colocar tal tema na formação jurídica. Com isto, as discussões serão mais maduras, a busca por soluções será mais eficaz, o controle de problemas evitáveis será maior e mais útil. As deliberações legislativas, a criação de repertórios jurisprudenciais e o aprofundamento das contribuições doutrinárias só poderão ocorrer de forma mais ampla, contemplando todos os aspectos dos direitos autorais, bem como os diferentes interesses neles, se houver uma comunidade jurídica conhecedora das discussões pertinentes. Uma comunidade jurídica em sintonia com uma sociedade civil também conhecedora de seus esquemas de regulamentação em direitos autorais.

Este processo de conscientização em direitos autorais não significa necessariamente uma cultura pró-fechamento, pró-restrições, pró-capitalização dos bens culturais por eles protegidos. Longe disto. Esta educação para conhecimento das normas pode representar uma colaboração imensa nas discussões técnicas sobre objetivos e limites dos direitos autorais. Além de democratizar bastante o acesso ao conhecimento que gera cidadania, inclusive cultural, hiperconectada ou não.

Conclusões

Chegamos, então, ao momento final deste trabalho, não exatamente com conclusões, mas com considerações finais. Isto se dá porque nosso intuito, como pode ser percebido com a leitura, foi muito mais o de apresentar cenários para abordagens críticas e assim contribuir com debates e amadurecimentos do que de apresentar reais propostas de solução para problemas envolvendo o esquema normativo dos direitos autorais.

No primeiro ponto do texto, fizemos uma análise do contexto cultural em que estamos imersos, analisando especialmente momentos de nosso cotidiano em que encontramos incidência dos direitos em foco. Chegamos, assim, à consideração de que a proteção e o controle dos conteúdos autorais estão bastante presentes em nossos comportamentos, conformando-os, inclusive, seja em ambiente físico ou digital, e extraímos daí a necessidade de refletirmos sobre tais normas jurídicas.

No segundo ponto, apresentamos alguns problemas que são pontos de tradicional discussão e reflexão sobre o tratamento legal e jurisprudencial dado aos direitos autorais. Designamos tais problemas como pontos "sensíveis", pois representam questões que merecem atenção especial em momentos de revisão crítica das normas aplicáveis aos problemas ali representados. Sobre este segundo ponto, podemos, ao final, considerar que as situações problemáticas ali descritas assim se mantêm tanto em trocas culturais em ambiente físico, quanto em dinâmicas culturais ocorridas em ambiente digital. E, qualquer que seja o caminho para revermos a regulamentação jurídica dos direitos autorais, estas questões devem necessariamente ser enfrentadas, pois tendem a se tornar ainda mais complexas (e, consequentemente, problemáticas) com o amadurecimento da hiperconectividade que nos caracteriza contemporaneamente.

Por fim, no terceiro e último ponto, apresentamos uma proposta com o intuito de colaborar com soluções para melhor adequação dos direitos autorais às características da cultura digital. Tal proposta consiste na elaboração de uma política educacional voltada para conhecimento difuso dos direitos em foco. Acreditamos que, assim como o conhecimento dos direitos da personalidade, dos direitos fundamentais e dos direitos do consumidor, conhecer os direitos autorais também deve fazer parte da construção da nossa cidadania, em especial se considerarmos a hiperconectividade e a cultura digital. Assim sendo, será mais fácil refletir sobre suas funções, sua regulamentação e suas diretrizes, evitando problemas oriundos de nossas práticas cotidianas em fluxos culturais. Parece clichê defender a educação para nos salvar, mas nunca é demais afirmar isto.

Referências

BARBUDA, Ciro de Lopes e. *Princípios do direito autoral*. Rio de Janeiro: Ed. Lumem Juris, 2015.

BITTAR, Carlos Eduardo. *Direito de autor*. Rio de Janeiro: Ed. Forense, 2015.

BRANCO, Sérgio. *O domínio público no direito autoral brasileiro: uma obra em domínio público*. Rio de Janeiro: Ed. Lumen Juris, 2011.

HAN, Byung-Chul. *Hiperculturalidade: cultura e globalização*. Petrópolis: Ed. Vozes, 2019.

LÉVY, Pierre. *Cibercultura*. São Paulo: Ed. 34, 1999.

MAGRANI, Eduardo. *Entre dados e robôs: ética e privacidade na era da hiperconectividade*. Rio de Janeiro: Ed. Konrad Adenauer Stiftung, 2018.

MARTINS, César. *Você já ouviu falar em letramento digital? Veja como trabalhá-lo!* Publicado por Escolas Disruptivas. Em 2018. Acessado em: https://escolasdisruptivas.com.br/steam/letramento-digital/, em 05.2022.

PIANGERS, Marcos. *A escola do futuro: o que querem (e precisam) alunos, pais e professores*. Porto Alegre: Ed. Penso, 2019.

SOUZA, Allan Rocha de. *A função social dos direitos autorais: uma interpretação civil-constitucional dos limites da proteção jurídica*. Campos dos Goytacazes: Ed. Faculdade de Direito de Campos, 2006.

5. DO CONTROLE DE ACESSO A OBRAS INTELECTUAIS À RESPONSABILIDADE POR SUA CIRCULAÇÃO NA INTERNET

SÉRGIO BRANCO

Introdução

As tecnologias digitais permitem que qualquer pessoa conectada à internet possa produzir e distribuir conteúdo intelectual. Com um smartphone, é possível criar músicas, filmes, fotografias, textos e mais uma infinidade de conteúdos que, há até alguns anos, eram privilégio de algumas poucas empresas detentoras de recursos técnicos e econômicos. Essa mudança na forma de se produzir cultura acarretou algumas consequências bastante relevantes.

A primeira diz respeito ao controle das cópias. O direito autoral é um ramo jurídico bastante recente. Sua fundação, como a conhecemos, data do século XVIII, com a criação do Estatuto da Rainha Ana, na Inglaterra. No século seguinte, com a elaboração da Convenção de Berna, em 1886, foi estruturado o sistema internacional de direitos autorais[1]. Ainda hoje, a Convenção de Berna é muito relevante e poucos são os países alheios à sua estrutura[2].

[1] No Brasil, a Convenção de Berna se encontra incorporada em nosso ordenamento jurídico por meio do Decreto 75.699/975.

[2] A lista de países membros da Convenção de Berna pode ser acessada aqui: https://wipolex.wipo.int/en/treaties/ShowResults?search_what=C&treaty_id=15. Ausências notáveis são, entre outras, Angola e Irã.

Pensemos no momento em que a Convenção de Berna foi editada. No final do século XIX, não havia ainda sequer cinema. A fotografia era uma tecnologia recente e ainda pouco difundida[3]. Rádio, televisão, gravadores de voz portáteis, câmeras de vídeo, videocassetes e, naturalmente, a internet ainda estavam a décadas de sua criação. Então, a aurora dos direitos autorais trata essencialmente de cópias de livros, de obras de artes plásticas e de obras executadas publicamente, como música ao vivo e peças de teatro.

Com o passar do tempo, a acesso a cópias das obras intelectuais se tornou uma peça central para o controle dos direitos autorais. Apenas o titular dos direitos autorais poderia permitir que o público consumisse sua obra, decidindo quando e como fazê-lo. A regra persiste, mas acaba sendo desafiada todos os dias por conta da tecnologia digital. Um exemplo disso é a história do filme E.T. o Extraterrestre, um dos maiores sucessos do diretor de cinema Steven Spielberg.

Lançado nos Estados Unidos em 11 de junho de 1982[4], o filme acabou se tornando um grande sucesso de bilheteria e recebeu 4 Oscars na cerimônia do ano seguinte. No Brasil, o filme foi lançado em 25 de dezembro de 1982, o que pode parecer impensável nos dias de hoje. Esperar seis meses para se poder ver um filme do porte de E.T. seria certamente estimular o acesso, por parte de seu público-alvo, de meios alternativos de consumo.

Mais surpreendente, contudo, é saber que o filme só veio a ser lançado em home video, nos Estados Unidos, em outubro de 1988[5]. Seis anos separam a exibição de E.T. no cinema e sua disponibilização em videocassete. Essa tomada de decisão de manter o filme fora do alcance dos consumidores só foi possível em uma era pré-digital, quando o controle sobre as cópias era praticamente absoluto. Hoje em dia, a prática mudou tanto que até séries de televisão muito aguardadas são lançadas simultaneamente em múltiplos países, como foi o caso de Game of Thrones[6]. Inibe-se, assim, o acesso não autorizado à obra.

[3] Ver, sobre a história da fotografia, https://www.thesprucecrafts.com/brief-history-of--photography-2688527#:~:text=Photography%2C%20as%20we%20know%20it,that%20did%20not%20fade%20quickly.

[4] Disponível em https://www.imdb.com/title/tt0083866/releaseinfo?ref_=tt_dt_rdat

[5] Disponível em https://movies.fandom.com/wiki/E.T._the_Extra-Terrestrial/Home_media

[6] Disponível em https://m.folha.uol.com.br/ilustrada/2015/03/1601287-game-of-thrones-tera-lancamento-simultaneo-em-mais-de-170-paises.shtml?cmpid=menupe

Com o crescimento do número de *softwares* e aplicativos para *download*, *remix* e distribuição de obras intelectuais, não é apenas o controle do acesso que é desafiado, mas a própria integridade de obra. Isso, por si só, não é algo condenável. A lei brasileira de direitos autorais (Lei 9.610/98, doravante LDA) autoriza expressamente, como deve ser, o uso de obras alheias para a criação de obras novas, desde que esse uso se dê nos termos legalmente previstos[7]. Contudo, ultrapassado o limite legal, podemos nos deparar com violações de direitos de personalidade, como imagem, honra e privacidade, e nos aproximarmos perigosamente de *deep fakes*[8]. Mas esta é uma outra história.

A segunda consequência, decorrente da primeira, é que, atualmente, nem sempre o titular de direitos autorais é quem faz a obra circular. Afinal, quem não controla o acesso não controla a circulação. É neste ponto que entra a relevância de discutirmos a responsabilidade civil pelo conteúdo postado na internet.

1. A responsabilidade dos intermediários e o marco civil da internet

Embora por muito tempo se tenha professado que a internet é uma terra sem lei, já há anos não se pode afirmar isso de maneira categórica. No Brasil, em 2014 foi aprovada a Lei 12.965, conhecida como Marco Civil da Internet (doravante MCI), que tinha como propósito servir como uma carta de direitos para o mundo digital.

O MCI se estrutura em alguns pilares, como a proteção dos dados pessoais (que se tornou mais robusta com a edição da Lei Geral de

[7] Trata-se, aqui, sobretudo do direito de citação, previsto no art. 46, III e VIII, da LDA, conforme segue: **Art. 46. Não constitui ofensa aos direitos autorais:** (...) **III** – a citação em livros, jornais, revistas ou qualquer outro meio de comunicação, de passagens de qualquer obra, para fins de estudo, crítica ou polêmica, na medida justificada para o fim a atingir, indicando-se o nome do autor e a origem da obra; (...) **VIII** – a reprodução, em quaisquer obras, de pequenos trechos de obras preexistentes, de qualquer natureza, ou de obra integral, quando de artes plásticas, sempre que a reprodução em si não seja o objetivo principal da obra nova e que não prejudique a exploração normal da obra reproduzida nem cause um prejuízo injustificado aos legítimos interesses dos autores.

[8] Deepfake é uma técnica que utiliza recursos de inteligência artificial para substituir rostos em vídeos e imagens com o propósito de chegar o mais próximo possível da realidade. O termo é uma mistura das expressões *deep learning* e *fake* e significa o emprego da IA para criar uma situação falsa. Disponível em https://www.tecmundo.com.br/internet/206706-deepfake-funciona.htm

Proteção de Dados, ou LGPD, Lei 13.709/18), a neutralidade da rede e a regulação da responsabilidade civil dos intermediários[9].

Quanto à responsabilidade dos intermediários, o MCI optou pela regra do art. 19, caput, conforme segue:

> Art. 19. Com o intuito de assegurar a liberdade de expressão e impedir a censura, o provedor de aplicações de internet somente poderá ser responsabilizado civilmente por danos decorrentes de conteúdo gerado por terceiros se, após ordem judicial específica, não tomar as providências para, no âmbito e nos limites técnicos do seu serviço e dentro do prazo assinalado, tornar indisponível o conteúdo apontado como infringente, ressalvadas as disposições legais em contrário.

Observe-se que a opção legislativa foi no sentido de somente atribuir responsabilidade civil aos sites, aplicativos e plataformas (definidos genericamente pelo MCI como "provedores de aplicação") se, uma vez recebida a ordem judicial para remoção de conteúdo, restarem inertes. Assim, por exemplo, um indivíduo que atinja a honra de outro por meio de postagem em rede social poderá ser responsabilizado, é claro. Mas à rede social na qual a ofensa foi postada será atribuída alguma responsabilidade apenas se descumprir ordem judicial determinando a remoção do conteúdo.

Esta regra conta, entretanto, com duas exceções. A primeira é a chamada (impropriamente[10]) de "pornografia de vingança" e está disciplinada nos termos do art. 21 do MCI[11].

[9] Ver, por exemplo, os incisos I, II, III, IV e VI do art. 3º do MCI: Art. 3º A disciplina do uso da internet no Brasil tem os seguintes princípios: I – garantia da liberdade de expressão, comunicação e manifestação de pensamento, nos termos da Constituição Federal; II – proteção da privacidade; III – proteção dos dados pessoais, na forma da lei; IV – preservação e garantia da neutralidade de rede; (...); VI – responsabilização dos agentes de acordo com suas atividades, nos termos da lei; (...)

[10] Pois nem sempre se trata de conteúdo pornográfico, nem tampouco de ato que necessariamente possa ser qualificado como vingança. Para ler mais sobre o assunto, ver *Pornografia de Vingança: Como se Proteger*, de Chiara de Teffé. Disponível em https://feed.itsrio.org/pornografia-de-vingan%C3%A7a-como-se-proteger-eb16307b426

[11] **Art. 21**. O provedor de aplicações de internet que disponibilize conteúdo gerado por terceiros será responsabilizado subsidiariamente pela violação da intimidade decorrente da divulgação, sem autorização de seus participantes, de imagens, de vídeos ou de outros materiais contendo cenas de nudez ou de atos sexuais de caráter privado quando, após o

A segunda, inscrita no §2º do art. 19, trata justamente de direitos autorais, como podemos ver:

> § 2º A aplicação do disposto neste artigo para infrações a direitos de autor ou a direitos conexos depende de previsão legal específica, que deverá respeitar a liberdade de expressão e demais garantias previstas no art. 5º da Constituição Federal.

Existe uma explicação histórica para essa tomada de decisão pelo legislador brasileiro. Enquanto o texto do MCI estava sendo discutido no Congresso Nacional, debatia-se também uma ampla reforma para a LDA. Esperava-se que a disciplina da responsabilidade civil por violação de direitos autorais na internet fosse endereçada no diploma legal pertinente, ou seja, na própria lei autoral. No entanto, como essa reforma jamais foi sequer levada ao parlamento para votação, esse tema no Brasil vive em um vácuo legislativo.

2. Como julgar?[12]

O vácuo legislativo não impede, entretanto, que disputas relacionadas a direitos autorais na internet aconteçam. E assim, como julgar?

Um caso bastante relevante foi decidido pelo STJ – Superior Tribunal de Justiça (REsp nº 1.512.647/MG) a respeito de compartilhamento de links de aulas audiovisuais em rede social, sem a autorização do titular. Nele, o STJ apreciou a demanda de Botelho Indústria e Distribuição Cinematográfica Ltda. em face da *Google*, por ter identificado a comercialização ilegal de seus cursos na rede social *Orkut*, que foi a rede social mais usada no Brasil até cerca de 2010.

recebimento de notificação pelo participante ou seu representante legal, deixar de promover, de forma diligente, no âmbito e nos limites técnicos do seu serviço, a indisponibilização desse conteúdo.

Parágrafo único. A notificação prevista no **caput** deverá conter, sob pena de nulidade, elementos que permitam a identificação específica do material apontado como violador da intimidade do participante e a verificação da legitimidade para apresentação do pedido.

[12] Trechos desta seção extraídos do texto "Violações de direitos autorais de terceiros em plataformas de Internet no Brasil: uma análise a partir de decisões judiciais", em coautoria com Flávia Parra Cano e Vinícius Padrão, ainda inédito.

No julgamento, o STJ estabeleceu balizas interpretativas para verificação da responsabilidade de intermediários. A partir de uma análise do direito brasileiro e do tratamento normativo da matéria em outras jurisdições, o STJ definiu quais seriam os parâmetros para verificar se uma plataforma estaria incorrendo ou não em uma das condutas destacadas no artigo 104 da LDA[13].

O raciocínio adotado na decisão perpassa os pontos: **(i)** em se tratando de provedor de aplicações da internet, não é tão simples a inserção da conduta nos verbos do artigo 104 da LDA; **(ii)** não sendo óbvio, há de se investigar em que medida a estrutura da plataforma ou a conduta culposa ou dolosamente omissiva contribuíram para a ocorrência de violação de direitos autorais; **(iii)** essa verificação deve se fundamentar nas teorias de responsabilidade contributiva, quando existe intencional encorajamento para que terceiros pratiquem o ilícito, e de responsabilidade vicária, quando há lucratividade com ilícitos praticados e o beneficiário se nega a exercer o controle ou limitação de danos.

Portanto, ao apreciar a questão, o Ministro Luis Felipe Salomão afirmou que:

> (...) inaplicável a provedores de Internet o sistema de responsabilidade civil objetiva em razão de mensagens postadas em sites por eles hospedados, como é o caso das redes sociais. Exige-se, para tanto, conduta omissiva por parte do provedor, desde que comunicado extrajudicialmente pelo titular do direito violado, se mantenha inerte (...) regras relativas ao direito autoral vigente (Lei n. 9.610/1998) e tendo em vista o amplo debate internacional sobre o tema – que se arrasta de longa data –, entendo que deva ser afastada a responsabilidade civil da Google, essencialmente por duas razões: (a) a estrutura da rede social em questão – *Orkut* – e a postura do provedor não contribuíram decisivamente para a violação de direitos autorais; e (b) não se vislumbram danos materiais que possam ser imputados à inércia do provedor de internet, nos termos da causa de pedir deduzida na inicial.[14]

[13] Art. 104. Quem vender, expuser a venda, ocultar, adquirir, distribuir, tiver em depósito ou utilizar obra ou fonograma reproduzidos com fraude, com a finalidade de vender, obter ganho, vantagem, proveito, lucro direto ou indireto, para si ou para outrem, será solidariamente responsável com o contrafator, nos termos dos artigos precedentes, respondendo como contrafatores o importador e o distribuidor em caso de reprodução no exterior.

[14] STJ, *Recurso Especial nº 1.512.647/MG*, Rel. Min. Luis Felipe Salomão, j. em 13.05.2015, DJe 05.08.2015.

É interessante notar que as teorias de responsabilidade contributiva e vicária, provenientes da perspectiva de direito comparado adotada pelo Ministro, não se encontram previstas no MCI, sendo aplicadas notadamente para fins do julgamento dos casos de violação de copyright na jurisprudência dos Estados Unidos. Ao mesmo tempo que há uma inovação interpretativa utilizada para definir o regime de responsabilidade no REsp nº 1.512.647/MG, o Ministro faz uso de elementos do Marco Civil para avaliar a questão. Um exemplo claro é que, na decisão em análise, afirmou-se que, com base no decidido na Reclamação 5.072-AC62[15], estaria afastada a obrigação do provedor em remover o conteúdo se recebesse uma solicitação genérica, como as sem indicações precisas das URLs e endereços internos das páginas nas quais os alegados atos ilícitos estariam sendo praticados.[16] [17]

Conclusões

O caso analisado brevemente acima nos apresenta alguns parâmetros interpretativos, mas não põe fim à incerteza sobre a regra a ser aplicada em cada caso concreto. Carecemos ainda de definição legislativa.

[15] STJ, *Reclamação 5.072-AC*, Rel. p/ o acórdão Min. Nancy Andrighi, julg. 11.12.2013, DJe: 04.06.2014.

[16] SOUZA, Carlos Affonso; TEFFÉ, Chiara Spadaccini de. *Responsabilidade Civil de Provedores na Rede: Análise da Aplicação do Marco Civil da Internet pelo Superior Tribunal de Justiça*. Revista IBERC, Minas Gerais, v.1, n.1, p. 01-28, nov.-fev./2019. p. 23.

[17] O §1º do artigo 19 do Marco Civil da Internet dispõe que a ordem judicial deve conter, sob pena de nulidade, a identificação clara e específica do conteúdo a ser removido de determinada plataforma, permitindo, assim, a localização inequívoca do material. Por conta disso, surgiu a discussão a respeito do que seria considerado como suficiente para a identificação descrita no MCI. A maior parte dos tribunais do país e o STJ adotaram a postura de que seria necessária a indicação do endereço das páginas por parte do autor, ou seja, das URLs nas quais um conteúdo poderia ser encontrado. O fundamento para essa interpretação é que os provedores não seriam capazes de controlar todo o conteúdo que flui em suas plataformas em razão de impossibilidades técnicas. Além disso, a necessidade de se informar a URL constitui um critério seguro para verificar o cumprimento de ordem judicial e impede que haja questões em torno da liberdade de expressão, já que o conteúdo a ser removido foi indicado de forma explícita e específica. Esse entendimento, via de regra, não seria necessariamente aplicável ao contexto de violações de direitos autorais por terceiros, uma vez que se trata de parte do regime de responsabilidade disposto pelo MCI. Ainda assim, há decisões judiciais que requerem a indicação de URL em matéria de direitos autorais. Um exemplo é o REsp nº 1.512.647/MG.

E mesmo sem a definição desse ponto, já outro se nos mostra no horizonte. Em 2019, a União Europeia aprovou uma nova Diretiva[18] que trata de direitos autorais na internet e que vem sendo progressivamente incorporada à legislação de cada um de seus países membros[19].

A aprovação da nova Diretiva não veio sem muita polêmica[20], sobretudo por conta dos artigos 15 e 17. O primeiro prevê proteção a publicações de imprensa na internet e o segundo regula a utilização de conteúdos protegidos por prestadores de serviços de compartilhamento online.

Não se sabe ainda com precisão qual será o impacto da Diretiva na responsabilidade dos intermediários. Há, claro, o receio de um cerceamento da liberdade de expressão na medida em que sites e plataformas precisarão agir preventivamente, ao contrário do sistema que vigora hoje no Brasil[21]. Em comentário ao art. 17, pode-se ler que[22]:

> *Art. 17 changes the liability rules for most for-profit content sharing platforms. They are now deemed to be "sharing" themselves the content uploaded by their users. As a consequence, they are directly liable for any uploads that infringe copyright. This means that they might need to license all content available on their platforms or employ automatic content recognition technologies to filter all uploads by users for potential infringements. This may result in a significant limitation of users' freedom of expression, since not every protected content uploaded by users is licenseable and, on the other hand, automated filters cannot recognize many perfectly legal uses of protected content (e.g. parodies).*

[18] Para ver o texto em português: https://eur-lex.europa.eu/legal-content/PT/TXT/PDF/?uri=CELEX:32019L0790&from=SL

[19] Para acompanhar a implementação da diretiva: https://www.notion.so/DSM-Directive-Implementation-Portal-97518afab71247cfa27f0ddeee770673

[20] Por exemplo: https://www.influency.me/blog/diretiva-de-direito-autoral-da-uniao-europeia/

[21] Ver, por exemplo, o texto do art. 17 (1), que, em sua segunda parte, afirma: "Os prestadores de serviços de partilha de conteúdos em linha devem, por conseguinte, obter uma autorização dos titulares de direitos a que se refere o artigo 3º, n. 1 e 2, da Diretiva 2001/29/CE, por exemplo, através da celebração de um acordo de concessão de licenças, a fim de comunicar ao público ou de colocar à disposição do público obras ou outro material protegido". Mesmo que haja exceções, teme-se que a interpretação delas seja insuficiente, ou inconsistente, gerando mais dúvidas ainda.

[22] Disponível em https://www.notion.so/Article-17-Use-of-copyrighted-content-by-online-platforms-8e9ab9aaa4ce42c2a6f35cb7415b8b83

Ainda é cedo para sabermos em que medida a Diretiva europeia poderá influenciar nosso sistema de reponsabilidade civil na internet. Contudo, é preciso lembrar sempre que os tempos mudam e, com eles, a adequação das regras legais e sociais. Se não dependemos mais das cópias físicas para termos acesso a obras intelectuais (basta ver como migramos nossa forma de consumo de filmes e música para plataformas de streaming), recordemos que a liberdade de expressão conquistada pelo uso da internet é um fenômeno legal, social e democraticamente relevante.

É certo que precisamos de regras claras para promovermos segurança jurídica a todos os envolvidos (titulares de direitos autorais, intermediários e usuários das obras). Contudo, o que não pode faltar na elaboração da regra é a tutela à liberdade de expressão e a proteção aos usos sociais dados às obras por meio das limitações aos direitos autorais, cada vez mais importantes para o debate público e a cultura contemporânea. O que escapa a esses limites é retrocesso.

Referências

FOLHA DE S. PAULO. *Game Of Thrones terá lançamento simultâneo em mais de 170 países.* 2015. Disponível em: <https://m.folha.uol.com.br/ilustrada/2015/03/1601287-game-of-thrones-tera-lancamento-simultaneo-em-mais-de-170-paises.shtml?cmpid=menupe>.

LIMA, Ramalho. *Deepfake: o que é e como funciona?.* Tecmundo, 2020. Disponível em: <https://www.tecmundo.com.br/internet/206706-deepfake-funciona.htm>.

MASONER, Liz. *A Brief History of Photography and the Camera.* TheSpruceCrafts. 2019. Disponível em: <https://www.thesprucecrafts.com/brief-history-of-photography-2688527#:~:text=Photography%2C%20as%20we%20know%20it,that%20did%20not%20fade%20quickly>.

SOUZA, Carlos Affonso; TEFFÉ, Chiara Spadaccini de. *Responsabilidade Civil de Provedores na Rede: Análise da Aplicação do Marco Civil da Internet pelo Superior Tribunal de Justiça.* Revista IBERC, Minas Gerais, v.1, n.1, p. 01-28, nov.-fev./2019.

SUPREMO TRIBUNAL DE JUSTIÇA. *Recurso Especial nº 1.512.647/MG*, Rel. Min. Luis Felipe Salomão, j. em 13.05.2015, DJe 05.08.2015.

SUPREMO TRIBUNAL DE JUSTIÇA. *Reclamação 5.072–AC*, Rel. p/ o acórdão Min. Nancy Andrighi, julg. 11.12.2013, DJe: 04.06.2014.

TEFFÉ, Chiara Spadaccini de. *Pornografia de Vingança: como se proteger?.* ITS Rio, 2017. Disponível em: < https://feed.itsrio.org/pornografia-de-vingan%C3%A7a-como-se-proteger-eb16307b426>.

6. GOVERNANÇA DOS DIREITOS AUTORAIS POR ALGORITMOS: EM DIREÇÃO A UM NOVO REGIME REGULATÓRIO?

ALINE IRAMINA

Introdução

Na Era Digital, na qual milhões de músicas, filmes e livros estão facilmente disponíveis na Internet, algoritmos têm tido um papel fundamental na formulação de um novo regime para governança dos direitos autorais. Atualmente, com um smartphone, qualquer pessoa pode acessar dezenas de milhões de música para ouvir quando quiser, pagando um valor relativamente baixo pela assinatura do serviço ou mesmo de graça nas plataformas que adotam um modelo baseado em receitas com propaganda. Há serviços similares para filmes, videogames, livros e outros tipos de conteúdo.

Se você é fã dos Beatles, sem dúvida, a plataforma que você assina, por meio de algoritmos, não só já recomendou uma *playlist* com as músicas deles como também com músicas de outras bandas e artistas do mesmo gênero ou com estilo e ritmo parecidos. Da mesma forma que outras inovações tecnológicas, como o MP3 e mais recentemente o streaming, os algoritmos de inteligência artificial evoluíram e têm trazido mudanças na forma como acessamos e consumimos música e outros tipos de obras intelectuais, assim como têm influenciado a forma como criadores, empresas, usuários e governos respondem a eles. Os algoritmos têm atuado como importante ator desse sistema, alterando e reorganizando as relações e as estruturas entre os principais atores dos direitos autorais.

Historicamente, a evolução tecnológica tem impactado diretamente a legislação de direitos autorais. No entanto, a forma como o sistema de direitos autorais funciona na prática não é limitado a sua legislação. Na verdade, inovações tecnológicas têm influência ainda maior na governança dos direitos autorais[1], que envolve formas de controle social impostas à sociedade por outros atores além do Estado[2]. Os algoritmos, por exemplo, têm sido cada vez mais utilizados pelas empresas de tecnologia (*Big Techs*) para controlar o conteúdo que circula em suas plataformas, sinalizando e removendo, por exemplo, obras que violem direitos autorais, comprovando a tese defendida por Lawrence Lessig de que "código é lei" e que, assim como as leis, as normas sociais e o mercado, pode controlar o comportamento humano[3].

Nos últimos anos, inúmeros governos, em particular a União Europeia, têm discutido uma nova regulação não só dos direitos autorais na Internet, mas principalmente das plataformas digitais, com dispositivos voltados a regular os sistemas automatizados de moderação de conteúdo e de recomendação, como o Regulamento dos Serviços Digitais (*Digital Services Act*)[4] e a Diretiva da União Europeia relativa aos Direitos de Autor e Direitos Conexos no Mercado Único Digital. No Brasil, nos últimos anos, têm tramitado, no Congresso Nacional, propostas de lei nessas áreas, como o PL 2927/2020, que institui a Lei Brasileira de Liberdade, Responsabilidade e Transparência na Internet, com artigos que regulam o funcionamento desses sistemas, embora com foco maior nas questões envolvendo a disseminação de desinformação e *fake news* do que em direitos autorais.

Nesse sentido, o objetivo deste ensaio é demonstrar o importante papel dos algoritmos na governança dos direitos autorais, as principais preocupações e algumas implicações normativas desse sistema de governança na União Europeia e no Brasil. Trata-se de um tema que tem ganhado relevância e que deve trazer mudanças no regime regulatório de direitos autorais.

[1] DE PRATO, G.; SANZ, E.; SIMON, J. P. *Digital media worlds: the new economy of media*. Basingstoke: Palgrave Macmillan, 2014. v. Book, Whole.

[2] LEISER, M.; MURRAY, A. *The role of non-state actors and institutions in the governance of new and emerging digital technologies*. The Oxford Handbook of Law, Regulation and Technology: Oxford University Press., 2016.

[3] LESSIG, L. *Code*. 2.0. ed. New York: Basic Books, 2006.

[4] Regulamento do Parlamento Europeu e do Conselho relativo a um mercado único de serviços digitais (Regulamento Serviços Digitais) – 2020/0361 (COD)

1. Governança dos direitos autorais por algoritmos

Pode-se definir governança dos direitos autorais como uma forma de ordem social coordenada por múltiplos atores, mecanismos e estruturas de direitos autorais, que envolve processos de regulamentação e aplicação da lei que vão além do modelo de regulação tradicional baseado no comando e controle do Estado e tem a participação de vários outros atores[5]. A governança difere-se, assim, da regulação stricto sensu por não envolver necessariamente normas e regras com propósitos específicos e deliberados e por não se centrar apenas no Estado[6]. Nesse contexto, usuários e titulares de direitos autorais têm um papel fundamental.

Por mais de duas décadas, além de pressionar governos por leis mais rígidas, os titulares de direitos autorais também investiram em novas tecnologias, como criptografia, marcas d'água, metadados e chaves de *hardware*, para prevenir o uso não autorizado de suas obras[7]. Eles também tiveram êxito na aprovação de tratados e leis que estenderam seus direitos exclusivos, garantindo proteção jurídica a essas medidas tecnológicas, tornando ilegal burlá-las. O principal objetivo era restringir e controlar o acesso a obras intelectuais por meio de tecnologia e, quando não fosse possível, por meio da lei. No entanto, essas medidas não foram suficientes para combater o aumento expressivo do uso não autorizado de obras na Internet, seja pelo fato dessas tecnologias serem facilmente burláveis, seja pela dificuldade de aplicar a lei para os usos na Internet[8].

Nas últimas duas décadas, com a emergência de novos modelos de negócios, em particular as novas plataformas e serviços de *streaming*, as preocupações dos titulares de direitos autorais também se voltaram para esses novos atores. Sentindo seus interesses negligenciados, autores, artistas e criadores em geral passaram a pressionar as plataformas por uma remuneração mais justa pelo uso de suas obras e por um combate mais efetivo à pirataria digital. Nesse contexto, esses titulares também começaram a pressionar os Estados para reformar suas leis, as quais

[5] WANG, S. The cloud, online piracy and global copyright governance. *International journal of cultural studies*, 20, n. 3, p. 270-286, 2017.

[6] KATZENBACH, C.; ULBRICHT, L. Algorithmic governance. *Internet Policy Review*, 8, n. 4, p. 1-18, 2019.

[7] MURRAY, A. D. Nodes and Gravity in Virtual Space. *Legisprudence*, 5, n. 2, p. 195-221, 03/11/2011 2011.

[8] Ibidem.

eximem, de forma geral, as plataformas de responsabilidade sobre conteúdo gerado por terceiros, ao adotar um regime de *safe harbor.* Em resposta a essas demandas, as grandes empresas de tecnologia adotaram mecanismos de autorregulação, por meio, por exemplo, de seus termos de serviços, e investiram em novas tecnologias, como os algoritmos do *Content ID* do *YouTube*, para diminuir as infrações a direitos autorais em suas plataformas e permitir, inclusive, que os titulares escolhessem remover ou monetizar o uso não autorizado de suas obras. Além de investirem em sistemas automatizados de moderação de conteúdo, essas empresas também aumentaram seus investimentos em sistemas de recomendação, com o objetivo principal de melhorar a experiência dos usuários e tornar seus negócios mais atraentes e lucrativos.

Estudos recentes demonstram que, ao empregar algoritmos, juntamente com seres humanos, para moderar e recomendar músicas, filmes e outros tipos de conteúdo para seus usuários, as plataformas passaram a atuar como os novos *gatekeepers* da indústria cultural[9], com um papel similar, e, em alguns casos, até mais influente, ao das emissoras de rádio e TV, jornalistas e outros especialistas, principalmente no mundo analógico. Como *gatekeepers*, elas têm controle sobre a informação e o fluxo de conteúdo na Internet[10]. Além de dar e bloquear o acesso a alguns tipos de conteúdo, as plataformas também sinalizam, diminuem a visibilidade, removem, recomendam, classificam e organizam o material que os usuários acessam por meio de sistemas algorítmicos de inteligência artificial. As empresas de tecnologia que controlam essas plataformas têm não só poderes de adjudicação e aplicação da lei, mas também de governança sobre o discurso público e influência sobre o poder de decisão de seus usuários, inclusive sobre o que eles gostam ou não gostam. Elas ainda têm acesso direto e controle sobre o *software* e os sistemas algorítmicos, o que lhes garante o poder de manipular o seu design e controlar essas tecnologias conforme seus interesses[11].

[9] BONINI, T.; GANDINI, A. "First Week Is Editorial, Second Week Is Algorithmic": Platform Gatekeepers and the Platformization of Music Curation. *Social Media + Society*, 5, n. 4, 2019.
[10] MURRAY, A. D. Nodes and Gravity in Virtual Space. *Legisprudence*, 5, n. 2, p. 195-221, 03/11/2011 2011.
[11] LEISER, M.; MURRAY, A. *The role of non-state actors and institutions in the governance of new and emerging digital technologies.* The Oxford Handbook of Law, Regulation and Technology: Oxford University Press., 2016.

Portanto, algoritmos têm sido utilizados pelas plataformas como um mecanismo de governança. Diferentemente de outras tecnologias que não foram eficazes no combate à pirataria digital, o uso de algoritmos tem moldado um novo regime de governança dos direitos autorais, mais efetivo e difícil de transcender, com impacto significativo para usuários, criadores e titulares de direitos autorais em geral. Como Wu observou em seu artigo sobre segurança cibernética e soberania:

> a razão para o código ser importante para lei é sua capacidade de definir comportamentos em grande escala. Essa capacidade pode significar restrições a comportamentos, neste caso o código está regulando. No entanto, pode também indicar a capacidade de moldar comportamentos de uma forma legalmente vantajosa.[12]

Até recentemente, as discussões envolvendo o uso de algoritmos por plataformas digitais focavam principalmente na questão da moderação de conteúdo, com pressão dos titulares para que os Estados estabelecessem a obrigação legal das plataformas implementarem filtros e outras tecnologias para identificação e remoção de conteúdo não autorizado por titulares de direitos autorais. Por outro lado, grupos representando a sociedade civil já vinham denunciando o bloqueio excessivo de conteúdo e seu impacto negativo à liberdade de expressão e outros direitos fundamentais dos usuários. Desse modo, encontrar um equilíbrio na garantia e aplicação desses direitos fundamentais tem sido um dos desafios de reguladores e legisladores ao tratar da questão envolvendo moderação de conteúdo.

Embora as discussões envolvendo os sistemas de moderação de conteúdo estejam longe de uma solução, também há uma preocupação crescente de acadêmicos, titulares e governos sobre os sistemas de recomendação, já que esses algoritmos afetam diretamente a visibilidade do conteúdo e da informação que circulam na Internet e, consequentemente, a forma como usuários engajam esse conteúdo e o modo como criadores encontram audiência e são remunerado pelo uso de suas obras[13].

[12] Wu, T. (2003). When Code Isn't Law. *Virginia Law Review, 89*(4), 679-751. doi:10.2307/3202374, p. 707 (tradução livre).

[13] MCKELVEY, F.; HUNT, R. Discoverability: Toward a Definition of Content Discovery Through Platforms. *Social Media + Society*, 5, n. 1, 2019.

Há preocupações, principalmente, em relação à falta de transparência e a tendência desses algoritmos de reproduzirem comportamentos humanos discriminatórios, inclusive de criar bolhas digitais[14], que podem ter diversos impactos negativos na sociedade, como a redução da diversidade cultural.

Resta claro, portanto, que os algoritmos têm contribuído para alterar e reorganizar as relações sociais, os mecanismos e as estruturas no campo dos direitos autorais. Por isso, pode-se falar de uma governança dos direitos autorais por algoritmos, por tratar-se de um sistema de governança que incorpora complexos procedimentos epistêmicos informatizados na forma de organizar e governar as relações nesse campo[15]. Nesse sentido, uma das principais questões a serem debatidas é em que medida os Estados devem intervir para regular a utilização desses algoritmos pelas plataformas digitais e até que ponto essas normas que estão sendo discutidas, principalmente na União Europeia, se aplicam às relações envolvendo direitos autorais.

2. Implicações normativas da governança de direitos autorais por algoritmos

Ao analisar o impacto dos algoritmos na governança dos direitos autorais, é possível identificar várias questões que devem ter implicações normativas a curto e médio prazo, como a necessidade de maior transparência e o respeito à liberdade de expressão e ao direito à privacidade de usuários no uso desses algoritmos. Neste ensaio, o objetivo é apenas introduzir algumas dessas questões com exemplos de iniciativas legislativas já em andamento na União Europeia e no Brasil.

2.1. União Europeia

Como parte da estratégia para um mercado único digital, lançada em 2015, a União Europeia tem sido pioneira nas discussões envolvendo a regulação das plataformas digitais. Desde a adoção do Regulamento Geral de Proteção de Dados (RGPD) em 2016, o bloco tem buscado ser referência

[14] BORGESIUS, F. J. Z.; TRILLING, D.; MÖLLER, J.; BODÓ, B. *et al.* Should we worry about filter bubbles? *Internet Policy Review*, 5, n. 1, 2016.

[15] KATZENBACH, C.; ULBRICHT, L. Algorithmic governance. *Internet Policy Review*, 8, n. 4, p. 1-18, 2019.

para outros Estados na regulação da matéria. Não por acaso, os dispositivos do RGPD foram replicados por diversos Estados, inclusive pelo Brasil, em suas legislações nacionais de proteção de dados pessoais.

Nesse contexto, foram aprovados, em 2019, a Diretiva relativa aos Direitos de Autor e Direitos Conexos no Mercado Único Digital (Diretiva 2019/790) e o Regulamento relativo à promoção da equidade e da transparência para os usuários empresariais de serviços de intermediação online (Regulamento 2019/1150). Em dezembro de 2020, foram apresentadas também duas propostas para regulamentação das plataformas digitais, denominadas Regulamento dos Mercados Digitais e Regulamento dos Serviços Digitais, cujo objetivo principal é criar um espaço digital mais seguro, no qual os direitos fundamentais dos usuários são protegidos, e estabelecer condições de concorrência leal entre as empresas[16]. Todas essas iniciativas introduzem regras para os sistemas algorítmicos de moderação e recomendação de conteúdo utilizados pelas plataformas digitais.

No âmbito dos direitos autorais, a Diretiva 2019/790, no artigo 17, que traz novas regras para os provedores de serviços de compartilhamento de conteúdo, como *YouTube e Facebook*, e altera o regime de *safe harbor* para esses tipos de provedores, especificamente no parágrafo 4, inclui a obrigação das plataformas de prevenirem o *upload* de conteúdos já notificados anteriormente por infração a direitos autorais, o que, na prática, significa a obrigação de utilizar filtros e outras tecnologias para moderação de conteúdo[17]. No geral, não muda nada, uma vez que esses provedores já utilizam algoritmos para filtrar e sinalizar conteúdos que possam estar infringindo direitos autorais, mesmo sem notificação prévia. No entanto, há o risco de que aumente o uso de algoritmos para remoção de conteúdo sem revisão humana, o que pode levar ao aumento da remoção de conteúdo legal. Algoritmos, em geral, não entendem contexto e, portanto, têm dificuldade para identificar uma paródia ou algum outro uso em que as limitações ou exceções a direitos autorais se aplicariam, o que pode acarretar restrições à liberdade de expressão e à criatividade. Pelo menos esse

[16] EUROPEAN COMMISSION. *The Digital Services Act Package*. 2020. Disponível em: https://ec.europa.eu/digital-single-market/en/digital-services-act-package. Acesso em: 06 January 2021.

[17] ANGELOPOULOS, C.; QUINTAIS, J. P. Fixing Copyright Reform: A Better Solution to Online Infringement. *JIPITEC*, 10, n. 2, p. 147-172, 2019.

é o principal argumento da Polônia, no caso C-401/19, em que questiona o art. 17(4) perante a Corte de Justiça da União Europeia[18]. A obrigação de adotar mecanismos de solução de controvérsias para permitir que usuários questionem o bloqueio ou a remoção de seu conteúdo não é considerada suficiente para mitigar potenciais efeitos nocivos desses sistemas de moderação de conteúdo. Por isso, nas "Orientações sobre o artigo 17.º da Diretiva 2019/790 relativa aos direitos de autor no mercado único digital", a Comissão Europeia recomendou a adoção, na transposição do artigo 17 por parte das legislações nacionais de seus Estados-membros, de medidas ex-ante de salvaguardas para garantia dos direitos dos usuários, o que foi seguido, por exemplo, pela Alemanha[19].

Já o Regulamento 2019/1150 e as propostas de Regulamento dos Mercados Digitais e dos Serviços Digitais são leis horizontais que introduzem regras gerais para as plataformas digitais, inclusive em relação à utlização de algoritmos. O Regulamento 2019/1150, por exemplo, no Recital 24, visa garantir maior transparência no uso de algoritmos de classificação ou *ranking*, estabelecendo que plataformas não devem determinar a classificação de forma arbitrária e que devem apresentar antecipadamente os principais parâmetros[20] que presidem essa classificação, de modo a reforçar a previsibilidade para os usuários empresariais,

[18] Em julho de 2021, o Advogado Geral Henrik Saugmandsgaard Øe apresentou parecer rejeitando a ação da Polônia contra o art. 17(4) da Diretiva. No entanto, o Advogado Geral levantou duas ressalvas importantes para assegurar que as plataformas, ao seguir o artigo 17, façam uso de sistemas automatizados em conformidade com o direito à liberdade de expressão, conforme a seguir: 1) plataformas devem respeitar limitações para citação, críticas, revisão, caricatura, paródia ou pastiche, mesmo em casos de bloqueios preventivos; 2) plataformas devem bloquear apenas conteúdos manifestamente ilegais. Portanto, devem evitar intervir em casos em que há ambiguidade. O caso está previsto para ser julgado em abril de 2022.

[19] Em junho de 2021, venceu o prazo para os Estados-membros transporem para seu ordenamento jurídico interno a Diretiva relativa aos direitos de autor e direitos conexos no mercado único digital. Infelizmente, dado o limite de páginas para este ensaio, não é possível abordar as leis nacionais. No entanto, vale ressaltar que a lei alemã, no tocante ao art. 17, tem sido elogiada e considerada referência para outros países.

[20] Ainda no Recital 24, estabelece-se que a descrição dos principais parâmetros deverá incluir informação sobre a possibilidade de os usuários empresariais influenciarem ativamente a classificação em troca de remuneração, assim como informação sobre os efeitos relativos resultantes dessa influência.

permitindo-lhes compreender melhor o funcionamento do mecanismo de *ranking* e comparar as práticas de classificação entre as diferentes plataformas. O Regulamento dos Mercados Digitais, por outro lado, prevê a possibilidade da Comissão Europeia, durante processo de investigação de novos serviços e práticas no mercado, requerer informações sobre bancos de dados e algoritmos das grandes plataformas (ou *gatekeepers*), além de impor sanções para quem falhar em atender a esses requerimentos. O Regulamento dos Serviços Digitais vai além e introduz inúmeras regras envolvendo o uso de algoritmos, prevendo, por exemplo, o direito dos usuários de ter conhecimento sobre os principais parâmetros dos sistemas de recomendação, assim como de ter a opção de influenciar ou modificar esses parâmetros, inclusive com uma opção que não se baseia na definição de perfis (*profiling*). Prevê, também, a obrigação das plataformas de grande dimensão de compartilhar dados sobre seus sistemas de recomendação com pesquisadores e reguladores, permitindo a fiscalização desses sistemas. Esses regulamentos apostam em regras que garantam maior transparência sobre esses algoritmos e no acesso de dados como forma de garantir maior responsabilidade (*accountability*) das plataformas no uso desses sistemas.

Assim como a Diretiva de Comércio Eletrônico, esses regulamentos podem ser considerados leis gerais e, portanto, aplicam-se também às relações envolvendo direitos autorais, de forma a complementar as leis específicas que tratam da matéria, como a Diretiva 2019/790. Por exemplo, o Regulamento dos Serviços Digitais estabelece obrigações adicionais de transparência e um sistema mais elaborado para monitorar o uso de tecnologias e outros sistemas automatizados para moderação de conteúdo adotados pelas plataformas digitais, introduzindo regras que não estavam presentes na Diretiva 2019/790[21]. As leis que regulam as plataformas gerais, desse modo, se aplicam às questões envolvendo direitos autorais quando não há lei específica regulando a matéria ou quando a lei específica abre margem para interpretação.

[21] PEUKERT, A.; HUSOVEC, M.; KRETSCHMER, M.; MEZEI, P. *et al.* European Copyright Society – Comment on Copyright and the Digital Services Act Proposal. *IIC – International Review of Intellectual Property and Competition Law*, 2022/03/14 2022.

2.2. Brasil

No Brasil, as discussões envolvendo a regulação das plataformas digitais e principalmente de seus algoritmos seguem uma lógica similar à adotada na União Europeia, embora o foco das discussões esteja, em geral, no combate à desinformação e disseminação de *fake news* nas plataformas digitais. Inclusive, a MP 1068/21, rejeitada sumariamente pelo Congresso Nacional, embora tratasse da remoção de conteúdo por infrações a direitos autorais, tinha como objetivo principal abordar a questão das *fake news*. No entanto, em vez de restringir, a MP facilitava a disseminação de notícias falsas, ao buscar limitar a remoção de conteúdo pelas plataformas digitais em nome da "liberdade de expressão".

Já o PL 2630/2020, conhecido como PL da *fake news*, foi apresentado com o objetivo de estabelecer normas, diretrizes e mecanismos de transparência para provedores de redes sociais, ferramentas de busca e de serviços de mensageria instantânea através da internet, assim como diretrizes para seu uso. Na última versão do PL apresentada pelo Relator Deputado Orlando Silva, assim como já existe em outras legislações regulando a matéria, como a alemã, prevê-se a obrigação dos provedores de redes sociais e de serviços de mensageria instantânea de elaborar relatórios de transparência semestrais, que devem conter, por exemplo, informações sobre o emprego de sistemas automatizados na aplicação dos termos de uso próprios dos provedores e a descrição dos tipos de ferramentas de detectação automatizadas envolvidas na garantia de aplicação adequada das políticas de conteúdo. Em relação aos sistemas de recomendação, também se estabeleceram novas regras, como a disponibilização aos usuários de informações do histórico dos conteúdos impulsionados e publicitários, com informações a respeito dos critérios e procedimentos utilizados para perfilhamento que foram aplicados em cada caso. Ou seja, informações sobre os parâmetros utilizados em seus sistemas algorítmicos de recomendação. O PL, no caso, seu substitutivo, havia sido questionado pelas grandes empresas de tecnologia, como o Google, que, em carta aberta, apresentou suas preocupações em relação, por exemplo, à obrigação de fornecer informações detalhadas sobre o funcionamento de seus sistemas, em particular sobre a sua base de treinamentos, sob o risco de oferecer a agentes mal-intencionados um guia de como contorná-los. Por isso, como o próprio relator informou, foram alteradas, na última versão do PL, algumas das informações requeridas no substitutivo sobre o emprego e funcionamento de sistemas algorítmicos, inclusive retirando a obrigação de fornecer informações sobre a base de treinamento desses sistemas. Nesse sentido, atribui-se ao Comitê Gestor de Internet a possibilidade de requerer informações adicionais. Pode-se observar que o PL 2630/2020 apresenta algumas regras similares às previstas nos regulamentos europeus.

Em relação à regulação dos direitos autorais, há diversos projetos de lei em tramitação no Congresso Nacional que propõem a reforma da LDA. No entanto, em geral, as propostas que tratam da disponibilização de conteúdo protegido por direitos autorais pelas plataformas digitais introduzem regras referentes ao regime de responsabilidade desses provedores. Normas especificas quanto a questões mais técnicas, como os sistemas algorítmicos de moderação e recomendação de conteúdo, devem ficar a cargo de leis gerais que regulam as plataformas digitais, como a Lei Brasileira de Liberdade, Responsabilidade e Transparência na Internet, se aprovada, de modo similar ao que se tem na União Europeia.

Conclusões

Diante do exposto, não se pode negar a crescente importância dos algoritmos na governança dos direitos autorais, alterando e reorganizando as relações entre seus principais atores e as estruturas que as regem. O objetivo deste ensaio foi apenas introduzir o tema da governança dos direitos autorais por algoritmos e citar algumas iniciativas que já estão em andamento no Brasil e na União Europeia e que devem ter impacto nesse sistema. Espera-se que essa pesquisa seja aprofundada em trabalhos futuros, com a análise de outras iniciativas legislativas e outros mecanismos e regras de governança, tendo em vista que a solução para algumas dessas questões pode não estar necessariamente na reforma da lei, mas em outros mecanismos de governança.

Referências

ANGELOPOULOS, C.; QUINTAIS, J. P. Fixing Copyright Reform: A Better Solution to Online Infringement. *JIPITEC*, 10, n. 2, p. 147-172, 2019.

BONINI, T.; GANDINI, A. "First Week Is Editorial, Second Week Is Algorithmic": Platform Gatekeepers and the Platformization of Music Curation. *Social Media + Society*, 5, n. 4, 2019.

BORGESIUS, F. J. Z.; TRILLING, D.; MÖLLER, J.; BODÓ, B. *et al.* Should we worry about filter bubbles? *Internet Policy Review*, 5, n. 1, 2016.

DE PRATO, G.; SANZ, E.; SIMON, J. P. *Digital media worlds: the new economy of media.* Basingstoke: Palgrave Macmillan, 2014. v. Book, Whole.

EUROPEAN COMMISSION. *The Digital Services Act Package.* 2020. Disponível em: https://ec.europa.eu/digital-single-market/en/digital-services-act-package. Acesso em: 06 January 2021.

EUROPEAN COMMISSION. *Digital Markets Act: Commission welcomes political agreement on rules to ensure fair and open digital markets.* 2022. Disponível em: https://ec.europa.eu/commission/presscorner/detail/en/ip_22_1978. Acesso em: 01 April 2022.

HUNT, R.; MCKELVEY, F. Algorithmic Regulation in Media and Cultural Policy: A Framework to Evaluate Barriers to Accountability. *Journal of Information Policy*, 9, p. 307-335, 2019.

KATZENBACH, C.; ULBRICHT, L. Algorithmic governance. *Internet Policy Review*, 8, n. 4, p. 1-18, 2019.

LEISER, M.; MURRAY, A. *The role of non-state actors and institutions in the governance of new and emerging digital technologies.* The Oxford Handbook of Law, Regulation and Technology: Oxford University Press., 2016.

LESSIG, L. *Code.* 2.0. ed. New York: Basic Books, 2006.

MCKELVEY, F.; HUNT, R. Discoverability: Toward a Definition of Content Discovery Through Platforms. *Social Media + Society*, 5, n. 1, 2019.

MURRAY, A. D. Nodes and Gravity in Virtual Space. *Legisprudence*, 5, n. 2, p. 195-221, 03/11/2011 2011.

PEUKERT, A.; HUSOVEC, M.; KRETSCHMER, M.; MEZEI, P. *et al.* European Copyright Society – Comment on Copyright and the Digital Services Act Proposal. *IIC – International Review of Intellectual Property and Competition Law*, 2022/03/14 2022.

WANG, S. The cloud, online piracy and global copyright governance. *International journal of cultural studies*, 20, n. 3, p. 270-286, 2017.

7. DESAFIOS DA APLICAÇÃO DE LIMITAÇÕES E EXCEÇÕES AOS DIREITOS AUTORAIS EM ESCALA GLOBAL

Luíza Couto Chaves Brandão

Introdução

As limitações e exceções dos direitos autorais na internet dialogam com o caráter global tanto da regulação dos direitos autorais a partir de instrumentos multilaterais, quanto da própria internet. A existência de regime multilateral robusto em matéria de propriedade intelectual, incluindo direitos autorais, pode sinalizar para a possibilidade de harmonização na matéria. Ao mesmo tempo, o crescente volume de conteúdo que circula pela internet desafia o alcance da proteção aos respectivos direitos autorais e a aplicação das limitações e exceções pelas plataformas multinacionais. Nesse sentido, este ensaio busca observar a aplicação de regras de direito autoral, especialmente as hipóteses de não violação do direito brasileiro, em relação às normas aplicadas pelas plataformas de internet. Por fim, reflete sobre possibilidades para avançar na harmonização da proteção de direitos autorais em âmbito global.

1. A proteção multilateral aos direitos autorais

A proteção aos direitos autorais está presente há séculos em diferentes ordenamentos jurídicos. A ideia de que as obras fruto do "espírito", "engenho" ou "intelecto" humano, entre outras expressões que designam o objeto de proteção autoral, já assumiu várias formas. Incidindo sobre desde o controle migratório de autores, intelectuais e artistas até questões de disputa de poder e influência sobre outras nações, a importância do direito autoral e sua normatização se refletem em uma das primeiras e mais adotadas convenções internacionais entre estados soberanos.

A Convenção de Berna[1] de 1886, que teve o Brasil ainda imperial como um de seus primeiros signatários, é um dos primeiros esforços multilaterais da contemporaneidade que trata justamente da proteção dos direitos autorais. Apesar de datar do século XIX, foi reformulada em diversas ocasiões ao longo do século XX. Muitas dessas iniciativas foram justificadas pelo avanço tecnológico, mudanças nas formas de produção, reprodução, remuneração e compartilhamento e pelas diferentes dinâmicas econômicas, sociais e culturais das décadas de 1900. O desenvolvimento dos meios de comunicação, radiodifusão, televisão e, nos últimos anos, o advento da internet comercial também foram propulsores de iniciativas sobre direitos autorais.

Antes mesmo de a internet ter sido de forma mais amplamente viabilizada pela web de Tim Berners-Lee, ou de começarem a emergir aplicações digitais, que logo tornaram-se importantes espaços de produção e compartilhamento de conteúdo, os aspectos comerciais dos direitos autorais já se destacavam. Por isso, a Rodada Uruguai, em 1994, do GATT – o Acordo Geral de Tarifas e Comércio – debateu os aspectos ligados ao comércio da propriedade intelectual, incluindo os direitos autorais. O TRIPs[2] resulta dessa negociação, como um dos tratados que constituem a Organização Mundial do Comércio (OMC), em 1995. A organização multilateral tem, entre seus princípios, a obrigatoriedade de que todos os seus tratados sejam ratificados pelos membros, sem opção de que escolham a quais instrumentos se vinculam. Dessa forma, o Tratado sobre Propriedade Intelectual e seus aspectos ligados ao comércio ganham força entre todos os Estados participantes da OMC.

O TRIPs incorporou convenções internacionais relacionadas à propriedade intelectual, tanto de marcas e patentes, quanto de direito autoral. O Acordo estabelece definições, direitos, padrões mínimos de proteção à propriedade intelectual e absorve também o legado da Convenção de Berna no que se refere aos direitos autorais. Como maior diferencial, ao se situar entre os tratados da OMC, o TRIPs é acompanhado por um sistema robusto de supervisão e instrumentos de efetividade, especialmente consideradas as possíveis intersecções com outros aspectos do comércio

[1] Incorporada no direito brasileiro, com seu último ato adicional. Ver em: BRASIL. *Decreto 75.699, de 6 de maio de 1975.*

[2] BRASIL. *Decreto 1355, de 30 de dezembro de 1944.*

internacional[3]. Dessa forma, também abrange muitos dos países do mundo em sua moldura delineada para a propriedade intelectual. Apesar de o TRIPs ser um tratado-contrato, na classificação mais tradicional do direito internacional[4], e não descrever normas específicas, mas estabelecer obrigações para que os próprios membros definam seus regimes normativos, pelo menos sob o ângulo do comprometimento dos Estados, é possível observar relativa harmonização no quadro internacional sobre o tema.

Ainda que o regime multilateral referente à propriedade intelectual, incluindo os direitos autorais, seja dos mais robustos da contemporaneidade, e de sua relativa harmonização, ainda persistem concorrências de leis sobre a matéria. O volume de conteúdo gerado e compartilhado pela internet e plataformas aumenta a nível global e cria, igualmente crescente, demanda sobre o papel dos intermediários[5] para a proteção dos direitos autorais. Nesse contexto, coexistem as disposições de diferentes regimes legais, entre eles: do país sede do provedor; do local em que o conteúdo foi produzido e/ou postado; do local em que pode ser acessado, entre outros. Apesar de diferentes esforços para a definição da jurisdição sobre conteúdo online[6], muitas questões ainda são pungentes no que se refere aos regimes de proteção a direitos autorais e a outras disposições legais.

2. Exceções e limitações no Brasil e perspectivas futuras

Os direitos autorais e conexos admitem também limitações e exceções à aplicação das garantias. São elas circunstâncias nas quais o ordenamento afasta alguns direitos, sejam patrimoniais ou morais. Na prática, essas situações não configuram violações aos direitos autorais. As justificativas para exceções e limitações podem variar: desde o exercício de direitos civis e políticos, como a liberdade de expressão e de manifestação de opinião, até objetivos mais amplos e coletivos, como acesso à informação

[3] CORREA, Carlos M. (ed) *Research Handbook on the Interpretation and Enforcement of Intellectual Property Under WTO Rules*: Intellectual Property in the WTO. Vol. 2. Cheltenham/UK: Edgar Elgar, 2010.

[4] ARAÚJO, Nádia De. *Direito Internacional Privado: Teoria e Prática Brasileira*. Porto Alegre: Revolução e Book, 2016.

[5] SVANTESSON, Dan Jerker B.[editor]; *Internet & jurisdição*: relatório de status global 2019 [livro eletrônico] / Núcleo de Informação e Coordenação do Ponto BR; tradução Ana Zuleika Pinheiro Machado. -- 1. ed. -- São Paulo: Comitê Gestor da Internet no Brasil, 2020.

[6] I&JPN. *Internet & Jurisdiction Policy Network Toolkit Cross-border Content Moderation*.

e conhecimento, direitos culturais e desenvolvimento social. Previstas em lei, as hipóteses de uso de conteúdo protegido por direito autoral, sem violá-lo, podem variar. No Brasil, por exemplo, são previstas na Lei n. 9610[7] nos artigos 46, 47 e 48. Incluem a reprodução para fins jornalísticos (citada a autoria), de retratos (sem oposição das pessoas que nele constam) e de obras em braille sem fins lucrativos. A reprodução em pequenos trechos, sem fins lucrativos, as derivações do ensino e a possibilidade de demonstração para uma clientela também não configuram violações.

Do ponto de vista do acesso à cultura, são também limitações as representações teatrais e musicais, desde que sem fins lucrativos, em domicílios ou instituições de ensino para finalidades didáticas. O direito brasileiro também afasta violações quando a utilização de obras é destinada à configuração de provas em processos judiciais. Os pequenos trechos, apesar de não terem parâmetros delimitados, também não compreendem violação quando utilizados sem ferir os interesses dos autores e não representam a única finalidade de reprodução, mas ligam-se, por exemplo, a outras criações e fazem parte de uma manifestação intelectual distinta. No Brasil, as exceções – livres de direitos autorais – incluem paráfrases e paródias que não são verdadeiras, bem como as variadas representações de obras situadas de forma permanente em lugares públicos.

As perspectivas de manifestação de opinião, finalidade educativa e de popularização da cultura são especialmente importantes no que se refere às potencialidades de comunicação e de fluxo informacional no contexto digital. Embora o Marco Civil da Internet[8], que disciplina o uso da internet no país de forma geral e orienta seu uso e desenvolvimento, tenha deixado a matéria de direito autoral para lei específica, assegura que alegadas infrações a direitos autorais em aplicações de conteúdo da internet devem observar a liberdade de expressão e demais garantias constitucionais, que também fundamentam algumas das limitações e exceções previstas em lei. Aliás, a tentativa de reformar a lei de direitos autorais no país também revela a urgência de agregar novas realidades e parâmetros, inclusive que afastem as violações em formato de limitações e exceções, para o contexto digital. Mesmo assim, grande preocupação reside em instituir parâmetros que, além de proteção individual ou patrimonial, também reflitam

[7] BRASIL. *Lei 9.610, de 19 de fevereiro de 1998.*

[8] BRASIL. *Lei 12.965, de 23 de abril de 2014.*

demandas sociais, culturais e de acesso ao conhecimento e informação, cuja potencialidade se amplia através da internet, a rede das redes.

Inevitavelmente, qualquer nova proposta para direitos autorais no Brasil deverá, além de se inserir nos parâmetros internacionais ao qual o país aderiu por meio do TRIPs e de tratados anteriores, acolher as novas dinâmicas representadas pelas tecnologias digitais. Nesse sentido, as limitações e exceções têm o importante papel de não tolher as potencialidades de criação, compartilhamento e engajamento dos usuários da internet e de suas aplicações por meio dos direitos autorais, mas, ao contrário, conseguir utilizá-los para o desenvolvimento econômico-social, cultural, científico e educacional. Outro desafio relacionado à circulação transnacional de conteúdo, assim como aos modelos de negócio multinacionais das plataformas de internet, está na efetivação das previsões tanto das salvaguardas quanto das exceções e limitações. Tal aspecto já tem resultado em diferentes desenhos institucionais e demandas judiciais, alimentando, assim, o papel das plataformas intermediárias, atuantes por meio de seus termos de uso e diretrizes de comunidade[9].

3. Direito aplicável a limitações e exceções em plataformas de conteúdo

Com diferentes arranjos sobre direitos autorais e atuação praticamente mundial, grandes empresas baseadas nas interações entre usuários da internet e no conteúdo que eles produzem, compartilham, retransmitem, reutilizam e consomem também encontram-se diante da concorrência de leis sobre a matéria. Mesmo com a ideia de que as atuais instituições não são suficientes para responder aos desafios jurisdicionais (SVANTESSON, 2019) – entre eles, o regime de proteção aos direitos autorais e a efetividade de suas exceções e limitações para a garantia de outros direitos –, atores públicos e privados buscam estabelecer diretrizes.

No caso das plataformas de conteúdo mais utilizadas no Brasil (DIGITAL 2022), por exemplo, há termos de uso com previsões relativas a direitos autorais e mesmo políticas específicas. Nesse ponto, mais uma vez, fica evidente a concorrência de leis aplicáveis sobre o conteúdo online e, por consequência, a definição das limitações e exceções aos

[9] RODRIGUES, Gustavo; KURTZ, Lahis. *Transparência sobre moderação de conteúdo em políticas de comunidade*. Belo Horizonte: Instituto de Referência em Internet e Sociedade, 2020.

direitos autorais. Empresas com grandes números de usuários no Brasil (DIGITAL 2022), como *Instagram, Twitter, LinkedIn, Pinterest e TikTok*, elegem especificamente a lei norte-americana para o regime de proteção aos direitos autorais em suas políticas.

O DMCA, *Digital Millennium Copyright Act*, de 1998 (EUA, 1998) aparece como o principal instrumento legislativo para o regime de direitos autorais na internet, o que diretamente define as aplicações das limitações e exceções. Algumas coincidências com o regime brasileiro em relação às hipóteses que não configuram violações são perceptíveis, a exemplo do uso sem fins lucrativos por instituições de ensino. Outros institutos como fair use e engenharia reversa, por sua vez, não têm correspondência na lei brasileira. Ainda que sejam possíveis exercícios comparativos e deontológicos, a aplicação da lei estrangeira nas atividades das empresas no Brasil pode revelar-se, em alguns casos, incompatível com a proteção de direitos fundamentais, como a privacidade ou a liberdade de expressão. Isto se intensifica com uma maior robustez do DMCA e atualizações posteriores, além da presença da sede de muitas das empresas nos EUA, o que também é um critério para aplicação da lei estrangeira.

Com a crescente relevância que as plataformas assumem para a circulação de conteúdo na internet, crescem também, proporcionalmente, as demandas sobre a proteção dos direitos autorais, assim como as possibilidades de afastamento do regime para limitações e exceções. Nesse sentido é que as ações das plataformas com base em direitos autorais devem ser bem documentadas, efetivamente transparentes e oferecer a usuários processos devidos de notificação e contraditório, tal como em outras ações de moderação de conteúdo[10].

Conclusão

Embora existam instrumentos internacionais consolidados no que se refere aos direitos autorais, a observância da lei norte-americana, considerando-se ainda menções diretas à normativa da União Europeia, evidencia maior respeito aos parâmetros desses atores na matéria. Isto reflete aspectos geopolíticos, como industrialização, produção artística e cultural, transferência de tecnologia e consumo. Revela, ainda, a necessidade de atualizações legislativas, como da brasileira referente a direitos

[10] Ibidem.

autorais, mais voltadas para as dinâmicas online e dedicadas ao exercício compartilhado da jurisdição sobre o conteúdo que circula globalmente pela internet.

Referências

ARAÚJO, Nádia De. *Direito Internacional Privado: Teoria e Prática Brasileira*. Porto Alegre: Revolução e Book, 2016.

BRASIL. *Decreto 1355, de 30 de dezembro de 1944*. Disponível em: <http://www.planalto.gov.br/ccivil_03/decreto/antigos/d1355.htm>. Acesso em: 02 de abril de 2022.

BRASIL. *Decreto 75.699, de 6 de maio de 1975*. Disponível em: <http://www.planalto.gov.br/ccivil_03/decreto/1970-1979/d75699.htm>. Acesso em: 02 de abril de 2022.

BRASIL. *Lei 9.610, de 19 de fevereiro de 1998*. Disponível em: <http://www.planalto.gov.br/ccivil_03/leis/l9610.htm>. Acesso em: 15 de abril de 2022.

BRASIL. *Lei 12.965, de 23 de abril de 2014*. Disponível em: <http://www.planalto.gov.br/ccivil_03/_ato2011-2014/2014/lei/l12965.htm>. Acesso em: 15 de abril de 2022.

BRASIL. *Decreto 9289, de 21 de fevereiro de 2018*. Disponível em: <http://www.planalto.gov.br/ccivil_03/_ato2015-2018/2018/decreto/D9289.htm>. Acesso em: 02 de abril de 2022.

CORREA, Carlos M. (ed) *Research Handbook on the Interpretation and Enforcement of Intellectual Property Under WTO Rules*: Intellectual Property in the WTO. Vol. 2. Cheltenham/UK: Edgar Elgar, 2010.

DIGITAL 2022. *Report Brazil*. 2022. Disponível em: <https://datareportal.com/reports/digital-2022-brazil>. Acesso em: 17 de abril de 2022.

EUA. *Digital Millennium Copyright Act*. 1998. Disponível em: <https://www.copyright.gov/legislation/dmca.pdf>. Acesso em: 17 de abril de 2022.

I&JPN. *Internet & Jurisdiction Policy Network Toolkit Cross-border Content Moderation*. Disponível em: <https://www.internetjurisdiction.net/uploads/pdfs/Internet-Jurisdiction-Policy-Network-21-104-Toolkit-Cross-border-Content-Moderation-2021.pdf>. Acesso em: 15 de abril de 2022.

OMPI. *Guia da Convenção de Berna relativa à proteção das obras literárias e artísticas*. 1971. Disponível em: <https://www.wipo.int/edocs/pubdocs/pt/copyright/615/wipo_pub_615.pdf>. Acesso em: 02 de abril de 2022.

RODRIGUES, Gustavo; KURTZ, Lahis. *Transparência sobre moderação de conteúdo em políticas de comunidade*. Belo Horizonte: Instituto de Referência em Internet e Sociedade, 2020. Disponível em: <https://bit.ly/3nUbXYh>. Acesso em: 12 de abril de 2022.

SVANTESSON, Dan Jerker B.[editor]; *Internet & jurisdição*: relatório de status global 2019 [livro eletrônico] / Núcleo de Informação e Coordenação do Ponto BR; tradução Ana Zuleika Pinheiro Machado. -- 1. ed. -- São Paulo : Comitê Gestor da Internet no Brasil, 2020.

8. O IMPACTO DO DIREITO AUTORAL BRASILEIRO E DAS PLATAFORMAS DIGITAIS NA CULTURA LGBTQIA+ ONLINE

TATIANE GUIMARÃES

> "Não cabe ao Estado fazer cultura, mas, sim, promover o desenvolvimento cultural geral da sociedade. Porque o acesso à cultura é um direito básico de cidadania, assim como o direito à educação, à saúde, à vida num meio ambiente saudável. Porque, ao investir nas condições de criação e produção, estaremos tomando uma iniciativa de conseqüências imprevisíveis, mas certamente brilhantes e profundas já que a criatividade popular brasileira, dos primeiros tempos coloniais aos dias de hoje, foi sempre muito além do que permitiam as condições educacionais, sociais e econômicas de nossa existência."
>
> (Trecho do discurso de posse de Gil no Ministério da Cultura em 2003)

Em 2022, pela primeira vez o Brasil fez um levantamento, por meio do IBGE, sobre a população LGBTQIA+ brasileira[1]. Apesar da possível subnotificação dos dados, pelo menos 2,9 milhões de pessoas de 18 anos ou mais se declararam bissexuais, lésbicas ou gays. Mesmo assim, de acordo com o Relatório do Observatório de Mortes e Violências contra LGBTQIA+, o Brasil é o país que mais mata pessoas LGBTQIA+ no mundo pelo quarto

[1] TOKARNIA, Mariana. *IBGE divulga 1º levantamento sobre homossexuais e bissexuais no Brasil.* Agência Brasil, 25 de mai. 2020.

ano consecutivo, sendo que o total de mortes LGBTQIA+ registradas entre 2020 e 2021 teve um aumento de cerca de 33,33%[2].

Esse quadro contraditório se exterioriza também no ambiente digital. Por um lado, produtores de conteúdo LGBTQIA+ ganham visibilidade e espaço na indústria da criação de conteúdo online, por outro, plataformas denunciam e removem automaticamente seu conteúdo por teoricamente infringir suas políticas de comunidade. A comunidade LGBTQIA+ nunca deixou de ser alvo de opressões, no entanto, quando a sua liberdade de expressão é ameaçada de forma recorrente pelas plataformas digitais, uma análise jurídica com vistas a uma reforma na lei brasileira pode ser útil para garantir regulações que evitem piores consequências.

1. A cultura LGBTQIA+ na sociedade digital

Luiz Roberto de Almeida e Lucilene Cury[3] discorrem e discutem a importância da constituição de uma narrativa identitária para a comunidade LGBTQIA+, a partir de autores como Stuart Hall e Bauman. Os autores mostram como o último apresenta o conceito de identidade como "um grito de guerra usado numa luta defensiva: um indivíduo contra o ataque de um grupo, um grupo menor e mais fraco (e por isso ameaçado) contra uma totalidade maior e dotada de mais recursos (e por isso ameaçadora)", ilustrando a batalha interna e externa pela qual os integrantes da comunidade LGBTQIA+ passam, o processo difícil de luta por sua identidade. Os autores trazem a obra de Hall para frisar o fato de que a identidade sempre será incompleta, estará sempre "em processo"; sendo este processo percebido e preenchido a partir do exterior, por meio, por exemplo, das formas através das quais imaginamos ser vistos por outros.

A produção *cultural mainstream* (artistas que se apresentam nas mídias massivas, em âmbito nacional ou até internacional) toma, então, papel quase que central na formação da nossa identidade, seja pela produção musical, representatividade de corpos em revistas, filmes e séries ou até em

[2] OBSERVATÓRIO DE MORTES E VIOLÊNCIAS CONTRA LGBTI+ NO BRASIL. *Dossiê denuncia 316 mortes e violências de pessoas LGBT em 2021*. 2021.

[3] ALMEIDA, Luiz Roberto de; CURY, Lucilene. O artista e sua importância na constituição de uma narrativa identitária para a comunidade LGBTI. In. URQUID, Vivian et al. (orgs.). *Coleção Pensar a América Latina e o Caribe – Livro II Estado e Lutas sociais na América Latina: sociedade, economia e política*. Editora PROLAM, Fapesp. 2019.

histórias infantis com as quais temos contato quando crianças. A ausência de conteúdo ou/e pessoas LGBTQIA+ na produção *mainstream* afeta muito quem se identifica como parte desta comunidade.

A centralidade da cultura, ressaltada por Stuart Hall, vem sendo denominada "virada cultural", no sentido substantivo, empírico e material da palavra[4], referindo-se a esse poder instituidor de que são dotados os discursos circulantes no circuito da cultura, que transformam a nossa compreensão, explicação e modelos teóricos do mundo[5]. Desde o entendimento de que os discursos se constituem como redes de significações, Hall considera que eles são tomados pelos sujeitos para se autointerpretar e acabam por produzi-los. A interpelação acontece quando o sujeito se reconhece a partir dos discursos. Ele os toma como algo que lhe diz respeito, identifica-se e produz-se como um sujeito daquele modo, compreende e explica a si e ao mundo a partir daquele regime de verdade.

Com a constante evolução das ferramentas de criação e reprodução de conteúdo online, criou-se um espaço em que pessoas se tornam influenciadoras, criam narrativas e produzem obras artísticas e intelectuais de forma livre, barata e rápida. Anderson Guerreiro e Maria Clara Bittencourt[6] mapearam 89 canais no *YouTube*, hoje uma das maiores plataformas de compartilhamento de vídeos, identificados como LGBTQIA+. Em outra pesquisa, o Centro de Ensino e Pesquisa em Inovação, da FGV Direito SP, verificou se e como plataformas de compartilhamento de vídeos, como o *YouTube*, dão voz a grupos vulneráveis, descobrindo, por exemplo, que 75% dos usuários pensam que a existência de temas sobre diversidade no *YouTube* provoca mudanças sociais e individuais. Também foi percebido que 45% dos usuários tiveram impactos diretos em suas vidas por vídeos do *YouTube* relacionados a temas de diversidade[7].

Percebe-se, assim, o papel fundamental que a internet exerce na construção e validação de uma identidade LGBTQIA+. A cibercultura[8] surge

[4] HALL, Stuart. A centralidade da cultura: notas sobre as revoluções culturais do nosso tempo. In: *Educação & Realidade*. jul/dez. 1997. p. 17.

[5] Idem, pp. 15-46.

[6] GUERREIRO, Anderson dos Santos; BITTENCOURT, Maria Clara Aquino. *Ativismo LGBT no YouTube: redes de enfrentamento*. Anagrama, 13(2), 1-16.

[7] CEPI. *CONVERGINDO VOZES DISSONANTES: Liberdade de expressão, grupos vulnerabilizados e desafios à produção cultural online*. 2019.

[8] LÉVY, Pierre. *Cibercultura*. 1ª edição. São Paulo: Editora 34, 1999, p.17

a partir desse espaço fértil para ressignificações socioculturais baseadas por completo em relações de diálogo. A comunidade LGBTQIA+, além de outros grupos vulneráveis, assume esse espaço para se empoderar, se conectar e se identificar. A comunidade LGBTQIA+, inclusive, parece preferir, por exemplo, o *YouTube* como principal plataforma para tratar de temas não representados na mídia *mainstream* e até para se assumirem como LGBTQIA+[9]. A plataforma é vista pela comunidade não só como um ambiente no qual ela consegue se fortalecer e se empoderar, mas, também, como um recurso para "furar a bolha" e expandir o alcance dessas temáticas para além dos círculos de dentro da comunidade.

No entanto, como percebeu o CEPI em sua pesquisa já referida[10], o conteúdo LGBTQIA+ muitas vezes é visto como problemático pelas plataformas. Em entrevista, Janaísa Viscardi comentou ao Centro esse ponto:

> Mas esses temas que são considerados mais sensíveis e que muitas vezes têm ligação com a pauta mais progressista de lidar com discriminação, de falar de preconceito, de falar de oportunidades e possibilidades para as chamadas minorias, esses conteúdos muitas vezes são barrados. Eu já tive vários vídeos meus que param de monetizar. E aí é inevitável... parou de monetizar ele aparece menos. (Janaísa Viscardi, canal Jana Viscardi).

Além disso, em 2019, um grupo de produtores de canais LGBTQIA+ nos Estados Unidos processou o *YouTube* alegando que a plataforma estava discriminando seu conteúdo, por meio da remoção frequente de sua remuneração[11]. Dentre outros pontos, alegam que o *YouTube* remove publicidade de vídeos com palavras consideradas "gatilho", como "gay" ou "lésbica"; frequentemente rotula os vídeos com tema LGBTQIA+ como "sensíveis" ou "maduros"; restringe sua presença nos resultados de busca ou recomendações; e, por fim, não faz o suficiente para filtrar o assédio e o discurso de ódio na seção de comentários.

[9] COSTA, Bruno. *O YouTube virou a plataforma favorita para muitos jovens se assumirem LGBTQ*. Motherboard – Tech by Vice, 28 de junho de 2017.

[10] CEPI. *CONVERGINDO VOZES DISSONANTES: Liberdade de expressão, grupos vulnerabilizados e desafios à produção cultural online*. 2019.

[11] FOX, Chris. *YouTube: LGBT video-makers sue claiming discrimination*. BBC News, 15 de agosto de 2019.

É fato que a cultura LGBTQIA+ está na mira de repressão, mesmo que involuntária, por parte das plataformas. No próximo item, usaremos a lente dos Direitos Autorais para nos instrumentalizar sobre os usos possíveis do instituto jurídico autoral de controle de conteúdo para, então, no último item do ensaio, verificarmos como a cultura LGBTQIA+ está sendo potencializada ou limitada.

2. O paradoxo do direito autoral: limitador ou potencializador da cultura?

No Brasil, a Constituição Federal estabeleceu o Direito Autoral como um direito fundamental, reconhecendo ao criador "o direito exclusivo de utilização, publicação ou reprodução de suas obras, transmissível aos herdeiros pelo tempo que a lei fixar" (art. 5º, XXVII, CF). Já na esfera infraconstitucional, tem-se a Lei 9.610/1998 (Lei dos Direitos Autorais – LDA) e a Lei 9.609/1998 (Lei do Programa de Computador). Na LDA há o reconhecimento expresso da dimensão moral e patrimonial dos direitos autorais (art. 22). Além disso, discute-se a ideia de harmonia entre o interesse privado do autor e o interesse público de acesso às criações, sendo que a LDA apresenta o regime de limites do uso exclusivo (art. 46-48), rol já pacificado como exemplificativo (STJ – Recurso Especial nº 964.040).

Como afirma Carlos Liguori Filho, o Direito Autoral tem como uma de suas principais funções estimular os autores a criar, chamada de função promocional:

> Esta função, chamada de função promocional, é alcançada por meio de um conjunto de direitos e garantias que são conferidos exclusivamente ao criador com relação à utilização e disposição de sua obra. Por meio deles, ao autor é garantido o poder de explorar economicamente sua obra, e a recompensa financeira advinda desta exploração estimularia-o a continuar criando. (LIGUORI FILHO, 2016, p. 22)

Há, por outro lado, a chamada função social do Direito Autoral, caracterizada pelo interesse da sociedade em garantir acesso, disseminação e utilização de obras culturais, assegurados por meio de dispositivos previstos na Constituição Federal (ex.: art. 215). Assim, a função promocional representa os interesses do autor com relação a suas obras (e, subsidiariamente, do detentor dos direitos autorais) e a social representa os interesses da sociedade como um todo com relação ao acesso às obras intelectuais.

Tem-se, assim, que é dever do Estado valorizar a cultura, garantir seu exercício e a difusão das manifestações culturais, bem como assegurar o acesso às fontes de cultura nacional. Retomando o item anterior, o acesso à cultura, portanto, é meio para consubstanciar os direitos de igualdade e identidade individual, cuja finalidade é reafirmar os direitos de gozo das liberdades de manifestação do pensamento, assim como de manifestação e exercício dos direitos políticos, garantindo, deste modo, a efetividade dos direitos sociais e a concretização dos direitos de solidariedade[12].

Assim, percebe-se uma intrínseca relação entre o acesso e exercício da cultura e o desenvolvimento da identidade de comunidades. Da mesma forma, o discurso de Gilberto Gil, que dá início a este ensaio, nos mostra que "o acesso à cultura é um direito básico de cidadania, assim como o direito à educação, à saúde, à vida num meio ambiente saudável". Olhando para a função social dos direitos autorais, esta viria a contribuir com tal projeto. Na prática, entretanto, o que vemos é uma contraposição entre o acesso à cultura e a legislação autoral, o que pode ser tributado à lógica demasiadamente protetivista de nossa lei vigente.

A Lei de Direitos Autorais foi promulgada em 19 de fevereiro de 1998, quando a internet (e a Era Digital como um todo) começava ainda a tomar forma no país, por isso, em muitos aspectos, a lógica que norteou sua estruturação pertencia ainda à era analógica (LIGUORI FILHO, 2016). Por um lado, ela é vista como pouco permissiva; por outro, e principalmente devido à decisão do STJ sobre o rol não exaustivo de exceções às limitações de uso de obras protegidas, podemos entender que há, hoje, uma tendência a interpretarmos mais amplamente o regime protetivo autoral brasileiro. Apesar disso, vigora, ainda, uma forte linha governamental contra a pirataria, que visa, por exemplo, denunciar e bloquear sites que oferecem arquivos piratas de conteúdo pago online[13].

Além disso, temos a problemática aplicação, muitas vezes automática, de diretrizes sobre Direito Autoral de plataformas a casos brasileiros,

[12] SALLES, Maria Beatriz Correa. *A Lei da Cultura e a Cultura da Lei*. 2013. Dissertação (Mestrado). Faculdade de Direito, Universidade São Paulo, São Paulo, 2014, p. 27.

[13] FANTÁSTICO. *Pirataria digital de filmes e séries causa prejuízo de mais de R$ 15 bilhões por ano ao Brasil*. G1, 23 de maio de 2021.

que dependem muito do contexto. Plataformas como *YouTube, Facebook e Instagram* utilizam de bases legislativas estado-unidenses (*Digital Millennium Copyright Act* – DMCA) para justificar e controlar conteúdo postado em seus ambientes virtuais. Também há usos, pelas plataformas, da ideia do fair use como justificativa de controle de conteúdo, instituto criado e utilizado também nos Estados Unidos. Além disso, cada plataforma explica de uma maneira diferente a proteção do Direito Autoral, indicando uma maior flexibilidade no entendimento sobre a temática, a depender do caso[14].

Esses e outros pontos por si só já são alarmantes o suficiente para ser necessária uma maior atenção ao controle de conteúdo via Direito Autoral. Indo além, há riscos de falsos positivos na aplicação das provisões de Direitos Autorais[15]: detentores de direitos e oportunistas se aproveitam da facilidade oferecida para que se denuncie e remova, de forma automática, conteúdo online, ainda que seu uso seja autorizado por lei, o que se soma à lentidão dos recursos internos das plataformas quando se trata de direitos autorais ou das denúncias e análises pelo Judiciário.

Diante deste contexto, analisaremos, por fim, o caso da comunidade LGBTQIA+, verificando como os Direitos Autorais podem enxergar o conteúdo produzido por seus integrantes na internet. Será trazida a ideia da cultura do remix, de forma peculiar à comunidade, percebendo as funções do direito autoral frente à produção cultural desta comunidade.

3. Direito autoral e a comunidade LGBTQIA+ online

A comunidade LGBTQIA+ utiliza o *YouTube* como um espaço para ganhar voz, um espaço seguro para trazer à tona temas que não são encontrados na mídia tradicional e, também, para criar conteúdo e se sustentar no ramo da produção de conteúdo online. No entanto, a prática da cultura do remix, nome dado à cultura digital baseada nos "usos transformativos" de obras protegidas por Direito Autoral, é percebida de diferentes maneiras a partir das diferentes funções deste instituto, fazendo com que a cultura LGBTQIA+ acabe sofrendo com essas diferentes visões.

[14] YOUTUBE. *Regras e Políticas – Direitos autorais*. Disponível em: <https://www.youtube.com/intl/ALL_br/howyoutubeworks/policies/copyright/>

[15] DEPOORTER, Bem; WALKER, Robert Kirk. *Copyright False Positives*. Notre Dame Law Review, vol. 89, issue 1, 2013.

Ao pensar na função promocional, teríamos um grande empecilho à criação e compartilhamento de obras criadas a partir de outras obras. Uma das formas mais usuais de se discutir temas "alternativos" (como os LGBTQIA+) ou/e celebrar o avanço desses temas na mídia tradicional é a produção de vídeos de reação[16], os quais utilizam e analisam conteúdos muitas vezes protegidos, ou vídeos com trechos de diversos conteúdos[17], para ilustrar certa situação em discussão.

Esses usos de trechos de vídeos ou áudios podem muitas vezes ser vistos, por exemplo, pelo *Content ID* – um mecanismo do *YouTube* de identificação automática de vídeos e áudios cadastrados por seus autores para garantirem seus Direitos Autorais – como um uso ilegal, passível de punição. Como o IRIS relatou em seu estudo "Transparência sobre moderação de conteúdo em políticas de comunidade" (2020), o *YouTube* apresenta critérios explícitos de análise contextual para configuração ou não da violação para todos os conteúdos listados como inadequados pela plataforma, exceto para as violações a Direitos Autorais.

No entanto, ao pensar na função social do Direito Autoral, seria possível inverter a lógica: esses usos não competem com a obra original, não impedem ou desincentivam o acesso e visualização da obra original, mas, sim, promovem tanto o interesse nas obras originais, quanto empoderam comunidades e criam um senso de identidade de grupos vulnerabilizados. Como já trazido neste ensaio, o acesso a ferramentas de criação e compartilhamento de cultura é um direito fundamental e deveria ser entendido como tal pelas plataformas, que controlam o conteúdo na prática, o que ocorre, muitas vezes, de forma automatizada.

Conclusões

As plataformas, por serem serviços oferecidos por empresas privadas, regulam de diferentes maneiras a moderação de conteúdo publicado por seus usuários. O problema está na falta de transparência e impossibilidade de discussão sobre as categorias utilizadas para classificar conteúdos como violadores de Direito Autoral, entre outras categorias de conteúdos

[16] PÕE NA RODA. *HÉTEROS REAGEM A RUPAUL'S DRAG RACE (ft. Vagazóide e Rafinha Sanchez) – Põe Na Roda*. Youtube, 2018.

[17] DIVA DEPRESSÃO. **Dic***as de Séries: RuPaul's Drag Race + Análise do cast da Temporada 9*. YouTube, 2017.

problemáticos. Essas regras acabam sendo, muitas vezes, automaticamente aplicadas, sem a análise caso a caso, o que dificulta a criação de um espaço aberto de debates, já que os discursos, principalmente de grupos vulneráveis como da comunidade LGBTQIA+, dependem muito do contexto local, linguístico, cultural e social.

O Direito Autoral, assim, exerce papel fundamental no controle da cultura online hoje. As denúncias processadas em segundos pelas plataformas mostram um descuido nocivo principalmente a grupos vulneráveis como a comunidade LGBTQIA+. Uma nova regulação autoral brasileira pode e deve trazer pautas discriminatórias para o debate público, indo muito além da clássica e importante discussão sobre remuneração de artistas. Temos, portanto, uma oportunidade para avançar pautas já diagnosticadas, e um esforço legislativo para lidar com essas problemáticas poderia tornar o Brasil um bom modelo de regulação e garantia de direitos desses grupos.

Referências

ALMEIDA, Luiz Roberto de; CURY, Lucilene. O artista e sua importância na constituição de uma narrativa identitária para a comunidade LGBTI. In. URQUID, Vivian et al. (orgs.). *Coleção Pensar a América Latina e o Caribe – Livro II Estado e Lutas sociais na América Latina: sociedade, economia e política*. Editora PROLAM, Fapesp. 2019.

CEPI. *CONVERGINDO VOZES DISSONANTES: Liberdade de expressão, grupos vulnerabilizados e desafios à produção cultural online*. 2019. Disponível em: <https://bibliotecadigital.fgv.br/dspace/handle/10438/28623>. Acesso em 23.06.2022.

COSTA, Bruno. *O YouTube virou a plataforma favorita para muitos jovens se assumirem LGBTQ*. Motherboard – Tech by Vice, 28 de junho de 2017. Disponível em: <https://www.vice.com/pt/article/bjxgqa/o-youtube-virou-a-plataforma-favorita-para-muitos-jovens-se-assumirem-lgbtq>. Acesso em 08.06.2022.

DEPOORTER, Bem; WALKER, Robert Kirk. *Copyright False Positives*. Notre Dame Law Review, vol. 89, issue 1, 2013. Disponível em <https://scholarship.law.nd.edu/ndlr/vol89/iss1/7/>. Acesso em 22.06.2022.

DIVA DEPRESSÃO. *Dicas de Séries: RuPaul's Drag Race + Análise do cast da Temporada 9*. YouTube, 2017. Disponível em: <https://www.youtube.com/watch?v=SZv9-lDxMmA>. Acesso em 09.06.2022.

FANTÁSTICO. *Pirataria digital de filmes e séries causa prejuízo de mais de R$ 15 bilhões por ano ao Brasil*. G1, 23 de maio de 2021. Disponível em: <https://g1.globo.com/fantastico/noticia/2021/05/23/pirataria-digital-de-filmes-e-series-causa-prejuizo-de-mais-de-r-15-bilhoes-por-ano-ao-brasil.ghtml>. Acesso em 08.06.2022.

FOX, Chris. *YouTube: LGBT video-makers sue claiming discrimination.* BBC News, 15 de agosto de 2019. Disponível em: <https://www.bbc.com/news/technology-49343823>. Acesso em 08.06.2022.

GUERREIRO, Anderson dos Santos; BITTENCOURT, Maria Clara Aquino. *Ativismo LGBT no YouTube: redes de enfrentamento.* Anagrama, 13(2), 1-16. Disponível em: <https://www.revistas.usp.br/anagrama/article/view/159882>. Acesso em 08.06.2022.

HALL, Stuart. A centralidade da cultura: notas sobre as revoluções culturais do nosso tempo. In: Educação & Realidade. jul/dez. 1997.

LÉVY, Pierre. *Cibercultura.* 1ª edição. São Paulo: Editora 34, 1999.

OBSERVATÓRIO DE MORTES E VIOLÊNCIAS CONTRA LGBTI+ NO BRASIL. *Dossiê denuncia 316 mortes e violências de pessoas LGBT em 2021.* 2021. Disponível em: <https://observatoriomorteseviolenciaslgbtibrasil.org/dossie/mortes-lgbt-2021/>. Acesso em 08.06.2022.

PÕE NA RODA. *HÉTEROS REAGEM A RUPAUL'S DRAG RACE (ft. Vagazóide e Rafinha Sanchez) – Põe Na Roda.* Youtube, 2018. Disponível em: <https://www.youtube.com/watch?v=KVTASwOLdYE>. Acesso em 09.06.2022.

SALLES, Maria Beatriz Correa. *A Lei da Cultura e a Cultura da Lei.* 2013. Dissertação (Mestrado). Faculdade de Direito, Universidade São Paulo, São Paulo, 2014. Disponível em: <https://www.teses.usp.br/teses/disponiveis/2/2140/tde-11022015-081749/pt-br.php>. Acesso em 23.06.2022.

TOKARNIA, Mariana. *IBGE divulga 1º levantamento sobre homossexuais e bissexuais no Brasil.* Agência Brasil, 25 de mai. 2020. Disponível em: <https://agenciabrasil.ebc.com.br/direitos-humanos/noticia/2022-05/ibge-divulga-levantamento-sobre-homossexuais-e-bissexuais-no-brasil>. Acesso em 08.06.2022.

YOUTUBE. *Regras e Políticas – Direitos autorais.* Disponível em: <https://www.youtube.com/intl/ALL_br/howyoutubeworks/policies/copyright/> Acesso em 23.06.2022.

9. O DIREITO AUTORAL DEVE FACILITAR ATIVIDADES EDUCATIVAS

Mariana G. Valente
Victor Pavarin Tavares

Introdução[1]

Maria Vaz,[2] professora de português do ensino fundamental da rede pública da cidade de Campinas, precisou desenvolver soluções criativas para manter o entusiasmo dos estudantes durante a pandemia de COVID-19. Da sua casa, começou a digitalizar e separar trechos de filmes brasileiros antigos que tinha em *Video Home System* (VHS), para ilustrar mudanças no idioma. Depois de alguns meses, durante os quais suas aulas viraram um sucesso e começaram a ser comentadas, ela recebeu uma ligação do diretor da escola. Será que ela não estava se colocando e colocando a escola em risco, quando passava esses trechos em sala de aula, ainda mais transmitindo pela internet? O diretor tinha um amigo advogado que havia dito que a lei não permitia.

Episódios como esse tornaram-se frequentes na pandemia de COVID-19. Com a suspensão das aulas presenciais e a necessidade de adaptação ao ambiente digital, a educação teve que se reinventar. As

[1] Este ensaio foi elaborado em grande parte a partir de uma pesquisa feita anteriormente pelos autores, em conjunto com a pesquisadora Maria Luciano. Ver VALENTE, M; PAVARIN, V.; LUCIANO, M. *Direito Autoral e Educação*: compreendendo a aplicação da lei para práticas educacionais no Brasil, e os debates para um tratado internacional. InternetLab, 2019. Disponível em: http://www.internetlab.org.br/wp-content/uploads/2019/11/2019.07_ArtigoDireitoAutoralEducacao.pdf. Acesso em 25 de março de 2022.

[2] Caso fictício, criado a partir de várias histórias escutadas pelos autores durante a pandemia.

barreiras foram muitas: no Brasil, o acesso à internet e às tecnologias certamente foi o mais fundamental. Entre tanas dificuldades, estudantes e educadores podem se ver diante de um entrave adicional que, contraditoriamente, teve sua origem histórica pautada na ideia de "encorajamento do aprendizado"[3]: o direito autoral.

A intrincada relação entre direito autoral e educação é objeto de debates há muito tempo. A COVID-19 apenas evidencia ainda mais a complexidade das questões envolvidas nessa relação. Por um lado, a educação hoje requer uma multiplicidade relevante de ferramentas e instituições que, em constante evolução, demandam um uso dinâmico de materiais. De outro lado, interpretações restritivas do regime jurídico de direito autoral inibem atividades educacionais desejáveis do ponto de vista do interesse público.

1. O cenário brasileiro

Todas as legislações de direitos autorais no mundo preveem usos permitidos. É uma forma de, dentro do próprio regime de direito autoral, reconhecer que é preciso que alguns usos não sejam controlados pelo criador ou titular de direitos. Os motivos são variados: liberdade de expressão, liberdade de criação, privacidade, e mesmo a noção de que, se o direito autoral quer incentivar um ambiente criativo e diverso, excessiva proteção pode sufocar.

O regime brasileiro de direito autoral é cercado de incertezas quanto à licitude de determinados usos de obras protegidas por direitos autorais, sobretudo quando novas tecnologias vêm ao debate. A despeito de existir uma doutrina cada vez mais expressiva defendendo a ampliação do rol de práticas permitidas, bem como uma jurisprudência animadora (como se verá no ponto 1.2), a letra fria da lei é extremamente restritiva em termos de limitações e exceções para práticas didáticas. Isto faz com que pessoas não informadas sobre a doutrina e jurisprudência recentes tenham dúvidas, e que advogados e advogadas não especializados ou informados

[3] É o que dispunha o Estatuto da Rainha Ana, de 1710. Alguns apontam, no entanto, que essa ideia não passava de pura retórica. Ver: ZIMMERMAN, D. *The Statute of Anne and its Progeny: variations without a theme.* Houston Law Review, v. 47 (2010). Disponível em: <https://houstonlawreview.org/article/4178-the-statute-of-anne-and-its-progeny-variations-without-a-theme>. Acesso em 20 fev. 2022.

deem conselhos restritivos. Muitas vezes, instituições têm medo de permitir certos usos, embora certamente o Judiciário os considerasse lícitos – diante do risco de um processo judicial, "melhor não fazer". A expressão cotidiana desses receios constrói práticas desnecessariamente restritivas, e isso imprime um desequilíbrio entre proteção autoral e acesso, com resultados bem distantes dos objetivos que os legisladores preveem para o direito autoral.

No fim da década de 2000 e início de 2010, reformar a Lei de Direitos Autorais (Lei nº 9.610/1998 – LDA) esteve no horizonte do governo brasileiro. Pensando nos desafios contemporâneos envolvendo o acesso ao conhecimento, o extinto Ministério da Cultura (MinC) apresentou um anteprojeto de lei para discussão. Tal processo, no entanto, foi interrompido pela mobilização de outros temas no Congresso Nacional.[4] Desde então, houve pouco avanço no debate nacional. Quando falamos em educação, para onde deveria ir o debate?

1.1. O que diz a lei

As limitações e exceções aos direitos autorais, que nada mais são que os usos de obras protegidas permitidos a qualquer pessoa, sem a necessidade de um pedido de autorização, são estabelecidas nos arts. 46 a 48 da LDA. Em comparação com a de outros países, a letra da lei no Brasil é bastante restritiva: há poucas previsões expressas. Nos debates de quando a lei foi elaborada, quase não houve quem defendesse as limitações e o interesse público.[5] Há apenas um item que diz respeito à possibilidade de uso integral de uma obra na educação: o art. 46, inc. VI[6], que permite expressamente a representação teatral e a execução musical em estabelecimentos de ensino, para finalidades exclusivamente didáticas.

[4] VALENTE, M; KIRA, B; RUIZ, J. *Marco Civil vs. Copyright Reform – A Comparative Study*. Voice or Chatter? Case Studies. IT for Change, 2017.

[5] Naquele momento, até 1998, não havia ainda um debate organizado em torno da importância do equilíbrio entre proteção e acesso no campo do direito autoral. V. VALENTE, M. *A Construção do Direito Autoral no Brasil*: cultura e indústria em debate legislativo. Belo Horizonte: Ed. Letramento, 2019.

[6] Lei nº 9.610/1998, art. 46: "Não constitui ofensa aos direitos autorais: [...] VI – a representação teatral e a execução musical, quando realizadas no recesso familiar ou, para fins exclusivamente didáticos, nos estabelecimentos de ensino, não havendo em qualquer caso intuito de lucro".

A linguagem restritiva dá margem a várias discussões. Há interpretações no sentido de que a expressão "estabelecimentos de ensino" permitiria apenas a representação teatral em escolas de teatro e a execução musical em escolas de música[7] – apesar de, em nossas pesquisas, não termos encontrado nenhuma decisão judicial nesse sentido. Além disso, a expressão "estabelecimentos de ensino", se interpretada ao pé da letra, poderia comprometer a inclusão de outros ambientes que, embora não se constituam como estabelecimentos tradicionais de ensino, são fundamentais ao processo educacional, especialmente nos dias atuais, como o ensino remoto – mas também espaços educacionais como bibliotecas, museus e projetos educacionais comunitários. Ainda, se a lei somente fala em representação teatral e execução musical, isso poderia querer dizer que a professora Maria Vaz não poderia exibir os clipes audiovisuais que ela preparou? E recitar um poema de Carlos Drummond de Andrade?

Essas suposições parecem absurdas, mas fazem parte do cotidiano enfrentado por professores, escolas e outras instituições que realizam atividades de educação. É de se imaginar quantos projetos já não foram abandonados ou restringidos por causa de receios indesejáveis e muitas vezes desnecessários.

1.2. Como as cortes decidem

Em 2019, no âmbito de um projeto de pesquisa no *InternetLab*, nós buscamos julgados sobre direito autoral e educação em todos os tribunais do país da justiça estadual e federal, bem como no Superior Tribunal de Justiça (STJ) e no Supremo Tribunal Federal (STF).[8] Embora não tenhamos obtido material suficiente para permitir a identificação de uma determinada posição jurisprudencial sobre práticas educacionais e limitações e exceções nas cortes de segunda instância, e ainda que não tenhamos encontrado julgados no STF, o STJ tem apresentado julgados bastante consistentes na interpretação extensiva das limitações e exceções aos direitos autorais em geral, e na educação em particular.

[7] ABRÃO, E. Y. *Direitos de Autor e Direitos Conexos*. Ed. do Brasil: São Paulo, 2002.

[8] VALENTE, M; PAVARIN, V; LUCIANO, M. *Direito Autoral e Educação – compreendendo a aplicação da lei para práticas educacionais no Brasil, e os debates para um tratado internacional*. InternetLab, 2019. Disponível em: <https://www.internetlab.org.br/wp-content/uploads/2019/07/2019.07_ArtigoDireitoAutoralEducacao.pdf>. No artigo, apresentamos a metodologia em detalhes.

Em 2011, o STJ decidiu que as limitações e exceções dispostas na LDA são exemplificativas – ou seja, não se limitam ao que está textualmente previsto.[9] De maneira específica, a Corte negou pretensão do Escritório Central de Arrecadação e Distribuição (ECAD) de cobrar direitos autorais sobre execuções musicais e sonorizações ambientais realizadas pela Mitra Arquidiocesana de Vitória em "celebração da abertura do Ano Vocacional em Escola, evento religioso, sem fins lucrativos e com entrada gratuita". O voto do relator Min. Paulo de Tarso Sanseverino apontou que o direito autoral deve ser ponderado com outros direitos fundamentais, de acordo com a regra dos três passos – constante, de forma ligeiramente diferente, na Convenção da União de Berna de 1886 (CUB) e no Acordo sobre Aspectos dos Direitos de Propriedade Intelectual Relacionados ao comércio (TRIPs).[10] A decisão foi posteriormente corroborada no próprio STJ[11] e no Enunciado 115 da Jornada de Direito Comercial do Conselho da Justiça Federal.[12] É possível afirmar que vem se formando uma jurisprudência consistente nesse sentido.

2. O cenário internacional

Se, no cenário nacional, os debates em torno da reforma do regime de direito autoral praticamente não avançaram desde a mobilização do MinC em 2010, movimentações relevantes têm ocorrido no âmbito da Organização Mundial da Propriedade Intelectual (OMPI). Isso tem ocorrido principalmente no *Standing Committee On Copyrights and Related Rights* (SCCR), em que, desde 2012, tem-se debatido a elaboração de

[9] STJ, *DJ* 25 mai. 2011, REsp nº 964.404/ES, Rel. p/ acórdão Min. Paulo de Tarso de Sanseverino.

[10] Tanto a CUB como o TRIPs destinam a regra dos três passos a casos especiais, em que não haja conflito com a exploração normal da obra nem prejuízos injustificáveis aos interesses legítimos dos autores.

[11] STJ, *DJ* 09 set. 2013, REsp nº 1.320.007/SE, Rel. p/ acórdão Min. Nancy Andrighi.

[12] "ENUNCIADO 115 – As limitações de direitos autorais estabelecidas nos arts. 46, 47 e 48 da Lei de Direitos Autorais devem ser interpretadas extensivamente, em conformidade com os direitos fundamentais e a função social da propriedade estabelecida no art. 5º, XXIII, da CF/88." Sobre a importância dessas decisões e um detalhamento delas, ver tanto Valente, Pavarin e Luciano (2018, nota 8) quanto ROCHA DE SOUZA, A. AMIEL, T. *Direito Autoral e Educação Aberta e a Distância: Perguntas e Respostas*. V1.0. Iniciativa Educação Aberta, 2020.

um acordo internacional, tanto nas reuniões ordinárias[13] quanto em seminários regionais e conferências internacionais.[14] Grupos da sociedade civil (incluindo a *Wikimedia*, o *Creative Commons* e a *Education International*) chegaram a propor um texto modelo para o tratado, o *Civil Society Proposed Treaty on Copyright Exceptions for Educational and Research Activities* (TERA),[15] com regras mínimas de permissões que os Estados deveriam adotar, especialmente tendo em vista usos transfronteiriços – que ficam cada vez mais comuns com o ensino online.

Na Europa, em meio a um processo legislativo conturbado, a Diretiva da União Europeia sobre Direitos de Autor foi aprovada em 2019. Embora a maior parte das discussões tenha se voltado a outros temas, a pauta educacional foi levada ao Parlamento Europeu por ativistas, sociedade civil e pesquisadores. Em seu art 5º, a Diretiva exige que os Estados-membros introduzam em seus ordenamentos limitações e exceções que possibilitem atividades digitais e transfronteiriças na educação, desde que sem objetivo comercial, para fins de ilustração didática e na medida

[13] O SCCR se reuniu duas vezes durante a pandemia – nas 40ª (SCCR/41) e 41ª (SCCR/41) sessões, ambas realizadas em formato híbrido. A 42º sessão (SCCR/42) ocorrerá entre os dias 9 e 13 de maio de 2022, também de maneira híbrida. Ver: <https://www.wipo.int/meetings/en/topic.jsp?group_id=62>. Acesso em 16 mar. 2022. Na SCCR/41, o Grupo Ásia-Pacífico propôs a realização de uma sessão informativa na SCCR/42 sobre o impacto da pandemia nos direitos autorais. Além disso, a pauta das limitações e exceções para instituições educacionais e de pesquisa, bem como para pessoas com deficiência, será mantida na agenda da SCCR/42. Ver: SCCR/41/SUMMARY BY THE CHAIR, disponível em <https://www.wipo.int/meetings/en/doc_details.jsp?doc_id=545091>. Acesso em 16 mar. 2022.

[14] Em 2018, durante o SCCR/36, os Estados-membros da OMPI adotaram um plano de ação sobre limitações e exceções. Ver: SCCR/36/7, disponível em: <https://www.wipo.int/edocs/mdocs/copyright/en/sccr_36/sccr_36_7.pdf>. Acesso em 16 mar. 2022. O plano previu a organização de até três seminários regionais e uma conferência internacional sobre limitações e exceções de direitos autorais para instituições de educação e pesquisa, bibliotecas, arquivos e museus. Todos os seminários e a conferência foram realizados em 2019: entre 29 e 30, ocorreu, em Cingapura, o seminário regional para o Grupo Ásia-Pacífico; entre 12 e 13 de junho, ocorreu, em Nairobi, o seminário regional para o Grupo Africano; entre 5 e 6 de julho, ocorreu, em Santo Domingo, o seminário regional para o Grupo da América Latina e Caribe; entre 18 e 19 de outubro, ocorreu a conferência internacional em Genebra. Ver: SCCR/40/2 (*Report on Regional Seminars and International Conference on Limitations and Exceptions*), disponível em <https://www.wipo.int/meetings/en/doc_details.jsp?doc_id=515597>. Acesso em 16 mar. 2022.

[15] Disponível em: <http://infojustice.org/tera>. Acesso em 08 mar. 2022.

justificada pelo uso.[16] A despeito dos avanços, alguns aspectos da Diretiva foram considerados problemáticos por atores que mobilizaram o debate educacional durante o processo legislativo.[17]

3. Educação e a pandemia de COVID-19

Antes da pandemia, poucas pessoas haviam ouvido falar em *Zoom, Teams, BigBlueButton*. Marcar uma reunião online era justificável raramente, e normalmente entre pessoas em países diferentes, e assistir a uma aula ou palestra online parecia algo excepcional. A Educação a distância (EAD) já é uma realidade há muitos anos, mas não fazia parte da educação de forma ampla e irrestrita.

No Brasil, a adoção generalizada do modelo online por causa das regras de isolamento e distanciamento social encontrou barreiras principalmente sociais, econômicas e tecnológicas. De acordo com a pesquisa "COVID-19 e o acesso à educação nas 16 favelas da Maré: impactos nos anos finais do ensino fundamental e no ensino médio", mais de 70% dos alunos de uma amostra de escolas públicas localizadas no Conjunto de Favelas da Maré, no Rio de Janeiro, afirmaram que aprenderam pouco (48%) ou nada (26%) nos dois primeiros anos da pandemia.[18] A fala de um aluno do Ensino Fundamental reproduzida na pesquisa reflete a experiência de muitos estudantes brasileiros nesse período: "Eu não consegui, eu não estudei. Eu não vou ser falso, fingir que eu fui um ótimo aluno. Eu estou boiando no 7º ano. Eu não vou mentir para a senhora, eu realmente não estudei".[19]

[16] Vale destacar que, nos termos das alíneas "a)" e "b)" do art. 5º, a utilização do material deve sempre vir acompanhada da indicação da fonte e pode ocorrer em qualquer local de ensino, inclusive em "meio eletrónico seguro acessível apenas pelos alunos, estudantes e pessoal docente do estabelecimento de ensino".

[17] NOBRE, T. *The education exception was gutted during the Trilogues*. Communia, 27 fev. 2019. Disponível em: <https://www.communia-association.org/2019/02/27/education-exception-gutted-trilogues/>. Acesso em 08 mar. 2022.

[18] Redes da Maré e Instituto Itaú Unibanco. *Covid-19 e o acesso à educação nas 16 favelas da Maré: impactos nos anos finais do ensino fundamental e no ensino médio*. Rio de Janeiro, 2022, p. 4. Disponível em: <https://observatoriodeeducacao.institutounibanco.org.br/cedoc/detalhe/covid-19-e-o-acesso-a-educacao-nas-16-favelas-da-mare-impactos-nos-anos-finais-do-ensino-fundamental-e-no-ensino-medio,43e8e512-94d5-4b4d-91e0-6547318488ab>. Acesso em 05 mar. 2022.

[19] Ibidem.

Acesso deficitário à internet e a computadores, problemas com o apoio familiar e complicações na saúde física e mental são algumas das barreiras analisadas pela pesquisa. O estudo também analisa o cenário a partir da perspectiva dos professores, sobretudo no que se refere à motivação e à necessidade de adaptação ao ensino remoto com o uso de tecnologias digitais.

Diante de todas essas dificuldades, o direito autoral não deveria aparecer como um obstáculo adicional à educação. Pelo contrário: o direito autoral deve servir ao seu propósito original de impulsionar o acesso ao conhecimento e a criatividade – e esta também depende da educação. Hoje, não é possível entender que o que o direito autoral permite aos professores é somente o que está previsto explicitamente pelo artigo 46, VI da Lei de Direitos Autorais – o STJ tem sido bastante explícito nesse sentido. No entanto, enquanto a legislação não refletir textualmente esses avanços, muitas situações como a de Maria Vaz continuarão a acontecer.

Um recurso importante para orientar professores e professoras, pensando nas dificuldades e incertezas que apontamos, e diante da inadequação do regime brasileiro para lidar com o ambiente digital, é o guia que prepararam Allan Rocha de Souza e Tel Amiel, durante a pandemia: "Direito Autoral e Educação Aberta e a Distância: Perguntas e Respostas".[20] O material, com olhares voltados ao contexto emergencial da COVID-19, auxilia os educadores na tomada de decisões quanto ao uso de obras protegidas por direitos autorais no ensino remoto e à proteção das gravações de aulas – e contribui com a dissolução de alguns daqueles receios injustificados.

Conclusões

Professores e estudantes lidam com impasses de direito autoral todos os dias. A COVID-19 apenas reforçou a necessidade, defendida há anos por pesquisadores, sociedade civil, ativistas e atores envolvidos no processo educacional, de ampliação do escopo das limitações e exceções para a educação na legislação. A adoção disseminada do ensino remoto ou de modelos híbridos por instituições ao redor do mundo sugere que o "novo normal", ao menos na educação, veio para ficar.

[20] ROCHA DE SOUZA, A. AMIEL, T. *Direito Autoral e Educação Aberta e a Distância: Perguntas e Respostas*. V1.0. Iniciativa Educação Aberta, 2020. Disponível em: <https://aberta.org.br>. Acesso em 20 fev. 2020.

No cenário nacional, é certo que uma lei do final da década de 90, que não recebeu as devidas adaptações, é insuficiente para lidar com o quadro atual. A LDA exige mudanças à altura dos desafios contemporâneos colocados aos atores envolvidos no processo educacional. Do ponto de vista internacional, é fundamental que o Brasil se engaje nos debates conduzidos pela OMPI, sobretudo no que se refere à adoção de um tratado internacional, com o objetivo de facilitar o uso transfronteiriço de obras e estabelecer garantias mínimas em diferentes países para as práticas educacionais. Mas, sobretudo, que a reforma do direito autoral dê a educadores a segurança de que precisam para educar no contexto do século XXI.

Referências

ABRÃO, E. Y. *Direitos de Autor e Direitos Conexos*. Ed. do Brasil: São Paulo, 2002.

BRASIL. Superior Tribunal de Justiça. REsp nº 964.404/ES, Rel. p/ acórdão Min. Paulo de Tarso de Sanseverino.

BRASIL. Superior Tribunal de Justiça. REsp nº 1.320.007/SE, Rel. p/ acórdão Min. Nancy Andrighi.

Civil Society Proposed Treaty on Copyright Exceptions for Educational and Research Activities. Disponível em: <http://infojustice.org/tera>. Acesso em 08 mar. 2022.

Decreto nº 75.699/1975 (Promulga a Convenção de Berna para a Proteção das Obras Literárias e Artísticas, de 9 de setembro de 1886, revista em Paris, a 24 de julho de 1971). Disponível em: <http://www.planalto.gov.br/ccivil_03/decreto/1970-1979/d75699.htm>. Acesso em: 20 fev. 2022.

Decreto nº 1.355/1994 (Acordo TRIPS). Disponível em: <https://www.gov.br/inpi/pt-br/backup/legislacao-1/27-trips-portugues1.pdf>. Acesso em: 20 fev. 2022.

Enunciado 115 da III Jornada de Direito Comercial. Disponível em: <https://www.cjf.jus.br/cjf/noticias/2019/06-junho/iii-jornada-de-direito-comercial-e-encerrada-no-cjf-com-aprovacao-de-enunciados>. Acesso em: 20 fev. 2022.

Lei nº 9.610/1998. Disponível em: <http://www.planalto.gov.br/ccivil_03/leis/l9610.htm>. Acesso em: 20 fev. 2022.

NOBRE, T. *The education exception was gutted during the Trilogues*. Communia, 27 fev. 2019. Disponível em: <https://www.communia-association.org/2019/02/27/education-exception-gutted-trilogues/>. Acesso em 08 mar. 2022.

Redes da Maré e Instituto Itaú Unibanco. *Covid-19 e o acesso à educação nas 16 favelas da Maré: impactos nos anos finais do ensino fundamental e no ensino médio*. Rio de Janeiro, 2022. Disponível em: <https://observatoriodeeducacao.institutounibanco.org.br/cedoc/detalhe/covid-19-e-o-acesso-a-educacao-nas-16-favelas-da-mare-

impactos-nos-anos-finais-do-ensino-fundamental-e-no-ensino-medio,43e8e512-94d5-4b4d-91e0-6547318488ab>. Acesso em 05 mar. 2022.

ROCHA DE SOUZA, A. AMIEL, T. *Direito Autoral e Educação Aberta e a Distância: Perguntas e Respostas.* V1.0. Iniciativa Educação Aberta, 2020. Disponível em: <https://aberta.org.br>. Acesso em 20 fev. 2020.

SCCR/36/7. Disponível em: <https://www.wipo.int/edocs/mdocs/copyright/en/sccr_36/sccr_36_7.pdf>. Acesso em 16 mar. 2022.

SCCR/40/2 (*Report on Regional Seminars and International Conference on Limitations and Exceptions*), disponível em <https://www.wipo.int/meetings/en/doc_details.jsp?doc_id=515597>. Acesso em 16 mar. 2022.

SCCR/41/SUMMARY BY THE CHAIR. Disponível em <https://www.wipo.int/meetings/en/doc_details.jsp?doc_id=545091>. Acesso em 16 mar. 2022.

VALENTE, M. *A Construção do Direito Autoral no Brasil*: cultura e indústria em debate legislativo. Belo Horizonte: Ed. Letramento, 2019.

VALENTE, M; KIRA, B; RUIZ, J. *Marco Civil vs. Copyright Reform – A Comparative Study.* Voice or Chatter? Case Studies. IT for Change, 2017.

VALENTE, M; PAVARIN, V; LUCIANO, M. *Direito Autoral e Educação – compreendendo a aplicação da lei para práticas educacionais no Brasil, e os debates para um tratado internacional.* InternetLab, 2019. Disponível em: <https://www.internetlab.org.br/wp-content/uploads/2019/07/2019.07_ArtigoDireitoAutoralEducacao.pdf>. Acesso em 20 fev. 2022.

ZIMMERMAN, D. *The Statute of Anne and its Progeny: variations without a theme.* Houston Law Review, v. 47 (2010). Disponível em: <https://houstonlawreview.org/article/4178-the-statute-of-anne-and-its-progeny-variations-without-a-theme>. Acesso em 20 fev. 2022.

10. É POSSÍVEL EVITAR PROBLEMAS COM DIREITOS AUTORAIS EM DINÂMICAS DE ENSINO E APRENDIZAGEM NO ENSINO HÍBRIDO?

ALEXANDRE HENRIQUE TAVARES SALDANHA

Introdução

Este trabalho, em tom mais ensaístico, pretende discutir, e proporcionar discussões, a respeito da necessidade de melhores trabalhos legislativo, jurisprudencial e doutrinário sobre a incidência de direitos autorais em obras decorrentes de processos de ensino e aprendizagem, em especial quando inseridas em contexto digital, tal como ocorre com o ensino remoto. A proposta é a de analisar pontos que podem ser considerados problemáticos dos direitos autorais em produtos educacionais e questionar um pouco mais a fundo tais temas envolvendo práticas em ambiente digital.

Independentemente de internet e ensino remoto, há pontos envolvendo ensino, aprendizagem, orientação e desenvolvimento de trabalhos de conclusão de curso que geram dúvidas, posicionamentos divergentes e discussões sobre a incidência dos direitos autorais sobre tais produções. E a legislação autoral não colabora muito com a questão, pois, para tais problemas, cria normas não muito claras e diretrizes derivadas de interpretações sistemáticas e trabalhos hermenêuticos específicos.

Com o amadurecimento das práticas educacionais realizadas em ambiente digital, que se tornaram ainda mais usuais e intensas com o isolamento social decorrente da pandemia de COVID-19, diversas questões sobre proteção legal às manifestações e obras derivadas de momentos acadêmicos adquiriram ainda maior complexidade, e, consequentemente, maior relevância no cenário de discussões e perspectivas envolvendo direitos autorais. Contando com a hipótese de amadurecimento do que vem sendo chamado de ensino híbrido, tais problemas deverão tornar-se mais frequentes, daí a necessidade de discutirmos e procurarmos entendimentos para servirem de diretrizes a futuras normas legais ou posicionamentos jurisprudenciais. Para chegar a alguma conclusão, vamos antes passar por pontos necessários à melhor compreensão da questão. Vamos lá.

1. Aulas e orientações de trabalho de conclusão de curso estão protegidas por direitos autorais?

É relativamente comum que surjam dúvidas a respeito da incidência e da titularidade de direitos autorais sobre manifestações em sala de aula e sobre as obras produzidas por discentes sob orientação de docentes. Destas situações emergem questões como: minhas aulas estão protegidas por direitos autorais? Quando meu aluno compartilha as anotações que fez da minha aula, isto não viola direitos autorais? Orientadores são coautores dos trabalhos que orientam? São, claro, perguntas referentes a situações diferentes, mas que exigem a análise de aspectos semelhantes para o alcance de respostas.

Em primeiro lugar, é necessário lembrarmos de uma das primeiras lições que aprendemos quando estudamos direitos autorais. Qual seja? A de que não há direitos autorais sobre ideias, ou, invertendo, a de que ideias não estão protegidas por direitos de autor. Trata-se de previsão expressa no inciso I do artigo 8º da lei de direitos autorais ao informar que as ideias não são consideradas objeto de proteção por direitos autorais. De forma implícita, há nesta previsão legal o objetivo de explicar que ideias em plano abstrato e sem detalhamentos são livres e qualquer pessoa pode abordá-las, e ainda que a ideia de alguém só receberá proteção legal quando for originalmente exteriorizada.[1] Em suma, e interpretando sistematicamente legislação e trabalho doutrinário, nossas produções intelectuais só estarão protegidas por direitos autorais quando forem exteriorizadas e quando esta exteriorização envolver abordagem criativa que caracterize originalidade. O que não significa que necessariamente

[1] BARBUDA, Ciro de Lopes e. *Princípios do direito autoral*. Rio de Janeiro: Ed. Lumen Juris, 2015. Página 226.

haja uma invenção, ou uma inovação intelectual plena. Tais requisitos devem ser entendidos como exigências de genuinidade e de autenticidade na abordagem dada pela pessoa criadora.[2]

Tais considerações nos ajudam a responder à questão sobre proteção autoral de aulas? Sim, ao menos como hipótese cabível. Imaginemos que eu seja um bom professor de disciplina dogmática jurídica, dando aulas expositivas e realizando atividades pedagógicas sobre temas previstos na doutrina aplicável. Por mais que a minha aula seja interessante e eficiente, e por mais que eu talvez inove na metodologia de ensino e aprendizagem, não há trabalho intelectual criativo sobre o tema em si, não há transformação original nem acréscimos inovadores sobre os assuntos abordados. Ou seja, por mais que haja uma forma de exteriorização, não há abordagem criativa que caracterize originalidade para fins de incidência de direitos autorais. E isto precisa estar bastante claro na legislação e jurisprudência, para evitar problemas em ambientes acadêmicos.

Outra dúvida sobre direitos autorais em dinâmicas de ensino, aprendizagem e produção científica é se há coautoria entre orientadores e orientandos nos trabalhos de conclusão de curso, em especial os de nível de pós-graduação. O problema envolve a creditação em publicações destes trabalhos, se há necessidade, ou até mesmo se é coerente, que os orientadores constem como titulares de direitos autorais nos trabalhos produzidos e publicados por seus orientandos.

A resposta para tal questão passa pela mesma diretriz que norteou a resposta anterior sobre incidência de proteção legal às aulas. Ou seja, em trabalhos de orientação acadêmica, há, hipoteticamente, trocas de ideias, sugestões, correções e alinhamentos teóricos. Tudo isto, na perspectiva da proteção autoral, está no plano das ideias, e, como vimos, sobre ideias não incidem direitos autorais.

Não há na legislação autoral regras detalhadas sobre a cotitularidade de obras protegidas por direitos. Há uma previsão no artigo 15 da lei de direitos autorais informando que a coautoria será atribuída àqueles que assim forem apresentados. Para o sistema de direitos autorais, a atribuição de autoria produz relevantes efeitos práticos. Uma primeira

[2] BARBUDA, Ciro de Lopes e. *Princípios do direito autoral.* Rio de Janeiro: Ed. Lumen Juris, 2015.Página 228.

função da atribuição de créditos de autoria está em apresentar a ligação real existente entre pessoa que cria com sua criação, e outra função está na concessão de propriedade da obra criada[3]. A ilicitude surge então quando alguém que não participa realmente da criação intelectual da obra recebe créditos por isto, o que faz recair em problemas éticos que fogem dos limites deste trabalho. Orientadores publicam trabalhos em coautoria com seus orientandos mesmo sem assim merecer? Talvez. No entanto, isto precisaria ser provado por uma vasta pesquisa empírica, que não será realizada neste ensaio. Além disso, seria necessário discutir outros problemas também polêmicos, como o produtivismo científico que está envolvido em ambientes acadêmicos.

Então, como premissa que permita o desenrolar deste ensaio, vamos concluir que não há titularidade de direitos por parte dos orientadores de trabalhos científicos pelas mesmas razões que justificam a não proteção às aulas. Não há originalidade ou exteriorização que a justifique.

Isso pode se tornar ainda mais problemático no contexto do ensino remoto, utilizando da internet nos processos de ensino e aprendizagem? Teria como o sistema de direitos autorais colaborar com a solução para estas questões tão comuns em dinâmicas acadêmicas? Continuaremos discutindo nos próximos pontos.

2. As práticas de ensino e aprendizagem realizadas em ambiente digital passam pelos mesmos problemas e dúvidas envolvendo direitos autorais?

Costuma-se relacionar a expressão "ensino híbrido" com a mistura de práticas de ensino e aprendizagem presenciais e remotas, estas valendo-se da internet como ambiente pedagógico. Não que esta compreensão esteja incorreta, mas é, de certa forma, insuficiente. As questões que caracterizam o ensino híbrido não se reduzem ao uso de metodologias ativas e a práticas realizadas online[4], uma vez que toda prática educacional é híbrida no sentido de misturar experiências pessoais, atividades diferentes, espaços físicos diferentes, além de diferentes esferas sociais e posicionamentos

[3] SANTOS, Manoel J. Pereira D. *Direito autoral.* Editora Saraiva, 2020. Página 20.

[4] MORAN, José. *Educação híbrida: um conceito chave para a educação, hoje. In:* BACICH, Lilian; NETO, Adolfo T.; TREVISANI, Fernando de M. Ensino Híbrido. Porto Alegre: Ed. Penso, 2015. Página 28.

políticos, ideológicos etc.[5] Ou seja, a educação sempre foi híbrida, mas o uso deste conceito só se tornou mais comum quando passou a existir mais interação entre ensino desconectado da internet e ensino conectado ao ambiente digital.

Apontado como grande tendência do ensino no século XXI, o ensino híbrido (compreendido em sua contemporaneidade) procura reunir práticas pedagógicas conectadas e desconectadas, no intuito de aproveitar o que cada ambiente tem de bom e pode oferecer para potencializar o ensino, provocando reflexões sobre modelos pedagógicos e sua eficácia.[6] Com o isolamento social provocado pela pandemia da COVID-19, as práticas envolvendo ensino remoto conectado pela internet se tornaram habituais. Para além disto, o uso das tecnologias digitais e da rede mundial de computadores no ensino e aprendizagem segue como tendência, devendo, inclusive, ser incentivado em decorrência de características geracionais e por favorecer uma série de elementos do processo educacional, a exemplo do acesso à informação, do compartilhamento do conhecimento e da interação que o ambiente digital proporciona.

Entretanto, tais práticas educacionais podem, sim, fazer com que sejam mantidos, e até mesmo potencializados, os problemas com direitos autorais referentes a momentos acadêmicos. Explico meu ponto de vista. Com as práticas de ensino remoto fazendo uso da internet como ambiente de ensino e aprendizagem, surgiram hipóteses de gravação e compartilhamento das aulas ministradas por docentes, além de mais momentos de compartilhamento de conteúdo científico e de contato entre professores e alunos à distância.

Uma aula expositiva realizada em sala física ocorre em momento específico e em espaço limitado. No entanto, uma aula realizada pela internet pode se transformar em mídia digital e pode ser compartilhada por uma quantidade incalculável de pessoas. Isto pode intensificar as discussões sobre a aula estar ou não estar protegida por direitos autorais para verificar se tal compartilhamento pode ser feito ou se representa violação legal. Ao menos em hipótese, professores e professoras poderão

[5] Ibid, página 27.

[6] FURQUIM, Darcy. *Ensino híbrido: o que é e como pode ser usado na escola*. Publicado em: escolasdisruptivas.com.br, 2019. Acessado em 31.03.2022 no link: https://escolasdisruptivas.com.br/metodologias-inovadoras/ensino-hibrido-o-que-e-e-como-pode-ser-usado-na-escola/.

reivindicar direitos sobre suas aulas para impedir que haja difusão. Daí a necessidade de legislação, regimentos institucionais e jurisprudência enfrentarem a questão.

Além disso, as práticas educacionais potencializadas pela internet permitem alto fluxo de informação, possibilitando amplo acesso e, consequentemente, amplo compartilhamento. Este "dilúvio de informação" (expressão utilizada por Pierre Lèvy em seu livro "Cibercultura") é bastante positivo em vários pontos, a exemplo da disseminação de informação, mas, ao mesmo tempo, potencializa problemas, como o da lógica fechada que permeia a proteção dada por direitos autorais ao conteúdo que está protegido por eles. Esta clausura não é compatível com as culturas de conexão e de compartilhamento próprias do uso da internet. Então, em resumo, se não especificarmos melhor quais são as exceções previstas pelos direitos autorais quanto aos recursos educacionais, problemas com plágio e com usos não autorizados tendem a se intensificar.

Por fim, a internet permitir maior conectividade entre as pessoas pode, sim, acarretar problemas envolvendo titularidade de direitos. Como vimos no item anterior, há questões imprevistas pela legislação e não muito bem reguladas pelos direitos autorais no que diz respeito aos produtos dos processos de orientação de trabalhos de conclusão de curso. Não há regras muito específicas sobre quem pode ser indicado como coautor, o que pode gerar problemas entre orientadores e orientandos. Com a rede mundial de computadores, tal problema pode adquirir escala global. Como assim? Eu, morando no Nordeste do Brasil, posso orientar ou ser orientado por alguém que mora na Irlanda, na Nigéria, na Austrália etc. Há, ainda, a possibilidade de que eu haja de má-fé e publique trabalhos em coautorias inexistentes que dificilmente serão descobertas. Surge, daí, a necessidade de trocas normativas entre os países visando à uniformização de suas respectivas legislações quanto à titularidade de direitos em processos de orientação acadêmica, o que, convenhamos, é bastante improvável.

O ensino híbrido deve realmente se tornar uma realidade mais madura em breve, e as vantagens são inúmeras e bem-vindas. Contudo, se já precisávamos de renovação em nossas normas de direitos autorais por causa da internet, estas práticas de ensino e aprendizagem que se valem de ferramentas digitais provocam maior urgência de reflexão sobre diversos pontos envolvendo as dinâmicas educacionais. Se fora do ambiente virtual já não sabemos exatamente quais são as ideias que não estão protegidas, se não sabemos definir com objetividade os limites do compartilhamento de material pedagógico e como identificar ao certo quem é coautor e quem não é, tais questões se tornam ainda mais complexas com a rede mundial de computadores. Então, enquanto sistema de direitos de autor, teremos problemas. E o que podemos fazer quanto a isso? É o que será discutido no último ponto.

Conclusões

O propósito deste artigo é colaborar para que haja mais discussões e amadurecimentos sobre os problemas aqui abordados. Sem qualquer pretensão de chegar a reais conclusões, procurou-se expor minimamente problemas envolvendo processos de ensino e aprendizagem com direitos autorais e contextualizar tais problemas, inserindo-os nas práticas educacionais realizadas em, ou com, ambiente digital.

Vimos, então, no ponto 1, que o atual sistema de proteção autoral (por sistema, entende-se legislação, jurisprudência e doutrina) sofre em regular certas questões pontuais das práticas acadêmicas educacionais, uma vez que ainda surgem dúvidas sobre a incidência de direitos sobre produções de nosso intelecto, como as aulas que damos, e sobre a titularidade colaborativa de direitos das obras científicas, como a questão da coautoria entre orientadores e orientandos. Em seguida, vimos, no ponto 2, que o ensino envolvendo a internet como ambiente pedagógico pode intensificar tais problemas com direitos autorais, devido a peculiaridades e potencialidades próprias da rede mundial de computadores. Considerando que o uso da internet nas práticas educacionais é uma tendência crescente e não dá sinais de que irá retroceder (ainda mais considerando a experiência digital imersiva provocada pela pandemia do coronavírus), espera-se que muitos problemas envolvendo direitos autorais ainda surjam. E então?

É praticamente impossível que problemas jurídicos sejam evitados por completo, pois o fato de existir amparo normativo nunca fez com que deixassem de ocorrer violações legais. No entanto, os problemas mencionados acima podem ser "suavizados" com algumas iniciativas, sejam elas legislativas, doutrinárias ou mesmo educacionais. No que diz respeito à legislação, a necessidade de rever nossa lei de direitos autorais já se apresenta há algum tempo. Esta revisão se torna necessária para compatibilizar as normativas com um novo personagem (ou um novo ambiente), que é a rede mundial de computadores, a qual fez surgir diversas novas questões autorais que carecem de reflexão. Seja nas exceções, seja nos direitos difusos ou mesmo nas previsões envolvendo titularidade, é necessário que a lei de direitos autorais se renove para não recair em anacronismos que tolham sua eficácia normativa. Nesta revisão legal, podemos aprofundar conceitos (como o de "ideia") e detalhar melhor as exceções (como as envolvendo os "Recursos Educacionais Abertos – REAs"), dentre outros aspectos que podem colaborar com o enfrentamento de problemas vindouros.

Quanto à doutrina, é necessário que nós, enquanto pesquisadores e produtores de conteúdo sobre direitos autorais, enfrentemos a fundo as questões aqui levantadas para que realmente colaboremos com o amadurecimento do tratamento jurídico dado a elas, e para que não fiquemos apenas falando em círculos e clubes restritos. Isto só aumenta a alienação da doutrina em relação a problemas reais e colabora com a desconfiança de que a academia não contribui com a solução de problemas que ela mesma identifica. Então, não seria de grande proveito examinarmos mais o que são ideias protegidas ou não protegidas? Que enfrentemos os problemas, inclusive os éticos, relacionados ao produtivismo científico e sua relação com plágio, dentre outros pontos com os quais podemos colaborar.

Por fim, quando foi mencionado que algumas iniciativas educacionais podem contribuir com a mitigação dos problemas destacados, diz-se da possibilidade de que instituições de ensino passem a contemplar direitos autorais como disciplina obrigatória na formação contemporânea em Direito. Pode ser entendido como um anacronismo o fato de que grande parte dos cursos de Direito (ao menos da região Nordeste, na qual me encontro) permaneça prevendo quantidade grande de horas para institutos tradicionais que tendem a se tornar históricos, e não presentes em práticas judiciais, e não preveja disciplinas que tratem da propriedade intelectual. Isto, num cenário de economia criativa, de inovações tecnológicas e de necessidade de assessoria jurídica para tudo, tende a tornar-se algo infrutífero. Fazendo, ainda, com que alunos e alunas interessados no tema e interessados em empreender na advocacia desta área tenham que procurar cursos extras ou aprender autodidaticamente esta disciplina.

Isso poderia realmente ajudar na mitigação dos problemas mencionados? Sim, claro. Quanto mais pessoas estudarem direitos autorais, mais multifacetárias e maduras estarão as discussões científicas sobre temas desta área. Ou seja, é mais fácil encontrarmos soluções com 100 pessoas estudando bem o assunto do que com 3 pessoas, por exemplo. Então, o ensino jurídico tem que fazer sua parte contemplando direitos autorais para que os problemas deste ramo sejam enfrentados por quantidade maior de pessoas e para que, inclusive, haja maior difusão destas discussões. Não ocorrendo isto, podemos discutir entre nós sem qualquer reverberação capaz de produzir transformações úteis e de colaborar com a solução de problemas, sejam eles de hoje ou de amanhã. Agora, quero saber a opinião de vocês. Critiquem! Acrescentem! E vamos conversando.

Referências

BARBUDA, Ciro de Lopes e. *Princípios do direito autoral.* Rio de Janeiro: Ed. Lumen Juris, 2015.

FURQUIM, Darcy. *Ensino híbrido: o que é e como pode ser usado na escola*. Publicado em: escolasdisruptivas.com.br, 2019. Acessado em 31.03.2022 no link: https://escolasdisruptivas.com.br/metodologias-inovadoras/ensino-hibrido-o-que-e-e-como-pode-ser-usado-na-escola/.

MORAN, José. *Educação híbrida: um conceito chave para a educação, hoje.* In: BACICH, Lilian; NETO, Adolfo T.; TREVISANI, Fernando de M. Ensino Híbrido. Porto Alegre: Ed. Penso, 2015.

SANTOS, Manoel J. Pereira D. *Direito autoral.* Editora Saraiva, 2020.

11. USO DE *STREAMING* EM AULAS: CONSIDERAÇÕES SOBRE DIREITOS AUTORAIS E ENSINO

Guilherme Forma Klafke
Deíse Camargo Maito

Introdução

Professores de diferentes níveis de ensino usam em suas aulas cada vez mais recursos audiovisuais, como vídeos, músicas, animações. O uso é tanto uma forma de se conectar com os alunos, sobretudo os nativos digitais, como de explicar conceitos ou fomentar discussões. Os materiais abrem caminhos para muitas formas e estratégias de ensino, tendo em vista a sua quantidade e variedade na Internet. Por isso, diz-se que professores também são curadores de conteúdo.

Os CDs, VHS ou fitas cassetes assessórios aos livros didáticos deram lugar às plataformas digitais, especialmente as de *streaming* de músicas, vídeos, séries, filmes, jogos etc. Elas se caracterizam por deslocar a relação da pessoa com as obras da propriedade (geralmente da obra em suporte físico, como CD) para o acesso, geralmente sob a forma de prestação de serviço de manutenção contínua e sob demanda de fluxo de dados (*streaming*) pela empresa responsável pela plataforma. O que chama a atenção nelas é a disponibilização dos conteúdos publicamente ou mediante assinatura, o que facilita a sua exibição ou reprodução em sala de aula.

Com a popularização das aulas virtuais no contexto da pandemia, essa utilização despertou dúvidas em educadores sobre como não violar direitos autorais, principalmente em aulas gravadas e disponibilizadas para estudantes ou para o público em geral. Recebemos perguntas nesse sentido, por exemplo, em oficinas que ministramos para professores de Ensino Médio durante 2021.

O entendimento tradicional dos juristas, apoiado na Lei de Direitos Autorais (LDA), Lei nº 9.610, de 19 de fevereiro de 1998, é de que os limites e as exceções ao direito de autor no contexto educacional possibilitam apenas a apresentação de pequenos trechos de filmes, documentários, vídeos e outros recursos audiovisuais em sala de aula, com exceção da representação teatral e a execução musical para fins exclusivamente didáticos, nos estabelecimentos de ensino, que podem ser integrais.[1] Mesmo que o material tenha sido comprado pelo professor ou pela escola, a propriedade sobre a obra não lhe dá o direito de reproduzi-la sem autorização do autor. Aplicado ao mundo do *streaming*, esse entendimento implicaria a proibição de passar integralmente vídeos de plataformas como *YouTube*, filmes ou episódios de séries de plataformas como *Netflix, Amazon Prime, Apple TV* e outras, sendo possível, por outro lado, a execução de plataformas de músicas, como *Spotify ou Deezer.*

Em contraponto a esse entendimento, há cada vez mais vozes que defendem a flexibilização dos direitos autorais para o contexto educacional. Com base em jurisprudência e enunciados de tribunais, Souza e Amiel defendem que as limitações são exemplificativas e podem ser ampliadas, permitindo o uso de qualquer material em aulas.[2]

Este ensaio traz ponderações sobre a aplicação do entendimento tradicional para o uso de recursos audiovisuais em sala de aula, enfatizando o uso de *streaming.* Apresentamos cinco pontos que sustentariam uma modificação da interpretação ou da própria lei para uso de conteúdos de terceiro em plataformas de *streaming* no contexto educacional. O entendimento tradicional não é (i) adequado ao que é necessário para uma aprendizagem efetiva, segundo estudos mais modernos na área da educação; (ii) adequado ao tipo de conteúdo informativo, curto

[1] VALENTE, Mariana; PAVARIN, Victor; LUCIANO, Maria. *Direito Autoral e Educação: compreendendo a aplicação da lei para práticas educacionais no Brasil, e os debates para um tratado internacional.* São Paulo: InternetLab, julho de 2019, p. 26-27; UEMG. *Manual UEMG sobre direitos autorais e de imagem em aulas remotas.* Belo Horizonte: UEMG, 2020, p. 15. Disponível em: https://bit.ly/3LCHMjh. Acesso em: 3 abr. 2022.

[2] ROCHA DE SOUZA, Allan; AMIEL, Tel. *Direito Autoral e Educação Aberta e a Distância: Perguntas e Respostas.* Versão Ilustrada e Diagramada 2.0. Iniciativa Educação Aberta, 2021, p. 13. Disponível em: https://bit.ly/3K1tTL8. Acesso em: 3 abr. 2022.

e dinâmico que se produz nas plataformas digitais atualmente; (iii) protetor dos interesses econômicos dos produtores brasileiros de conteúdo nessas plataformas; (iv) protetor da igualdade de tratamento dos produtores brasileiros frente aos produtores estrangeiros nessas plataformas; (v) protetor dos interesses das comunidades brasileira, de língua portuguesa e internacional que buscam se informar e se educar nessas plataformas digitais.

Também apresentamos duas distinções que poderiam aproveitar brechas na lei a partir de suas próprias exceções. O entendimento tradicional não seria aplicável (i) à simples reprodução de material constante em plataformas de acesso amplo e gratuito aos próprios alunos a quem ele é apresentado, já que eles também poderiam acessá-la nas mesmas condições e ao mesmo tempo; e (ii) à incorporação desse material em apresentações e lições, desde que citada a autoria e a origem.

1. Por que contrariar o entendimento tradicional? Cinco pontos favoráveis ao uso educacional de conteúdos de plataformas de *streaming*

O entendimento tradicional é bastante restritivo sobre o aproveitamento de materiais de terceiros em sala de aula e, consequentemente, favorece a proteção do direito autoral em relação ao direito à educação. A rigor, segundo esse entendimento, os professores que reproduzem obras protegidas para suas turmas violam a lei e o direito do autor. Em consequência, eles poderiam ser obrigados a não mais utilizar a obra sob pena de multa e, no limite, reparar danos por violação de direitos autorais. No ensino público, é possível que sejam até punidos por improbidade administrativa, em razão da violação da lei.

Essa proteção não é absurda e poderia ser justificada por alguns fatores que não apenas uma interpretação literal da LDA. O primeiro é o risco de esvaziamento da exploração econômica de várias obras, seja porque a finalidade educacional é o seu principal objetivo, seja porque uma flexibilização levaria a obra para grande quantidade de pessoas – em 2019 eram 47,3 milhões de estudantes na Educação Básica[3] e 8,6 milhões

[3] BRASIL. Instituto Nacional de Estudos e Pesquisas Educacionais Anísio Teixeira. *Censo da Educação Básica 2020: notas estatísticas*. DF: Inep, 2021.

de estudantes na Educação Superior[4]. O segundo é o risco de que, diante da dificuldade em explorar economicamente conteúdo educacional, as pessoas deixem de produzi-lo, prejudicando a própria educação. O terceiro é o risco de que determinados agentes econômicos se beneficiem dessa flexibilidade sob o manto da atividade didática ou de pesquisa, como instituições que teriam condições de pagar os valores para os autores ou empresas que desenvolvem atividades controversamente educacionais.[5]

No entanto, há uma série de ponderações que favoreceriam uma exceção ao uso educacional e a prevalência do direito à educação sobre o direito autoral na hipótese de uso de materiais de terceiros. Elas dão suporte à justificação de uma interpretação diferente da lei ou à proposta de alteração da previsão legal para permitir o uso.

Em primeiro lugar, a LDA parece incorporar uma visão de ensino ultrapassada. É comum a existência de uma visão de ensino e aprendizagem que se limita ao chamado "paradigma tradicional de ensino"[6], no qual o docente dá palestras, e os estudantes anotam. Essa situação, inclusive, está contemplada na própria LDA, ao excluir direito autoral sobre "o apanhado de lições em estabelecimentos de ensino por aqueles a quem elas se dirigem" (art. 46, IV, LDA). Nesse paradigma, o professor é o detentor do conhecimento e, por isso, o uso de materiais de terceiros é limitado e tende a ser um suporte para uma crítica ou exemplificação – outra hipótese de exceção da lei (art. 46, III, LDA).

Essa visão de ensino é inadequada. Estudos neurais mostram que a combinação de diferentes estímulos (visuais, auditivos, táteis) é fundamental para atender aos diferentes estilos de aprendizagem dos estudantes e, assim, efetivar a aprendizagem.[7] A Base Nacional Comum Curricular

[4] BRASIL. Instituto Nacional de Estudos e Pesquisas Educacionais Anísio Teixeira (Inep). *Censo da Educação Superior 2020: notas estatísticas*. Brasília, DF: Inep, 2022.

[5] Para exemplo desse tipo de controvérsia, aplicada à educação financeira, cf. BRASIL. CVM aceita Termo de Compromisso no caso Empiricus no valor de R$ 4,250 milhões e instituição se credenciará para atuar como analista de valores mobiliários. *Gov.br*, 11 fev. 2020. Disponível em: https://bit.ly/3NH1cFA. Acesso em: 3 abr. 2022.

[6] GHIRARDI, José Garcez. *O instante do encontro: questões fundamentais para o ensino jurídico*. São Paulo: Fundação Getulio Vargas, 2012; BARR, Robert B.; TAGG, John. From teaching to learning – A new paradigm for Undergraduate Education. *Change*, v. 27, n. 6, Nov. 1995.

[7] FLEMING, Neil D.; MILLS, Colleen. Not another inventory, rather a catalyst for reflection. *To improve the academy*, v. 11, n. 1, p. 137-155, 1992. Disponível em: https://bit.ly/38jyVEN.

dos Ensinos Fundamental e Médio (BNCC) prevê um ensino mais ativo, dinâmico, no qual o estudante é protagonista de sua aprendizagem. Trabalhar com animações, imagens, combinações de áudio e vídeo permite aos educadores estabelecer uma conexão melhor com seus estudantes, assim como auxiliam na utilização de metodologias ativas. Além disso, o documento contempla a cultura digital como competência a ser desenvolvida transversalmente em todas as disciplinas.[8] Concretizar esse objetivo pode esbarrar nas limitações para utilizar materiais disponíveis online.

Em segundo lugar, esse entendimento da LDA não é apropriado para lidar com um contexto no qual materiais informativos são cada vez menores e mais dinâmicos. O *TikTok e o Twitter*, por exemplo, revolucionaram a comunicação nas redes sociais limitando o tamanho das mensagens e dos vídeos. A lei usa termos que evidenciam a noção de que é possível segmentar as obras ("pequenos trechos", "passagens de qualquer obra"), mas como fazê-lo com vídeos de 30 segundos a 5 minutos? Plataformas de *streaming* de vídeo permitem, hoje, que professores esclareçam um conceito para seus alunos com animações curtas que combinam, de maneira muito mais efetiva, recursos visuais e auditivos, sem consumir todo o tempo da aula. Inserir pequenos vídeos em apresentações se tornou uma forma de apresentar conteúdo atrativa e próxima do contexto dos estudantes.

Em terceiro lugar, essa leitura da LDA prejudica, em vez de proteger, os autores à luz da maneira como reputação e valoração comercial são construídas nas plataformas digitais. Impedir, ainda que em tese, professores de incorporarem materiais didáticos disponíveis na Internet significa privar os estudantes de conhecer e buscar esses conteúdos. A lógica atual é diferente da lógica da década de 1990: antes, poderia ser difícil para estudantes obterem outras obras de um autor de filme ou documentário passado pelo professor – um dos autores deste ensaio, por exemplo, lembra da reprodução do filme A Guerra do Fogo (1981) em sala de aula, mas só foi descobrir o nome do filme mais tarde, em pesquisa na Internet. Agora, ser

Acesso em: 3 abr. 2022; KOLB, David A. *Experiential learning: Experience as the source of learning and development.* 2nd printing. New Jersey: Pearson Education, 2015.

[8] BRASIL. Comitê Gestor da Base Nacional Comum Curricular e Reforma do Ensino Médio. *(2017) Base Nacional Comum Curricular.* Brasília: Ministério da Educação. Disponível em: https://bit.ly/3DzCn9O. Acesso em: 18 mar. 2022.

conhecido é a base para que mais pessoas acessem o canal, se inscrevam e até patrocinem o produtor de conteúdo. Quanto mais conhecido é o autor, quanto mais difundida sua obra e seu canal de comunicação com o público, mais visualizações e monetização ele poderá obter.

Em quarto lugar, essa leitura da LDA prejudica os produtores brasileiros de conteúdo em relação aos produtores estrangeiros, ao impor limites aos primeiros que não são aplicáveis aos últimos. Uma das principais plataformas de vídeos educacionais, o *YouTube*, indica que aplica a regra de "uso aceitável" para não derrubar vídeos que usam conteúdos protegidos por direitos autorais, inclusive obras de "análise, pesquisa, ensino". Contudo, ressalva que "o uso aceitável é determinado de acordo com o caso, e cada país tem regras diferentes sobre quando é permitido usar materiais sem a permissão do detentor de direitos autorais", ou seja, a empresa relativiza o uso aceitável de acordo com a legislação de cada país.[9] O entendimento tradicional é de que não existe previsão de "uso aceitável" na legislação brasileira fora das hipóteses da LDA.[10]

Em consequência, se plataformas digitais seguirem a legislação brasileira para produtores de conteúdo brasileiros e aplicarem a legislação estrangeira para produtores estrangeiros, haverá uma tendência de que os conteúdos divulgados em canais de pessoas de outros países sejam mais dinâmicos e ricos, em termos de materiais, do que os nacionais. Imagine-se o mesmo vídeo educacional sobre determinado fato de interesse público, como a Guerra na Ucrânia ou a COVID-19, feito em canal brasileiro e canal estrangeiro. Ambos utilizam vídeos e imagens de terceiros. Diante de uma contestação do autor, a resposta da plataforma seria diferente para os dois casos? E a aferição automática via *Content ID*?

Veja-se que, neste ponto, o entendimento restritivo da LDA prejudica não apenas o autor do conteúdo educacional, mas também os brasileiros, os falantes de língua portuguesa em geral, e a própria comunidade internacional. Ele prejudica os brasileiros e os falantes de língua portuguesa

[9] YOUTUBE. *Regras e Políticas*. Direitos autorais. O que é uso aceitável? Disponível em: https://www.youtube.com/howyoutubeworks/policies/copyright/#fair-use. Acesso em: 1º abr. 2022.

[10] BRANCO JÚNIOR, Sérgio Vieira. *Direitos Autorais na Internet e o Uso de Obras Alheias*. Rio de Janeiro: Lumen Juris, 2007, p. 77. Disponível em: https://bit.ly/3Km048t. Acesso em: 3 abr. 2022.

ao potencialmente limitar os conteúdos educacionais disponíveis em português e adaptados para a realidade nacional ou de países com laços com Portugal. Algumas questões nacionais dependerão do uso de materiais jornalísticos, fotos, filmes e outros protegidos por direitos autorais. Por isso também prejudica a comunidade internacional, que terá menos acesso a fontes educativas sobre assuntos do Brasil. Outro prejuízo para a comunidade internacional vem do menor acesso a uma perspectiva de assuntos internacionais próprias de um país que não faz parte do Norte Global.

Finalmente, em quinto lugar, vale notar que o *streaming*, como o próprio nome indica, implica um fluxo contínuo de dados na Internet. O entendimento restritivo da LDA pode prejudicar os objetivos de acesso a conteúdos educacionais digitais de pessoas mais pobres e com acesso limitado à rede. Segundo dados de pesquisa realizada pelo Cetic.br, embora 74% da população seja usuária da Internet, 58% das pessoas acessam a Internet somente pelo celular, sendo que 85% destas pessoas são pertencentes às classes D e E.[11] Além disso, durante o primeiro ano de isolamento social causado pela pandemia de COVID-19, apesar de 86% dos estudantes de 16 anos ou mais de todos os níveis terem acompanhado as aulas ou atividades remotas, 36% deles tiveram dificuldades para acompanhar as aulas pela falta ou baixa qualidade da conexão à Internet.[12]

Em um país onde a maior parte dos acessos é realizado por meio de celular com pacotes restritos de dados, permitir a um professor que apresente o conteúdo de um vídeo para seus estudantes em sala de aula é útil para evitar que eles tenham que gastar seus recursos para isso. Mesmo que escolas tenham laboratórios de informática ou redes Wi-Fi que possibilitem aos estudantes ver os materiais com acesso à banda larga, essa não é a realidade ou uma alternativa viável em todos os lugares. O espaço escolar é uma porta de acesso ao conhecimento e, em muitos casos, a única. Restringir o uso delas pelos educadores implica, nessa hipótese, restringir

[11] CETIC.br. *TIC Domicílios (2020)*. Disponível em: https://cetic.br/pt/pesquisa/domicilios/ Acesso em: 1º abr. 2022.

[12] CETIC.br. Painel. TIC Covid-19. *Pesquisa sobre o uso da internet no Brasil durante a pandemia do novo coronavírus*. 3ª Edição: Ensino remoto e teletrabalho. (2020). Disponível em: https://bit.ly/3x1fTNK. Acesso em: 1º abr. 2022.

o acesso à educação, à informação, ao conhecimento e ao próprio conteúdo produzido pelo autor ou pela autora da obra, prejudicando seus interesses.

2. Como relativizar o entendimento tradicional? Duas distinções favoráveis ao uso de *streaming* em sala de aula

Os pontos apresentados anteriormente dão suporte a uma alteração do entendimento tradicional sobre uso de materiais de terceiros em sala de aula ou recomendam a revisão da lei. Contudo, mesmo que se adote o entendimento tradicional, algumas distinções aplicáveis ao *streaming* também podem contribuir para relativizá-lo e possibilitar o uso desse material pelos professores.

A primeira distinção é entre plataformas de acesso gratuito, por exemplo *YouTube* ou *TikTok*, e de acesso pago, por exemplo *Netflix*, *Disney+*, *Amazon Prime*, *Apple TV*, dentre outros. Em um cenário anterior, o professor era o proprietário de um filme e os estudantes só poderiam acessá-lo mediante aquisição da obra – ou cópia ilegal. É a mesma realidade das plataformas de acesso restrito: o professor pode pagar pelo serviço e os estudantes só podem acessá-lo mediante contratação do mesmo serviço – ou uso ilegal da conta alheia. Nesta hipótese, é até razoável aplicar as regras de direitos autorais diante da redação atual da LDA – ainda que, idealmente, continuemos a priorizar o direito à educação mesmo nesse caso.

Entretanto, como aplicar o raciocínio às plataformas de acesso gratuito? No caso do *YouTube*, o docente que reproduz um vídeo em sala de aula poderia simplesmente indicar o link para seus estudantes e, dada uma boa conexão, todos seriam capazes de acessar o mesmo conteúdo nas mesmas condições. Nessas plataformas, a ideia de "reprodução da obra" perde a relevância diante da disponibilidade do conteúdo indistintamente a todas as pessoas. O professor que incorpora um vídeo de *YouTube* em sua apresentação, indicando os respectivos créditos, facilita o acesso a uma reprodução que poderia ser feita por cada um. Parece um exagero considerar legal a indicação de um link, mas não a reprodução do vídeo.

Em contraponto a esse argumento, seria possível trazer duas questões: o prejuízo econômico ao autor do conteúdo e os direitos de propriedade intelectual da própria plataforma. Em relação ao primeiro, a reprodução por uma só pessoa implica em prejuízo econômico ao autor em plataformas que monetizam o produtor pela quantidade de visualizações. Nessa hipótese, é possível invocar o final do inciso VIII do art. 46, que prevê exceção ao direito autoral apenas quando a reprodução não é objetivo principal da obra nova (uma apresentação de aula, por exemplo) e o uso "não prejudique a exploração normal da obra reproduzida nem cause um prejuízo injustificado aos legítimos interesses dos autores". Em relação ao segundo, é importante diferenciar a incorporação do material diretamente da plataforma digital e do material baixado e utilizado autonomamente. Na última situação, haveria violação também aos direitos da plataforma.

É difícil contra-argumentar contra o segundo ponto, mas podemos relativizar o primeiro. À luz da legislação atual, consideramos prudente não contornar os mecanismos das plataformas digitais para incorporar vídeos e outras obras. Contudo, conforme mencionamos anteriormente, é muito difícil se falar em esvaziamento do conteúdo econômico do material em plataformas que ofertam o conteúdo continuamente para as pessoas e valorizam múltiplos acessos. A reprodução em sala de aula poderia até mesmo aumentar a visualização do vídeo, na hipótese em que os estudantes procurassem acessá-lo novamente para estudar, compartilhá-lo com outras pessoas ou incorporá-lo em novas apresentações.

A segunda distinção, entre reprodução de materiais e incorporação desses materiais em obras novas, mostra como a interpretação restritiva da LDA enfrenta dificuldades com o avanço da tecnologia. O entendimento impede a reprodução de filmes e vídeos em sala de aula por não haver exceção legal. Isso abrangeria, por exemplo, a reprodução de um vídeo de plataforma de *streaming* ao vivo, na sala de aula, ou online, por meio de compartilhamento de tela. No entanto, atualmente é facilmente possível incorporar vídeos diretamente da Internet em apresentações e documentos.[13] Mais do que isso, plataformas como o *YouTube* permitem selecionar e cortar trechos. Nesse ponto, parece ser plenamente aplicável a exceção do art. 46, VIII, da LDA, o que mostra um caminho de flexibilização legalmente justificado para uso de *streaming* em sala de aula.

Conclusões

Este ensaio procurou levantar alguns argumentos em favor da ideia de que o entendimento mais restritivo da LDA que impede a reprodução

[13] ROCHA DE SOUZA, Allan; AMIEL, Tel. *Direito Autoral e Educação Aberta e a Distância: Perguntas e Respostas*. Versão Ilustrada e Diagramada 2.0. Iniciativa Educação Aberta, 2021, pp. 15-20. Disponível em: https://bit.ly/3K1tTL8. Acesso em: 3 abr. 2022.

de materiais de terceiros durante as aulas não se sustenta no caso das plataformas de *streaming* de vídeos, filmes, músicas, dentre outros. Diante de um entendimento que se ampara em uma interpretação literal da lei, ficamos com três opções: ou se modifica a interpretação, ou se modifica a lei, ou se procura as brechas na literalidade da lei.

Os argumentos apresentados não seguem o caminho óbvio de ponderar o direito à educação e o direito de proteção ao direito autoral. No lugar disso, procuram mostrar a inadequação da interpretação para lidar com o fenômeno atual ou quem é prejudicado por ela. Quando a interpretação da lei prejudica o próprio sujeito que ela propõe proteger, não é preciso nem mesmo incluir outro direito na discussão sobre a sua mudança.

Referências

BARR, Robert B.; TAGG, John. From teaching to learning – A new paradigm for Undergraduate Education. *Change*, v. 27, n. 6, Nov. 1995.

BRANCO JÚNIOR, Sérgio Vieira. *Direitos Autorais na Internet e o Uso de Obras Alheias*. Rio de Janeiro: Lumen Juris, 2007, p. 77. Disponível em: https://bit.ly/3Km048t. Acesso em: 3 abr. 2022.

BRASIL. Comitê Gestor da Base Nacional Comum Curricular e Reforma do Ensino Médio. *Base Nacional Comum Curricular*. Brasília: Ministério da Educação, 2017. Disponível em: https://bit.ly/3DzCn9O. Acesso em: 18 mar. 2022.

BRASIL. CVM aceita Termo de Compromisso no caso Empiricus no valor de R$ 4,250 milhões e instituição se credenciará para atuar como analista de valores mobiliários. *Gov.br*, 11 fev. 2020. Disponível em: https://bit.ly/3NH1cFA. Acesso em: 3 abr. 2022.

BRASIL. Instituto Nacional de Estudos e Pesquisas Educacionais Anísio Teixeira. *Censo da Educação Básica 2020: notas estatísticas*. Brasília: INEP, 2021.

BRASIL. Instituto Nacional de Estudos e Pesquisas Educacionais Anísio Teixeira (Inep). *Censo da Educação Superior 2020: notas estatísticas*. Brasília, DF: Inep, 2022.

BRASIL. *Lei Nº 9.610, de 19 de fevereiro de 1998*. Altera, atualiza e consolida a legislação sobre direitos autorais e dá outras providências. Brasília, 19 de fevereiro de 1998. Disponível em: http://www.planalto.gov.br/ccivil_03/leis/l9610.htm . Acesso em: 30 mar. 2022.

CETIC.br. Painel. TIC Covid-19. *Pesquisa sobre o uso da internet no Brasil durante a pandemia do novo coronavírus*. 3ª Edição: Ensino remoto e teletrabalho. (2020). Disponível em: https://bit.ly/3x1fTNK. Acesso em: 1º abr. 2022.

CETIC.br. *TIC Domicílios (2020)*. Disponível em: https://cetic.br/pt/pesquisa/domicilios/ Acesso em: 1º abr. 2022.

FLEMING, Neil D.; MILLS, Colleen. Not another inventory, rather a catalyst for reflection. *To improve the academy*, v. 11, n. 1, p. 137-155, 1992. Disponível em: https://bit.ly/38jyVEN. Acesso em: 3 abr. 2022.

GHIRARDI, José Garcez. *O instante do encontro: questões fundamentais para o ensino jurídico*. São Paulo: Fundação Getulio Vargas, 2012.

KOLB, David A. *Experiential learning: Experience as the source of learning and development*. 2nd printing. New Jersey: Pearson Education, 2015.

ROCHA DE SOUZA, Allan; AMIEL, Tel. *Direito Autoral e Educação Aberta e a Distância: Perguntas e Respostas*. Versão Ilustrada e Diagramada 2.0. Iniciativa Educação Aberta, 2021. Disponível em: https://bit.ly/3K1tTL8. Acesso em: 3 abr. 2022.

UEMG. *Manual UEMG sobre direitos autorais e de imagem em aulas remotas*. Belo Horizonte: UEMG, 2020. Disponível em: https://bit.ly/3LCHMjh. Acesso em: 3 abr. 2022.

VALENTE, Mariana; PAVARIN, Victor; LUCIANO, Maria. *Direito Autoral e Educação: compreendendo a aplicação da lei para práticas educacionais no Brasil, e os debates para um tratado internacional*. São Paulo: InternetLab, julho de 2019.

YOUTUBE. *Regras e Políticas*. Direitos autorais. O que é uso aceitável? Disponível em: https://www.youtube.com/howyoutubeworks/policies/copyright/#fair-use. Acesso em: 1º abr. 2022.

12. DESAFIOS PARA A DEFINIÇÃO DO REGIME JURÍDICO DE PLATAFORMAS DE *STREAMING* SVOD NO BRASIL

MARIA EDUARDA FREIRE

Introdução

Junto à revolução tecnológica no mundo digital que se acelerou nos últimos anos, o mercado artístico e do entretenimento buscou, à medida da necessidade de cada segmento, alcançar as mudanças que lhe concernem. As mudanças em si não são a novidade dessa dinâmica, mas, sim, a rapidez com que vêm progredindo e os desafios que surgem a partir delas, seja no campo dos negócios, do mercado ou jurídico. Assim, marca-se a relevância de compreender os modelos digitais – que a cada dia ocupam espaço mais central na distribuição e produção audiovisual – desde sua estrutura, modelo de negócio e de monetização, relação com artistas e produtores, e terceiros consumidores.

Atualmente, as plataformas de *streaming* não só dominam o mercado audiovisual como continuam crescendo e atuando sobre atribuições de produção e distribuição de catálogos cada dia mais exclusivos. Ainda, sobre a compreensão de que está ocorrendo uma migração massiva de conteúdo para essas plataformas e de que as redes de televisão hegemônicas no Brasil passam a ser cada vez menos competitivas em relação a elas, destacam-se os desafios para a definição de um regime regulatório de uma plataforma como a *Netflix*. Assim, busca-se entender em que medida os *Streamings* de *Video on Demand* (SVoD) diferem dos serviços mais tradicionais de televisão e radiodifusão e merecem tratamento respectivo em termos regulatórios.

1. Histórico

Em geral, desde o surgimento dos grandes estúdios hollywoodianos, operava-se em uma cadeia completa o mercado audiovisual, sendo seus únicos competidores os estúdios entre si. Da produção à distribuição de filmes, a Warner Bros, a Paramount Pictures, a 20th Century Fox, a Metro Goldwyn Mayer e a RKO Pictures, dentre outros, dominavam a indústria e lucravam de modo praticamente onipresente com cada uma das atividades da produção audiovisual[1]. Além disso, a televisão foi criada na década de 1920, mas só começou a se popularizar verdadeiramente a partir da década de 50, quando houve um aumento vertiginoso de pessoas que possuíam um aparelho televisivo em suas casas – tal número representou o percentual de 85,9% das casas norte-americanas ao fim de 1959 nos Estados Unidos[2]. Nesse mesmo período, Assis Chateaubriand introduziu a nova tecnologia no Brasil e criou a primeira emissora de televisão brasileira, a TV Tupi São Paulo[3]. Nos anos seguintes, entre as décadas de 50 e 60, surgiram a TV Tupi Rio de Janeiro, a TV Paulista e as conhecidas Record, Globo e Bandeirantes. Nos anos 90, canais como a MTV chegaram no Brasil, impulsionando o estabelecimento de serviços de Televisão por Assinatura, os quais foram regulados pelo Decreto nº 95.744, de 23 de fevereiro de 1988, sendo oficialmente introduzidos em 1989.

Ainda, na década de 1960, foi criada a fita cassete para a reprodução de áudio e, no início da década de 70, o vídeo cassete (VCR) foi introduzido no mercado a partir do modelo U-matic da Sony. Junto a essas invenções, a pirataria, ou seja, a fruição não autorizada de obras protegidas por direitos autorais, foi alavancada. Foi então que os atores detentores de direitos autorais buscaram maneiras de proteger seus rendimentos a partir de direitos de reprodução por travas mecânicas nos aparelhos, que evoluíram para bloqueios digitais, os *Digital Rights Managements* (DRMs), nos dispositivos que limitam o uso de obras licenciadas[4]. Um detalhe é que

[1] NELMES, Jill; NICHOLS, Bill (ed.). *Introduction to Film Studies*. 5. ed. Londres: Routledge, 2011.

[2] Television in the United States – The late Golden Age | Britannica. *In*: *Encyclopædia Britannica*. [s.l.: s.n.], 2022. Disponível em: https://www.britannica.com/art/television-in--the-United-States/The-late-Golden-Age. Acesso em: 14 jun. 2022.

[3] AMORIM, Edgard. História da Televisão Brasileira: Centro Cultural São Paulo, 2008.

[4] PERZANOWSKI, Aaron; SCHULTZ, Jason. *The End of Ownership: personal property in the digital economy*. Cambridge, Massachusetts e London, England: The Mit Press, 2016.

essas travas que passaram a ser utilizadas por titulares de direitos autorais não foram criadas pela lei, mas tratam de mecanismos desenvolvidos pelos mesmos para buscar a proteção de seus direitos, como reflexo da rápida evolução tecnológica a qual a lei não conseguiu acompanhar no mesmo passo. Agentes *peer-to-peer* como o Napster começaram a surgir nos anos 90 e as grandes empresas detentoras de direitos autorais emplacaram de forma ainda mais incisiva os DRMs sobre suas obras.

Algo que parece ressoar dessa discussão é que a tecnologia é desenvolvida mais rapidamente que as previsões legais ou, ao menos, que a interpretação sobre elas. Ora, quando surgiu o VCR, os estúdios de Hollywood resistiram muito à entrada desse produto no mercado. Eles argumentavam que nem os cinemas possuíam de fato as fitas que utilizavam para reproduzir os filmes em sua sala, então, como poderiam os cidadãos ter uma cópia de sua obra em casa, podendo assisti-la quando e como quisessem no ambiente privado? A solução para o problema autoral era a criação de algum tipo de entrave para cópias não autorizadas. Agora, com as plataformas de *streaming* e a vasta internet, essa questão parece mínima, dada a expertise e complexidade da pirataria digital.

Perante o cenário de inovações no modo de funcionamento do mercado audiovisual, um dos modelos que os novos agentes desse meio assumem para operar é o de serviço *Over the Top* (OTT) de *Streaming* de *Video on Demand* (SVoD) por assinatura. É possível afirmar que, ao mesmo tempo, essa forma de plataforma de entretenimento preconizou e continua a incitar a migração do público para o ambiente digital, de modo legal. Nesta análise, trata-se mais especificamente do mercado audiovisual.

O modelo de serviço OTT pode ser entendido, brevemente, como a disponibilização de conteúdo e/ou serviço ofertado por empresas digitais, que operam através da rede de internet pública, de forma direta ao usuário final, por meio de uma plataforma online ou aplicativo[5]. Além disso, um fator característico dessa dinâmica que acaba, por vezes, servindo como uma das formas de conceituação do termo é o potencial substitutivo dos agentes desse tipo de serviço frente às empresas tradicionais de telecomunicação. *Streaming*, por sua vez, nada mais é que o modo de transmissão, no enfoque deste trabalho, de conteúdos e obras mediante o fluxo contínuo

[5] BEREC. *Report on OTT services*. Body Of European Regulators For Electronic Communications, 2016.

de dados transmitidos pela internet de maneira on-line. Ou seja, não são armazenadas as informações transmitidas ao *hardware*, dispositivo utilizado como terminal para o consumo do conteúdo[6]. Logo, vídeo sob demanda – VoD – é a modalidade de distribuição de entretenimento audiovisual pela qual o usuário tem acesso a um determinado pacote de obras e pode assisti-las quando quiser. Esse formato pode se dar por plataformas de Acesso Gratuito (financiado por publicidade, designado por AVoD); Aluguel ou venda (TVoD); Catch up TV (via TV paga); Híbridos, ou, no caso das plataformas de *streaming* em questão, trata-se de assinatura mensal ou anual – *Subscription Video on Demand* (SVoD)[7]. O VoD existe como opção tanto nas redes de televisão tradicionais como em serviços OTT.

Enfim, após a digitalização e o avanço da internet, a Netflix foi pioneira no que chamamos de plataforma de *streaming* de vídeo sob demanda. A empresa criada em 1997 passou, em 2007, a possuir, nos EUA, a própria plataforma VoD na internet, cujo serviço OTT é o de fornecimento de um catálogo de obras licenciadas[8] que podem ser vistas sem limites, contratado por um valor mensal. A partir da Revolução Digital, vê-se uma nova etapa de desafios para os direitos autorais e as plataformas de *streaming* de vídeo sob demanda atuam em um cenário incerto quanto às suas determinações. Além disso, a devida regulação dessas plataformas depende da compreensão de seu regime de funcionamento, que deve ser analisado e compatibilizado com o ordenamento jurídico brasileiro.

2. Monetização no mercado audiovisual e funcionamento das plataformas de SVoD

Frente ao discorrido sobre o histórico do mercado do entretenimento audiovisual no decorrer do século passado, analisa-se brevemente como

[6] AMARAL, M. R. do. *O valor do Netflix para o consumidor brasileiro*. Rio de Janeiro: Fundação Getúlio Vargas, 2016.

[7] SILVA, Luana Maíra Rufino Alves da. *Panorama do VoD no Brasil: perspectivas do vod no brasil e no mundo*. São Paulo: Superintendência de Análise de Mercado da Ancine, 2018.

[8] A Netflix chegou ao Brasil em 2011, quando anunciou contratos de licença com a Paramount Pictures, Sony Pictures Television, NBCUniversal International Television, TV Bandeirantes, ABC Television, CBS Television, Dorimedia, MGM, Lionsgate, Summit, Miramax, Relativity, BBC Worldwide, Televisa, Telemundo, TV Azteca, Caracol, Telefe e Disney. Disponível em: https://canaltech.com.br/empresa/netflix/. Acesso em: 14 jun. 2022.

se dá a monetização e distribuição de direitos no mercado audiovisual e o funcionamento das plataformas de *streaming* delimitadas, que contam com vastos catálogos de filmes e séries. Assim, busca-se compreender como são remunerados os produtores do conteúdo consumido, sejam artistas, roteiristas, técnicos, dentre outros, e qual a importância da compreensão das plataformas para a implementação de mecanismos regulatórios adequados.

Uma música é dividida em diferentes frentes de produção e o mesmo acontece com um filme ou uma série. Isto é, os direitos autorais em uma produção audiovisual são referentes ao roteiro, à direção e à interpretação. Contudo, um fenômeno comum nesse nicho é a contratação por "serviço", o que torna atores, roteiristas e diretores funcionários de uma dada produção, os quais não recebem diretamente direitos autorais (cedidos à produção)[9]. No Brasil, a Lei de Direitos Autorais (LDA) posiciona diretores e autores do assunto ou argumento literário (classificação em que podemos enquadrar roteiristas) como coautores de produções audiovisuais. Portanto, é possível falar em percentuais residuais dessa coautoria, a depender do acordo firmado com a produtora. No caso de atores, intérpretes ou executantes, como trata a Lei, fala-se apenas em direitos conexos, previstos no título V da LDA, mais especificamente listados no art. 90.

No campo da monetização de obras por meio dos *streamings* VoD, observa-se que é utilizado o mecanismo de licenciamento para o uso de obras[10], no Brasil, regulamentado pelo art. 49 da LDA. Essas licenças são um meio de transmitir parte dos direitos patrimoniais do autor a terceiros, com o fim de reprodução em sua plataforma. No regime brasileiro, o acordo de transmissão pode se dar de modo contratual, com prazos e especificações delimitadas, e não contratual, podendo ser total e com a duração máxima de cinco anos. Por outro lado, essas plataformas arrecadam dinheiro primordialmente a partir das assinaturas de usuários[11].

[9] LITWAK, Mark. *Dealmaking in the Film & Television Industry*: from negotiations to final contracts. 4. ed. Los Angeles: Silman-James Press, 2016.

[10] NETFLIX. *Como a Netflix licencia séries e filmes? Centro de ajuda*. Disponível em: <https://help.netflix.com/pt/node/4976>. Acesso em: 7 abr. 2022.

[11] SILVA, Luana Maíra Rufino Alves da. *Panorama do VoD no Brasil: perspectivas do vod no brasil e no mundo*. São Paulo: Superintendência de Análise de Mercado da Ancine, 2018.

Algumas delas possuem diferentes planos que variam em preço conforme a quantidade de telas simultâneas disponíveis para a conta, a qualidade da imagem ou tipo de dispositivo em que se pode acessá-las e outras ainda firmam parcerias com empresas de telecomunicações para oferecerem pacotes que incluem mais de um serviço, como de internet, celular e acesso a determinada(s) plataforma(s).

3. Desafios

Mediante o modelo de funcionamento dos SVoDs, traça-se os desafios para a definição de um regime jurídico para eles na realidade brasileira. Ou seja, adequa-se plataformas de *streaming* às devidas regulações dada a sua natureza, avaliada, aqui, perante a breve comparação com a das operadoras de TV por assinatura e das emissoras tradicionais de televisão do Brasil.

Vale mencionar que há regulação específica vigente para os chamados Serviços de Acesso Condicionado (SeAC)[12], como são categorizadas as operadoras de TV por assinatura pela Lei nº 12.485, de 12 de setembro de 2011. Os SeAC estão englobados no regime de serviços de telecomunicações e é de competência da União explorá-los e privativamente legislar sobre eles. Além disso, há a categoria de Serviço de Valor Adicionado (SVA), em que forçosamente ainda se encaixa o serviço OTT. O SVA, contudo, por definição, não é um serviço de telecomunicação, mas um acessório ao produto principal do serviço oferecido por uma empresa de telecomunicação[13]. Essa definição, por outro lado, não condiz com o serviço oferecido pelas plataformas de *streaming* VoD. No entanto, o que resulta dessa falta de adequação e análise devida do serviço de *streaming* é uma assimetria regulatória, na medida em que recai maior ônus e são diretamente regulados os serviços tradicionais de telecomunicações, que, no final, em muitos pontos se assemelham com os SVoDs.

[12] Lei Nº 12.485, de 12 de Setembro de 2011. Art. 2º, inc. XXIII – Serviço de Acesso Condicionado: serviço de telecomunicações de interesse coletivo prestado no regime privado, cuja recepção é condicionada à contratação remunerada por assinantes e destinado à distribuição de conteúdos audiovisuais na forma de pacotes, de canais nas modalidades avulsa de programação e avulsa de conteúdo programado e de canais de distribuição obrigatória, por meio de tecnologias, processos, meios eletrônicos e protocolos de comunicação quaisquer.

[13] AZEVEDO, C. H. A. J. e. *Regulation of Subscription-based Video Streaming Over-The-Top platforms in Brazil: A proposal based on the enforced self-regulation model.* Law, State and Telecommunications Review, *[S. l.]*, v. 12, n. 2, p. 133–171, 2020, p. 140-142.

No que diz respeito à regulação para além dessa problemática de definições, aborda-se desafios atuais que agregam valor e significados à questão do regime jurídico que deve ser aplicado aos SVoDs.

3.1. *Streamings* são realmente locais de execução pública e devem pagar ao ECAD?

No Brasil, em 2017, o Superior Tribunal de Justiça (STJ) entendeu que plataformas de *streaming* musical como Apple Music e Spotify devem pagar direitos de reprodução ao Escritório Central de Arrecadação e Distribuição (ECAD), pois músicas transmitidas via *streaming* configuram "execução pública"[14]. O ministro Villas Bôas Cueva utilizou, no julgamento, interpretação conforme o §2º, art. 68, da LDA para assimilar a internet como local de frequência coletiva, compreendida esta como um ambiente disponível ao acesso pelo coletivo. Esse entendimento é estendido para as plataformas de *streaming* audiovisual quanto à reprodução musical de trilhas sonoras[15]. Algo que reforça essa extensão é a previsão do parágrafo supramencionado, que inclui exibição cinematográfica ao rol de incidência da caracterização de execução pública.

3.2. No que implica, em termos regulatórios, o regime de licenças utilizado pelos *streamings*?

Outro fator que surge é a questão regulatória que envolve o regime de licenças utilizado pelos *streamings*. Esse tópico se relaciona com o anterior uma vez que o licenciador de cada obra deve estar a par de seus direitos e produzir o que se chama na indústria de *cue-sheet*, documento que deve conter a indicação das obras e ser cadastrado na base de dados para o recolhimento do ECAD.

Ainda, para o licenciamento de obras audiovisuais no Brasil, é requisito seu registro nacional. Concernente às obras audiovisuais não publicitárias, o Certificado de Registro de Títulos (CRT), concedido pela ANCINE, é necessário para que tais produtos possam entrar em circulação no território brasileiro, por meio, inclusive, de plataformas VoD, como previsto no inciso V do art. 4º da Instrução Normativa n.º 105, de 10 de julho de

[14] SUPREMO TRIBUNAL JUSTIÇA. *Acórdão nº 1.559.264*. Relator: Ricardo Villas Bôas Cueva. Rio de Janeiro, RJ, 08 de fevereiro de 2017. Resp 1.559.264. Revista Eletrónica.

[15] ABRAMUS. *Netflix, a importância do cue-sheet e os direitos autorais*. 2018.

2012, da ANCINE. Assim, o registro também condiciona a possibilidade de licenciamento no país (art. 11 da mesma instrução). Dentro da seara das licenças existem minúcias como a do pré-licenciamento, presente na Resolução nº 142, de 19 de março de 2018, e questões processuais, como a renovação de licenças e implicações sobre elas, a exemplo do não pagamento da Contribuição para o Desenvolvimento da Indústria Cinematográfica Nacional (CONDECINE) no prazo de 5 anos.

3.3. Devem incidir regras de incentivo nacional e taxas como a CONDECINE sobre os *streamings*?

Atualmente, a CONDECINE incide sobre a veiculação, produção, licenciamento e distribuição com fins comerciais de obras audiovisuais não publicitárias, mediante o previsto na Medida Provisória nº. 2.228-1, de 06 de setembro de 2001. Conforme o art. 20 da Instrução Normativa n.º 105, de 10 de julho de 2012, a CONDECINE é devida pelo detentor dos direitos de exploração comercial ou de licenciamento no país. Assim, entende-se extensivamente que esse regime também compreende os provedores de SVoD. Portanto, as plataformas VoD estão sujeitas à CONDECINE sobre cada título, com validade de 5 anos contados a partir da data em que foi cadastrado o título no portal da ANCINE[16]. Então, em tese, a resposta para a pergunta proposta é afirmativa, mas, além de tudo, uma regulamentação específica está em tramitação com o Projeto de Lei (PL) 57/2018, de autoria do senador Humberto Costa (PT/PE), e o PL 8889/2017, de autoria do deputado Paulo Teixeira (PT-SP).

No entanto, o que a movimentação de projetos de lei como os comentados sugere é a necessidade de regulamentação específica das plataformas de *streaming* e, deste modo, a incidência dos mecanismos de incentivo adaptadas à realidade delas. Ou seja, para além do entendimento de que há uma particularidade no funcionamento e, portanto, deve haver um tratamento específico para os SVoDs, entende-se que as empresas, estrangeiras em sua maioria, devem estar sujeitas a condições como percentuais de número de títulos nacionais, seja por produções originais, seja por obras licenciadas, e que isso tenha um recorte regionalizado em

[16] Qual a validade da CONDECINE? | ANCINE | Agência Nacional do Cinema | Ministério da Turismo| Governo Federal. Ancine.gov.br. Disponível em: <https://antigo.ancine.gov.br/pt-br/conteudo/qual-validade-da-condecine>. Acesso em: 18 abr. 2022.

conformidade com as diferenças internas do país em termos de incentivo (BRASIL, 2021, p. 42-44)

No fim de 2021, foi apresentado o segundo parecer do deputado André Figueiredo (PDT-CE) sobre o mencionado PL 8.889, no qual ele traça as minúcias do PL e traz referências comparadas da legislação estrangeira de incentivos relativa aos VoDs. Brevemente, ele aborda as formas de regulação de vídeo sob demanda na Europa, que se subdividem e são utilizadas de modo complementar nos diferentes países: imposto específico, revertido para fundo setorial; investimento direto; cotas de conteúdo nacional; e proeminência de conteúdo nacional. A partir disso, fundamenta-se e conclui-se a pertinência e a conformidade do projeto com as tendências internacionais atuais de regulação do mercado em questão. As propostas para o Brasil congregam a ideia de cotas de investimento em licenciamento e contratação de direitos de exploração comercial de obras brasileiras, tributação no modelo CONDECINE com variações na abordagem (Figueiredo sugere o CONDECINE-Faturamento; isto é, que a taxa seja cobrada sobre o faturamento da plataforma), e mecanismos de visibilidade (como as próprias cotas de tela ou a forma substitutiva utilizada na experiência internacional de "proeminência" na interface dos catálogos).

Ainda, com o aumento exponencial da produção de conteúdo original por esses agentes econômicos, espera-se que seja firmada uma regulamentação não apenas baseada em tributos como também em práticas de fomento nacional estratégicas e que coloquem o Brasil no mapa internacional do audiovisual. Sobretudo, para esse tipo de regulação, é necessária a distribuição de incentivos adaptados às diferenças regionais do país e que as produções sejam comercialmente atrativas ao investimento das empresas de SVoD.

3.4. *Streamings* entram nas regulações referentes a conteúdo jornalístico?

Há controvérsia quanto à regulação da mídia jornalística em geral, mas, mediante a incidência regulatória sobre conteúdos de cunho jornalístico, ainda deve-se atentar à classificação de produções documentais e outras que podem ser englobadas nessa proteção. É importante acompanhar a discussão nesse campo, pois, de todo modo, é algo que pode ter desdobramentos para plataformas de *streaming* de vídeos como YouTube (que não está no enfoque deste trabalho) mais diretamente, já que esta comporta canais oficiais de jornais tanto independentes como de grande circulação. Vale ainda a menção da pretensão da classe jornalística ao pagamento de direitos autorais, presente no art. 38 do PL 2.630/2020[17], sob a premissa de que exercem a função de autores do conteúdo veiculado em jornais, o que criaria outro encargo sobre as plataformas de *streaming*, caso seja levada adiante.

3.5. O produto oferecido por plataformas de *streaming* deve ser considerado um serviço?

Por fim, há a latente questão quanto à natureza do que as plataformas de *streaming* oferecem, ou seja, um serviço ou um produto. Essa é uma discussão calorosa, pois afeta diretamente a regulação delas. A Lei Complementar 157/2016 institui que, sim, as plataformas de *streaming* proveem um serviço, portanto, incide sobre elas o Imposto sobre Serviços (ISS). Como abordado anteriormente, esse entendimento é plausível, conforme a configuração do modelo do negócio, conceituado o serviço como um OTT.

Apesar disso, permanece como um tema de embate tal entendimento dada a argumentação que defende que os *streamings* possuem uma obrigação de dar, característica da relação consumerista, não de fazer. Isto é, contesta-se a proposição de tributação uma vez compreendido o produto dessas plataformas como a cessão de um direito autoral adquirido ou licenciado por elas. A lógica empregada por esse raciocínio leva em conta a regulação das antigas locadoras de filmes, que não pagavam o tributo[18]. Então, a definição a ser empregada direciona o tratamento não apenas em termos regulatórios – neste quadro, a incidência do ISS, para o caso de serviço, ou do ISMC (Imposto sobre Circulação de Mercadorias e Serviços), para o caso de produto e suas diferentes alíquotas, que afetam de modos distintos os negócios tratados –, mas também a regulação conforme o Código do Consumidor ou não.

[17] Art. 38 Os conteúdos jornalísticos utilizados pelos provedores ensejarão remuneração ao detentor dos direitos do autor do conteúdo utilizado, ressalvados o simples compartilhamento de endereço de protocolo de internet do conteúdo jornalístico original e o disposto no art. 46 da Lei no 9.610, de 19 de fevereiro de 1998, na forma da regulamentação.

[18] SUPREMO TRIBUNAL DE JUSTIÇA. *Recurso Especial Nº 1.308.628 – RS (2011/0020537-8)*. Ministro Relator: Benedito Gonçalves. Brasília (DF), 26 de junho de 2012. DJe: 02/08/2012.

Conclusões

Acima, buscou-se compreender o panorama dos assuntos que cercam a dificuldade de regulação das plataformas de *streaming* de vídeos sob demanda por assinatura no Brasil. Em primeiro plano, de modo isolado, é possível sublinhar o desafio criado pelas incertezas que ainda existem no campo de direitos autorais na legislação brasileira, que urge por atualizações. Uma parte das questões concernentes aos direitos autorais abrange o escopo de atuação dos *streamings* uma vez que pretensões tributárias, como o pagamento de royalties por exibição de obra a artistas, diretores e roteiristas discutida entre 2018 e 2019, geram encargos diretos à atuação dessas plataformas[19].

Em segundo plano, no campo das definições e regulamentações específicas, há o grande ou, talvez, maior desafio: que é a cisão regulatória entre serviços de TV por assinatura e *streamings* SVoD. Ou seja, ainda é tema de discussão e fervor a diferenciação legal desses serviços dados os interesses concorrenciais desses grupos. Há alguns projetos de lei em tramitação, como o PL 4292/19, que pretende a fusão de regras de TV paga, regulada na Lei dos SeAC, e dos *streamings*, e o mencionado PL 8.889/17, que busca a equiparação regulatória de maneira específica e impõe as condições e taxas apresentadas nesse trabalho. Vale frisar que os SeACs estão sujeitos ao pagamento de ICMS (que possui maior alíquota que o ISS) e CONDECINE e já são obrigados a oferecer canais públicos nacionais, enquanto os *streamings*, como SVAs, pagam o ISS e não possuem obrigação vigente de mínimo de conteúdo nacional em seus catálogos.

Nesse contexto, a Agência Nacional de Cinema, ANCINE, possui o desafio de aplicar ou não a CONDECINE aos *streamings*, a depender dos resultados legislativos que estão por vir. Além disso, como fez internamente ao longo dos mais recentes anos, a agência deve continuar a traçar estudos de mercado e se aprofundar na temática, visando equiparar o Brasil com os demais países no cenário internacional em termos de viabilização desse novo modelo de negócios e de produção em constante aprimoramento.

Uma lição tomada por esta análise é que não basta a avaliação meramente analógica da natureza das plataformas de *streaming* SVoD para se

[19] MACHADO, José; LEITE, Marcio. *A Polêmica Relativa ao Pagamento de Royalties por Exibição de Obras Audiovisuais*. Pinheiro Neto Advogados Publicações, 17 de junho de 2019.

chegar a respostas razoáveis e coerentes com a realidade. É necessário aplicar um olhar crítico a todos os desafios que envolvem a regulação desses agentes para a ponderação de interesses, que, como delineado, são muitos e envolvem diversas camadas da indústria audiovisual. Agora, resta-nos acompanhar as mudanças legislativas em tramitação, que contam com esses grandes impasses e, principalmente, com a velocidade das mudanças no campo tecnológico e da informação.

Referências

ABRAMUS. *Netflix, a importância do cue-sheet e os direitos autorais.* 2018. Disponível em: https://www.abramus.org.br/musica/15010/netflix-importancia-do-cue-sheet-e-os-direitos-autorais/. Acesso em: 07 abr. 2022.

AMARAL, M. R. do. *O valor do Netflix para o consumidor brasileiro.* Rio de Janeiro: Fundação Getúlio Vargas, 2016.

AMORIM, Edgard. *História da Televisão Brasileira: Centro Cultural.* São Paulo, 2008.

ANCINE. *Instrução Normativa n.º 105, de 10 de julho de 2012.* Instruções Normativas Consolidadas. Agência Nacional do Cinema | Ministério do Turismo | Governo Federal. Ancine.gov.br. Disponível em: https://antigo.ancine.gov.br/pt-br/legislacao/instrucoes-normativas-consolidadas/instru-o-normativa-n-105-de-10-de-julho-de-2012. Acesso em: 07 abr. 2022.

AZEVEDO, C. H. A. J. e. *Regulation of Subscription-based Video Streaming Over-The-Top platforms in Brazil: A proposal based on the enforced self-regulation model.* Law, State and Telecommunications Review, *[S. l.]*, v. 12, n. 2, p. 133–171, 2020. DOI: 10.26512/lstr.v12i2.34715. Disponível em: https://periodicos.unb.br/index.php/RDET/article/view/34715. Acesso em: 7 abr. 2022.

BEREC. *Report on OTT services.* Body Of European Regulators For Electronic Communications, 2016. 38 p. Disponível em: https://berec.europa.eu/eng/document_register/subject_matter/berec/reports/5751-berec-report-on-ott-services. Acesso em: 07 abr. 2022.

BRASIL. *Projeto de Lei nº 8.889, de 2017. Apensado: PL nº 9.700, de 2018***.** Comissão de Ciência e Tecnologia, Comunicação e Informática. Deputado Relator André Figueiredo. 2021. Disponível em: https://www.camara.leg.br/proposicoesWeb/prop_mostrarintegra?codteor=2090258. Acesso: 07 abr. 2022.

LITWAK, Mark. *Dealmaking in the Film & Television Industry*: from negotiations to final contracts. 4. ed. Los Angeles: Silman-James Press, 2016.

L12485. Planalto.gov.br. Disponível em: http://www.planalto.gov.br/ccivil_03/_ato2011-2014/2011/lei/l12485.htm. Acesso em: 7 abr. 2022.

MACHADO, José; LEITE, Marcio. *A Polêmica Relativa ao Pagamento de Royalties por Exibição de Obras Audiovisuais***.** Pinheiro Neto Advogados Publicações, 17 de junho de 2019. Disponível em: https://www.pinheironeto.com.br/publicacoes/a-polemica-relativa-ao-pagamento-de-royalties-por-exibicao-de-obras-audiovisuais. Acesso: 07 abr. 2022.

NELMES, Jill; NICHOLS, Bill (ed.). *Introduction to Film Studies*. 5. ed. Londres: Routledge, 2011.

NETFLIX. *Como a Netflix licencia séries e filmes*. Centro de ajuda. Disponível em: https://help.netflix.com/pt/node/4976. Acesso em: 07 abr. 2022.

SILVA, Luana Maíra Rufino Alves da. *Estratégias para Enfrentar a Realidade OTT*. Superintendência de Análise de Mercado – ANCINE. Disponível em: <https://antigo.ancine.gov.br/sites/default/files/apresentacoes/Telebrasil%20Luana%20 2018.pdf>. Acesso: 07 abr. 2022.

PERZANOWSKI, Aaron; SCHULTZ, Jason. *The End of Ownership: personal property in the digital economy*. Cambridge, Massachusetts e London, England: The Mit Press, 2016.

SILVA, Luana Maíra Rufino Alves da. *Panorama do VoD no Brasil: perspectivas do vod no brasil e no mundo*. São Paulo: Superintendência de Análise de Mercado da Ancine, 2018. 80 slides, color. Disponível em: https://antigo.ancine.gov.br/sites/default/files/apresentacoes/VoD%20Luana%20Estrutura%20de%20Mercado%20-%20apresenta%C3%A7%C3%A3o%20SP.pdf. Acesso em: 07 abr. 2022.

SUPREMO TRIBUNAL DE JUSTIÇA. *Recurso Especial Nº 1.308.628 – RS (2011/0020537-8)*. Ministro Relator: Benedito Gonçalves. Brasília (DF), 26 de junho de 2012. DJe: 02/08/2012.

SUPREMO TRIBUNAL JUSTIÇA. *Acórdão nº 1.559.264*. Relator: Ricardo Villas Bôas Cueva. Rio de Janeiro, RJ, 08 de fevereiro de 2017. Resp 1.559.264. Revista Eletrónica Disponível em: https://processo.stj.jus.br/processo/revista/documento/mediado/?componente=ITA&sequencial=1518691&num_registro=201302654647&data=20170215&formato=PDF. Acesso em: 07 abr. 2022.

13. INSTITUIÇÕES DE MEMÓRIA NA SOCIEDADE DIGITAL: DIREITOS AUTORAIS E ACESSO À CULTURA

ANDRÉA LASEVICIUS MOUTINHO
ISABELLA PEREIRA DE MOURA LIMA

Introdução

Pense em sua obra de arte favorita. Seja ela uma pintura, um livro, um filme, há boas chances de que seu conteúdo esteja presente na internet. Há, também, alguma chance de que você seja capaz de acessar essa obra onde quer que você esteja e onde quer que a obra "original" se encontre. Este é um dos inúmeros efeitos da introdução da internet na vida cultural da sociedade: a possibilidade de acesso a uma quantidade antes inimaginável de criações, ao "alcance dos dedos" e disponíveis nas telas que mantemos cada vez mais próximas de nós.

Os números existentes, ainda que careçam de precisão[1], nos dão alguma ideia da dimensão do que estamos tratando. Na plataforma *Google Arts & Culture*, estão disponíveis coleções virtuais de ao menos duas mil instituições de cultura ao redor do mundo[2]. Por meio de um único projeto da Fundação Europeana, é possível acessar de forma online e integrada materiais de 3.700 instituições europeias[3]. No Brasil, o projeto Tanaican criou uma plataforma online para elaboração e difusão de acervos

[1] Essa falta advém das próprias plataformas, com informações genéricas ou lacunares sobre os conjuntos de suas coleções.

[2] GOOGLE Arts & Culture. *Experience*.

[3] EUROPEANA. *Bem-vindo à Europeana Collections | Europeana*. Disponível em: https://www.europeana.eu/pt/about-us. Acesso em: 11.07.2022.

culturais, que reúne hoje o acervo digital de 18 museus federais, com mais de 15 mil itens disponíveis[4].

Tamanha quantidade de obras à disposição seria impensável antes do advento da internet: por muitos séculos, o patrimônio cultural da humanidade esteve longe de ser acessível. As limitações advinham tanto do lado dos consumidores dos bens culturais, constituído por pessoas concretas, residentes em determinados territórios, com realidades sociais e econômicas muitas vezes impeditivas ao acesso e fruição cultural, quanto das instituições detentoras desses bens, com estruturas físicas e políticas também permeadas de entraves ao compartilhamento e à circulação de seu patrimônio cultural.

Foi preciso, assim, um longo processo histórico para que os bens culturais saíssem de seus enclaustros e pudessem circular de forma cada vez mais fácil, rápida e intensa. Se no século XV a prensa de Gutenberg possibilitou uma primeira revolução nesse processo de difusão, a entrada das TIC (tecnologias de informação e de comunicação) a partir de meados século XX levou as possibilidades de compartilhamento a outro patamar. Movimento que seguiu em franco crescimento nas décadas seguintes, com a criação, desenvolvimento e expansão contínua da internet, e que recentemente viu ocorrer mais uma aceleração, dessa vez em razão da trágica pandemia do coronavírus, cujos efeitos profundos e tenebrosos acabaram gerando, colateralmente, a necessidade de lidar com dinâmicas de isolamento social por mais de dois anos[5].

No campo da cultura e das artes, todas essas transformações nas formas de expressão e compartilhamento trouxeram desafios de diversas ordens para as instituições que lidam com a proteção, preservação, acesso e difusão das obras artísticas e literárias. Criadas para lidar com as produções culturais das sociedades, as instituições de memória, como galerias, bibliotecas, arquivos e museus (que no inglês formam o acrônimo GLAM), sempre apresentaram posições e ações das mais variadas em relação a seus acervos: desde a preservação, passando pelo desfrute e pela pesquisa, até a reutilização e uso deles para a criação de novas obras.

[4] MINISTÉRIO DO TURISMO. *Acervo em Rede e Projeto Tainacan*. Portal Gov.Br, 2021.

[5] VECCO, M., et al. *The impact of the COVID-19 pandemic on creative industries, cultural institutions, education and research*. WIPO, 2022.

Sua atuação, portanto, se viu profundamente afetada pelo desenvolvimento da computação e, sobretudo, da internet. A possibilidade de digitalização das obras, por exemplo, entendida como o acréscimo de camadas de dados aos materiais físicos existentes através da interação intensa entre máquinas e seres humanos[6], trouxe para essas instituições benefícios relacionados à organização, acesso e difusão de seus acervos[7]. Afinal, ao se tornarem digitais, os objetos passam a ser: editáveis (possibilidade de alterá-los, suprimir elementos, incluir novas partes ou modificar as já existentes); distribuíveis (amplamente passíveis de circularem em diferentes tipos de mídias e redes de comunicação, sem redução ou diminuição dos recursos iniciais); interativos (diferentes maneiras de serem manipulados e terem funções a ele incorporadas); abertos (podem ser reprogramados, modificados e reutilizados de diferentes maneiras)[8].

Quando pensamos nessas características associadas às instituições de memória, elas poderiam muito bem se traduzir em novas potencialidades culturais, como a abertura a uma diversidade maior de trabalhos, incluindo formas de produção multimídia; a disseminação de obras para o público através de outras plataformas, como as mídias sociais; a promoção de novas experiências para seus visitantes, fazendo o uso de tecnologias imersivas e multissensoriais; ou a expansão das possibilidades de exibição das obras para além de seus espaços físicos[9].

Na prática, entretanto, essas possibilidades encontram diversos limites para sua concretização. Apesar de observarmos uma digitalização crescente de grandes quantidades de obras e do aumento de produções nato digitais[10], novas questões foram se apresentando como pontos sensíveis

6 JONES, Stephan E. *The emergence of the Digital Humanities*. Nova Iorque: Routledge, 2014.

7 Há diversos trabalhos que se aprofundam mais especificamente nesses aspectos. Como exemplo, deixamos a série de documentos elaborados pelo Digital Law Center da Universidade de Genebra. BANDLE, Anne L. et al. *Policy Paper on the Digitization of Museum Collections*. Digital Law Center: Universidade de Genebra, 2020.

8 YAMAOKA, E. J.; GAUTHIER, F. O. Objetos digitais: em busca da precisão conceitual. *Informação & Informação*, Londrina, v. 18, n. 2, p. 77 – 97, 2013, p. 85.

9 BANDLE, Anne L. et al. *Policy Paper on the Digitization of Museum Collections*, 2020, pp. 6-7.

10 Com este termo, referimo-nos às obras criadas diretamente no ambiente digital, em contraposição àquelas que vieram a ser digitalizadas somente em um momento posterior à sua produção.

para a efetivação do acesso às criações, envolvendo aspectos técnicos, sociológicos, econômicos, entre outros.

Um desses desafios, surgido desde os momentos iniciais da internet e que se tornou central no seu desenrolar, refere-se ao conflito entre o livre acesso e circulação dos objetos digitais e o desejo de restrição, controle e monetização frequentemente imposto sobre eles por seus detentores. Nas palavras proferidas por Stewart Brand na Conferência Hacker de 1984:

> Por um lado, a informação quer ser cara, por ser tão valiosa. A informação certa no lugar certo muda a sua vida. Por outro lado, a informação quer ser grátis, porque o custo de acessá-la está sempre caindo. Então você tem essas duas forças lutando uma com a outra.[11]

E como lidar com essas forças? No plano jurídico, coube sobretudo aos direitos autorais mediar a fronteira entre o livre acesso e a propriedade sobre os objetos culturais, ou ao menos tentar. É sobre esse dilema, seus contornos e tons ainda desconhecidos para grande parte dos usuários das redes, sejam eles criadores ou consumidores de bens culturais, que trataremos nos tópicos seguintes.

1. Direitos autorais e instituições de memória e cultura no Brasil: parceiros ou concorrentes?

1.1. Realidade das instituições de memória quanto à digitalização

Ainda que a esfera digital possa aparecer para nós como apartada do mundo material, o acesso e as possibilidades de uso de suas tecnologias estão diretamente ligados a estruturas concretas e às condições reais de seus usuários. O Brasil, como sabemos, é um país marcado por uma desigualdade social histórica e profunda, o que faz com que o tema da cultura digital seja permeado por amplas distinções regionais[12] e pelos

[11] Brand apud ANDERSON, Chris. *Free: grátis. O futuro dos preços*. Rio de Janeiro: Elsevier, 2009, p. 96.

[12] Isso pode ser analisado a partir dos Mapas Culturais, que indica que as regiões Norte e Centro-Oeste têm baixa concentração de instituições, assim como baixa iniciativa de digitalização (o que não exclui sua importância). MUSEUSBR. *Mapas Culturais*. (s.d.). Disponível em: http://museus.cultura.gov.br/. Acesso em: 10.06.2022.

respectivos desafios que os diferentes contextos sociais impõem em relação à promoção de acesso, tanto no espaço físico quanto no digital. Dados de 2013 sobre a atitude da população brasileira com relação à cultura mostraram que

> [...] 68% da população nunca visitou um centro cultural ou um museu; 71% disseram que os altos preços são um obstáculo à sua ida aos aparelhos culturais e 56% disseram que não frequentam centros culturais porque sentem que não pertencem àquele espaço.[13]

Somado a isso, não é apenas entre os cidadãos que o uso das tecnologias encontra barreiras. Ao lado de uma enorme parcela da população brasileira ainda apartada do acesso crescente à internet nos últimos anos, também nas instituições de memória encontramos um cenário desafiador quanto à relação com o ambiente digital. Dados do TIC Cultura 2020[14] mostram como inúmeras instituições de memória ainda carecem de proximidade com as tecnologias – tanto em termos de pessoal como de infraestrutura – e ainda que se veja um aumento no número de acervos digitalizados, ele não se traduz necessariamente na disponibilização dessas obras para o público, sendo que apenas 12% das instituições de memória catalogadas oferecem a possibilidade de realização de visitas virtuais em seus *websites* ou outros canais digitais.[15]

Quanto à relação das instituições de memória com o direito, o mesmo levantamento do Cetic.br evidenciou que precisamente os direitos autorais são uma das maiores barreiras existentes entre a digitalização e a disponibilização das obras, impedindo ou desincentivando a realização das iniciativas diante do receio e do risco de infrações à lei[16]. A pesquisa

[13] ALMEIDA, Adriana M., et al. *Relatório final: Encontro ICOM Diálogo Sul-Sul de Museus & Sistema de Bolsas para Jovens Profissionais de Museus*. São Paulo: ICOM BR, 2013, p. 14.

[14] COMITÊ GESTOR DA INTERNET. *TIC cultura 2020: pesquisa sobre o uso das tecnologias de informação e comunicação nos equipamentos culturais brasileiros*. Núcleo de Informação e Coordenação do Ponto BR. São Paulo: Comitê Gestor da Internet no Brasil, 2021.

[15] Ibid., p. 74.

[16] VALENTE, Mariana Giorgetti; FREITAS, Bruna Castanheira de. *Manual de direito autoral para museus, arquivos e bibliotecas*. Rio de Janeiro: FGV Editora, 2017.

apontou para diversos pontos da legislação autoral que erigem essas barreiras, por exemplo:

> [...] entre os dados sobre a condição de proteção autoral dos itens do acervo com a disponibilização desses materiais, nota-se que os itens com proteção autoral desconhecida foram menos disponibilizados ao público, tanto de modo geral quanto pela Internet (além, obviamente, daqueles protegidos por direitos autorais controlados por terceiros).[17]

Esse quadro aponta tanto para o desconhecimento das pessoas em relação à legislação autoral relacionada ao tema, quanto para os problemas nela existentes, que a tornam pouco acessível e descolada das atuais práticas culturais. Com essas questões em mente, mostraremos no próximo tópico como a atual conformação dos direitos autorais acaba por dificultar aquela que seria precisamente uma de suas funções essenciais: o estímulo à cultura e à arte.

1.2. Direito Autoral e acesso à cultura

Os direitos autorais, vistos com desconfiança pelas instituições de memória, constituem o ramo do direito que tutela as "criações do espírito" (art. 7º da Lei de Direitos Autorais), dentre as quais podemos citar, por exemplo, obras artísticas ou acadêmicas. São elas que compõem grande parte do nosso patrimônio cultural e, portanto, encontram-se sob cuidado das instituições de memória. Longe de trivial, é fundamental discutir os objetivos dos direitos autorais e as finalidades de proteção das "criações do espírito"[18], que, como quaisquer criações jurídicas, não devem ser aplicadas de forma irrefletida e naturalizada. Afinal, ainda que não se encontre uma resposta única e acabada, sua busca nos permite avaliar o quanto as regras de proteção autoral fazem sentido diante daquilo a que esse direito se propõe, e quando é necessário estabelecermos limites

[17] COMITÊ GESTOR DA INTERNET. *TIC cultura 2020: Pesquisa sobre o uso das tecnologias de informação e comunicação nos equipamentos culturais brasileiros*. Núcleo de Informação e Coordenação do Ponto BR. São Paulo: Comitê Gestor da Internet no Brasil, 2021, p. 79.

[18] Estabelecido no art. 7 da Lei de Direitos Autorais n. 9.610/1998.

internos a essas regras, ao vermos sua aplicação se afastar daqueles que eram originalmente seus objetivos.

Resumidamente, o direito autoral cumpre em nossa ordem jurídica funções tanto promocionais como sociais. A função promocional é aquela que opera sobretudo no plano econômico, através do estímulo da relação entre obra e autor e da indução deste à criação por meio da garantia de direitos autorais, sobretudo patrimoniais, sobre as obras criadas[19]. A função social, por outro lado, volta-se a proteger o direito de coletividade, sobretudo o acesso à educação, ao conhecimento e à cultura, ao encontro do interesse público de garantir às diversas camadas sociais o acesso ao arcabouço intelectual estimulado pela função promocional[20]. A gestão dessas duas dimensões dos direitos autorais encontra-se no coração daquele que se tornou um de seus paradoxos: a necessidade de conciliar a proteção aos autores com o acesso às obras intelectuais, imprescindíveis para a criação de novas obras. Em outras palavras, a escolha em proteger o acesso e uso das obras intelectuais para estimular a criação, se feita de forma excessiva, com restrições desproporcionais ao acesso às obras, faz com que os próprios criadores se vejam sufocados em suas atividades: não há viés cultural para criação e o "estado da arte" do direito autoral é perdido.

No âmbito legal, a busca por um melhor equilíbrio entre essas dimensões levou à percepção de que, em algumas situações sociais, a equação autoral deveria ser tratada de forma distinta, fazendo pender a balança, entre proteção e acesso, a favor deste último. Assim, a legislação autoral trouxe em seus arts. 46 e 47 as chamadas limitações e exceções: situações em que as obras, ainda que protegidas, poderiam ser usadas sem necessidade procedimental, isto é, sem a autorização dos detentores dos direitos de autoria sobre aquela criação.

Ao lado de suas funções internas, outro aspecto imprescindível a ser levado em conta é a inserção do direito autoral dentro de nossa ordem normativa: nenhum direito é absoluto, e dessa maneira encontra limites no

[19] LIGUORI FILHO, Carlos Augusto. *Tente outra vez: o anteprojeto de reforma da lei de direitos autorais, sua compatibilidade na sociedade da informação e a espera pela reforma que nunca chega*. Dissertação (Mestrado em Direito) – Fundação Getúlio Vargas (FGV), São Paulo, 2016, p. 36.

[20] Ibid., pp. 45 e 63.

restante do ordenamento do qual faz parte. Tanto o direito fundamental dos autores quanto o direito à informação, à educação e à cultura encontram proteção internacional[21] e constitucional[22], cabendo aos poderes (legislativo, judiciário e executivo) criar as condições para sua efetivação e balanço[23].

Essa dimensão do problema (da relação entre a proteção autoral e outros elementos a serem protegidos) transparece em uma das dificuldades mais recorrentes quando se pensa na digitalização de obras em geral: como alcançar uma balança apropriada entre detentores de direitos autorais e usuários?[24] O fracasso em encontrar esse equilíbrio foi em grande parte responsável pela ideia de que esse campo normativo seria um obstáculo às instituições de memória.

Afinal, por mais que internacionalmente temas como acesso ao conhecimento, promoção da cultura e da informação e direito autoral no campo digital já fizessem parte de eixos temáticos na virada do século, com a participação de inúmeras instituições de memória, no Brasil essa abertura encontrou fortes obstáculos. Nossa lei de direitos autorais e seus aplicadores sempre fizeram prevalecer uma posição maximalista em relação ao tema, pautando a proteção por meio da restrição, ao invés do acesso. Na tese "A construção do direito autoral no Brasil", Mariana Valente aponta como:

[21] Destacamos a Declaração Universal dos Direitos Humanos, em que são assegurados ambos os direitos à participação da vida cultural da comunidade (art. 27,1) e os direitos morais e materiais dos autores (art. 27,2).
VALENTE, Mariana G.; FREITAS, B. C. *Manual de Direito Autoral para Museus, Arquivos e Bibliotecas*. 1. ed. Rio de Janeiro: FGV Editora, 2017, p. 15.

[22] O art. 5º, XXVII da Constituição Federal fundamenta a proteção ao direito autoral e os arts. 6º, 205, 206, 215, 216 e 216-A da Constituição são alguns dos que positivam o direito à educação e à cultura. Ibid., p. 16.

[23] Ibid., p. 16.

[24] BESEK, June M. *Copyright Issues Relevant to the Creation of a Digital Archive: A Preliminary Assessmentbody*. Council on Library & Information Resources, 2003. Para acrescentar, nas palavras de Mariana VALENTE: "Mais recentemente, por conta principalmente dos avanços tecnológicos e das novas possibilidades de usos das obras intelectuais protegidas, tem-se discutido internacionalmente uma doutrina chamada de "direitos dos usuários", que seria uma forma de pensar os usos permitidos não somente como exceções contidas nas legislações, mas como direitos propriamente". In: VALENTE, Mariana G.; FREITAS, B. C. *Manual de Direito Autoral para Museus, Arquivos e Bibliotecas*. 1. ed. Rio de Janeiro: FGV Editora, 2017, p. 18.

Historicamente, também, no Brasil, não se constituíram grupos de interesse relacionados a atividades que dão acesso a obras intelectuais, como grupos de instituições de memória – bibliotecas, arquivos e museus – e tampouco articulações de acadêmicos.[25]

Esse foi um dos problemas que motivou as inúmeras tentativas de reformar a legislação de direito autorais. Um dos eixos repetidamente buscados nas iniciativas era a ampliação das hipóteses de limitações e exceções, somadas à garantia de uma maior segurança jurídica aos setores que deveriam ser respaldados por esses diplomas, como é o caso das instituições de memória[26]. A reforma da lei, entretanto, não veio, mantendo-se seu texto – e seu contexto – ainda anteriores à virada do milênio e à disseminação da internet. Seus entraves jurídicos permaneceram, ou mesmo se agravaram, sendo a única saída para as instituições, públicas e privadas, tentar amenizá-los da forma que fosse possível.

Do lado do Estado, por exemplo, houve uma série de projetos desenvolvidos no âmbito do Ministério da Cultura relacionados aos acervos digitais das instituições de memória[27], que não caberá a este ensaio analisar. Do lado das instituições, abordaremos no próximo tópico uma iniciativa que tem procurado oferecer caminhos para um melhor equilíbrio entre direitos autorais e acesso à cultura no âmbito das instituições de memória: a chamada Agenda Open GLAM. Propondo outras formas de lidar com os acervos hoje, através do uso de algumas das garantias legais já existentes

[25] VALENTE, M. G. *A construção do Direito Autoral no Brasil: cultura e indústria em debate legislativo.* São Paulo: Letramento, 2019, p. 418.

[26] Para um tratamento mais detido sobre as iniciativas de reforma da LDA no que se refere às limitações e exceções, ver: LIGUORI FILHO, Carlos Augusto. *Tente Outra Vez: O anteprojeto de reforma da lei de direitos autorais, sua compatibilidade na sociedade da informação e a espera pela reforma que nunca chega.* Dissertação (Mestrado em Direito). FGV Direito SP, 2016.

[27] MARTINS, Dalton Lopes; CARVALHO JR., José Murilo Costa; GERMANI, Leonardo. Projeto Tainacan: experimentos, aprendizados e descobertas da cultura digital no universo dos acervos das instituições memoriais. In: COMITÊ GESTOR DA INTERNET. *TIC cultura 2018: pesquisa sobre o uso das tecnologias de informação e comunicação nos equipamentos culturais brasileiros.* Núcleo de Informação e Coordenação do Ponto BR. São Paulo, 2019 e DIAS, Calíope Victor Spíndola de Miranda; MARTINS, Dalton Lopes. "Iniciativas brasileiras em torno da construção de uma política nacional para acervos digitais de instituições de memória: o desafio da memória em tempos de cultura digital". *Políticas Culturais em Revista*, Salvador, v. 13, n. 1, p. 16-46, jan./jun. 2020.

para as instituições de memória e da compreensão de seus limites, esse movimento nos auxilia na desafiadora tarefa de iluminar os pontos atualmente questionáveis e os caminhos para um nova Lei de Direitos Autorais.

2. Agenda Open GLAM e aprendizados das políticas de licenciamento livre para os direitos autorais

2.1. Desafios institucionais atuais frente aos direitos autorais

Nos últimos anos, diversas organizações da sociedade civil, como o Capítulo Brasileiro do *Creative Commons*, têm cumprido o papel de fomentar o debate da reforma da LDA focado na perspectiva do acesso e dos direitos dos usuários. Em 2019, a organização reuniu representantes de museus para, a partir de situações-problemas como a reprodução e cópia das obras de seus acervos, levantar tópicos específicos sobre dificuldades envolvendo direitos autorais[28]. Mais recentemente, em 2021, o Museu do Senado também realizou um webinário no qual foram discutidos direitos autorais na Era Digital com foco em museus.[29]

Esses encontros ajudaram a evidenciar como as instituições de memória brasileiras reconhecem as lacunas e atrasos legais, algo que foi percebido também na Consulta Pública de 2019 realizada pela Secretaria de Direitos Autorais e Propriedade Intelectual do Ministério da Cidadania para discutir uma possível reforma da Lei de Direitos Autorais 9.610/98. Nela, a terceira temática mais mencionada como essencial de ser atualizada referia-se a "Limitações e Exceções para Museus, Bibliotecas, Arquivos e Instituições Educacionais e de Pesquisa".[30]

[28] Dentre os pontos temáticos analisados, estão inclusos: "Criação de camadas adicionais de direitos para obras em domínio público; a possibilidade de criação de cópia para preservação sem autorização do autor; Possibilidade de realização de mineração de dados e texto para fins científicos e culturais; Possibilidade de reprodução de obras esgotadas; Possibilidade de exceções de uso obras órfãs; Reprodução de obras e objetos em catálogos e terminais; Reprodução de obras e objetos em atividades educacionais e de pesquisa; Limitação de responsabilidade (boa-fé) para funcionários de instituições de memória". CREATIVE COMMONS. *CC discute reforma de Direitos Autorais com os museus em SP*. Blog Criative Commons Brasil, 2019.

[29] TV SENADO. *Museu do Senado realiza webinar sobre direitos autorais na era digital*. Youtube, 2021.

[30] SECRETARIA DE DIREITOS AUTORAIS E PROPRIEDADE INTELECUTAL. *Relatório Preliminar Consulta Pública para reforma da Lei de Direitos Autorais (Lei nº 9.610/1998) – Anexo I.* 2020.

De uma forma geral, o aspecto jurídico do processo de digitalização se desenrola da seguinte maneira: diante de uma obra a ser digitalizada, a instituição precisa entender quais direitos autorais recaem sobre essa obra e que medidas devem ser tomadas para manejá-los. Para essa definição, o primeiro passo é a identificação da autoria ou seu enquadramento enquanto uma obra órfã, que indicará se a criação ainda se encontra sob proteção patrimonial, demandando autorização dos titulares desses direitos, ou se já faz parte do domínio público[31].

A forma como a Lei de Direitos Autorais regulamenta esses institutos torna-se, assim, central para as instituições. Desconhecida a autoria de determinada criação e não havendo como obter autorizações para seu uso, é necessário que existam disposições claras sobre como devem agir as instituições de memória. A percepção que predomina, entretanto, é de que os dispositivos da LDA são insuficientes no tratamento dessa questão, com algumas previsões esparsas em seus arts. 5º, VIII, "b"; 40, 43 e 45, que acabam desincentivando a disponibilização das obras órfãs[32]. Os dados de 2020 do TIC Cultura mostram como as obras órfãs geraram estranheza e insegurança para as instituições na hora de disponibilizá-las na internet.

Por outro lado, a mesma pesquisa apontou como a condição de domínio público, a disponibilização por licenças de uso livres ou abertas e o controle dos direitos autorais pelas instituições permitiram uma maior disponibilização das obras. Assim, condições alargadas e seguras de domínio público e de licenciamento público e aberto mostram-se como pontos a serem aprofundados pela LDA.

Por fim, no caso de obras protegidas por direitos autorais, surgem duas últimas questões principais[33]: (i) a existência de limitações ou exceções que autorizem seu uso independentemente do aval do detentor dos

[31] BONAN, Olivia. *Museus, digitalização de acervos e direitos autorais*. Trabalho de Conclusão de Curso (Especialização em Gestão de Projetos Culturais), Escola de Comunicação e Artes da Universidade de São Paulo, 2022, p. 14.

[32] Ibid., p. 17.

[33] Há outros elementos de enorme relevância, como a discussão sobre as camadas de direitos autorais que podem se sobrepor nas práticas culturais, por exemplo no registro digital (por fotos ou vídeos de determinada obra), que não serão abordados. Um tratamento desta questão pode ser encontrado em: VALENTE, Mariana Giorgetti; FREITAS, Bruna Castanheira de. *Manual de direito autoral para museus, arquivos e bibliotecas*. 1. ed. Rio de Janeiro: FGV Editora, 2017.

direitos autorais; (ii) as formas de autorização que podem ser obtidas desses detentores (licenciamentos ou cessões). No tópico "Direito autoral e acesso à cultura" apresentamos o lugar que ocupam as limitações e exceções no sistema autoral nacional, enquanto instrumentos balizadores das funções promocionais e sociais dos direitos autorais, bem como de sua inserção, de sua proteção ao lado de direitos igualmente fundamentais, como o acesso à educação, à cultura e ao conhecimento.

Na prática, entretanto, não há esse proclamado equilíbrio: temos uma legislação autoral fortemente restritiva no que se refere às limitações e exceções. Uma pesquisa da Organização Mundial da Propriedade Intelectual (OMPI) de 2014 apontou o Brasil como um dos países sem limitações e exceções específicas para o contexto da comunidade GLAM[34]. Somando-se a isso, as hipóteses atualmente previstas pela LDA não dão conta das práticas e demandas dessas instituições[35].

Como consequência, as instituições acabam tendo de obter distintos licenciamentos e cessões de direitos autorais, referentes tanto a obras que já poderiam se encontrar em domínio público quanto a usos que poderiam ser abarcados por limitações e exceções. Os desafios são consideráveis e no próximo tópico apresentaremos uma iniciativa que tem buscado auxiliar a comunidade GLAM nesse processo.

2.2. Open GLAM como alternativa

Ao longo do ensaio, a ideia de abertura se fez constantemente presente enquanto elemento necessário ao desenvolvimento sociocultural. Cultura e conhecimento não florescem em espaços fechados e herméticos, demandando olhares, mãos e ares diversos para prosperarem. Na tentativa de pensar formas de socialização dos acervos culturais, em prol de uma cultura aberta – livre para ser acessada, utilizada, modificada e compartilhada[36] –, foi criada a iniciativa global conhecida como Open GLAM.

34 BONAN, Olivia. *Museus, digitalização de acervos e direitos autorais*. Trabalho de Conclusão de Curso (Especialização em Gestão de Projetos Culturais), Escola de Comunicação e Artes da Universidade de São Paulo, 2022, p. 27.

35 Ibid., p. 27.

36 VALENTE, Mariana Giorgetti; FREITAS, Bruna Castanheira de. *Manual de direito autoral para museus, arquivos e bibliotecas*. Rio de Janeiro: FGV Editora, 2017.

GLAM é a sigla em inglês para instituições de memória (galerias, bibliotecas, arquivos e museus), e o termo se refere tanto à articulação fundada pelo *Open Knowledge Foundation* (OKFN), hoje encabeçada sobretudo pelo Movimento *Creative Commons* (CC), quanto a um conjunto de princípios e práticas mais amplas. A ideia central é tornar as instituições de memória mais abertas e acessíveis, sobretudo considerando o contexto digital, e esse projeto é estimulado através de materiais formativos, cursos, documentação e suportes oferecidos em diversos países, utilizando-se de ferramentas digitais. Ela se organiza em torno de cinco princípios, atualmente reunidos no site do CC:

> 1 – Disponibilizar informação digital sobre os objetos (metadados) no domínio público utilizando uma ferramenta legal apropriada como o instrumento do *Creative Commons Zero.* [...]
>
> 2 – Não adicionar novos direitos a representações digitais de obras cujos direitos autorais já tenham expirado (e que já estejam, portanto, em domínio público) de forma a mantê-las em domínio público. [...]
>
> 3 – Quando for publicar dados, fazer uma declaração explícita e robusta de suas vontades e expectativas com relação à reutilização e redirecionamento das descrições, do conjunto de dados como um todo e de subconjuntos do acervo. [...]
>
> 4 – Quando publicar dados usar formatos de arquivo abertos que sejam legíveis por máquina. Os formatos que são legíveis por máquinas são aqueles que são capazes de ter os seus dados extraídos por programas de computador. [...]
>
> 5 – Oportunidades de envolver o público de novas formas na internet devem ser exploradas.[37]

Nesse contexto, por mais que existam múltiplas dimensões envolvidas – algumas já apontadas quando tratamos dos desafios da digitalização de acervos –, os direitos autorais ganham destaque. Como delineamos, eles permeiam grande parte das criações culturais que são produzidas e compartilhadas no âmbito dessas instituições, e a proteção autoral das obras muitas vezes se mostra conflitante com iniciativas de democratização do acesso, de compartilhamento e uso de forma mais aberta. Isso se faz

[37] CREATIVE COMMONS BRASIL. *Os 5 princípios do OpenGLAM – CC Brasil.*

sentir diretamente da Agenda Open GLAM, que tem como um de seus princípios criar espaços em que:

> [...] os conteúdos relacionados às coleções [...] são liberados de forma bastante permissiva. Ou seja, terceiros podem utilizar tais conteúdos de maneira aberta, seja por meio de traduções, remix, recriação, reprodução e muitas outras formas de criação.[38]

Assim, no plano jurídico, a agenda Open GLAM se alinha com políticas de licenciamento aberto ou livre para as produções intelectuais, objetivo facilitado pela organização *Creative Commons* e suas licenças padronizadas. A organização, em uma iniciativa precursora e fundamental, vem elaborando e difundindo essas licenças, além de materiais e recursos educativos para que os detentores de direitos autorais possam optar pelo compartilhamento facilitado de suas obras e, consequentemente, as pessoas consigam acessar e utilizar esses materiais sem receio de violarem os direitos autorais:

> As licenças da *Creative Commons* dão a todos, desde criadores individuais até grandes instituições, uma maneira padronizada de conceder ao público permissão para usar seu trabalho criativo sob a lei de direitos autorais. (Tradução livre)[39]

As formas de licenciamento vão desde categoriais mais flexíveis, com modalidades com ou sem fins lucrativo, até outras mais restritas, que permitem o compartilhamento não comercial, mas sem possibilidade de alteração da obra. Nesse rol, licenças abertas são aquelas que autorizam o uso das obras por terceiros para recriação e reprodução, com graus de relatividade que podem variar. Já as licenças livres são aquelas que colocam as obras em domínio público, permitindo sua ampla alteração

[38] SCANN. *Princípios de Open GLAM: caminhos em direção ao acesso aberto para o patrimônio cultural*. Trad, por Giovanna Fontenelle, Natalia Abramides, André Houang e Juliana Monteiro. Medium Open GLAM, 2019.

[39] No original, em inglês: "Creative Commons licenses give everyone from individual creators to large institutions a standardized way to grant the public permission to use their creative work under copyright law." In: CREATIVE COMMONS. *About CC Licenses*. (s.d.).

e utilização, inclusive para fins comerciais[40]. Como já foi apresentado, obras em domínio público são mais facilmente disponibilizadas pelas instituições culturais, trazendo, com isso, benefícios à sociedade: "[u]ma grande disponibilidade de obras em domínio público significa também um grande acervo cultural que pode ser livremente utilizado em novas criações."[41]

Outro ponto atualmente visado é a elaboração de infraestruturas jurídicas[42] para a realização exitosa da digitalização e divulgação de acervos. Um passo que tem sido facilitado por parcerias com outras instituições atuantes em prol dos princípios Open GLAM, como a Wikimedia:

> A etapa de avaliação da infraestrutura jurídica geralmente ocorre no início da parceria e é essencial tanto para que a instituição cultural quanto a comunidade Wikimedia e terceiros tenham a garantia de que o material a ser disponibilizado é compatível com licenças gratuitas, sem violação de direitos autorais.[43]

No Brasil, ainda que o debate esteja em seus estágios iniciais, já é possível ver seus frutos. Um exemplo brasileiro de instituição que aderiu aos princípios Open GLAM foi o Museu da Pessoa, estruturado enquanto uma instituição digital de cultura pautada na abertura de acesso e disponibilização do acervo. No mesmo sentido, a lista de instituições que têm aderido à agenda Open GLAM não para de crescer: na página da organização *Creative Commons* há uma lista com 50 instituições Open GLAM de referência[44], além de uma pesquisa que conta com a resposta

[40] Nota-se, então, que os direitos patrimoniais podem estar em jogo nas obras, mas a moral de quem a cria é irrevogável.

[41] VALENTE, Mariana G.; FREITAS, B. C. *Manual de Direito Autoral para Museus, Arquivos e Bibliotecas*. 1. ed. Rio de Janeiro: FGV Editora, 2017, p. 36.

[42] AZZELLINI, E., PESCHANSKI, J. *Commons Voices: contributing life histories to the open knowledge ecosystem in Brazil*. WIKI MOVIMENTO BRASIL, 2022.

[43] Ibid., tradução livre. No original: "The assessment stage of the legal infrastructure usually occurs at the beginning of the partnership and it is essential for both the cultural institution and the Wikimedia community and third parties to have the guarantee that the material to be made available is compatible with free licenses, without copyright infringement."

[44] MCCARTHY, D. & WALLACE, A. *List of Open GLAM resources and repositories*, (s.d.).

de mais de 1.400 instituições afirmando fazerem uso de práticas Open GLAM em seu cotidiano[45].

Trata-se de um processo ainda em seus estágios iniciais, mas que nos serve de bússola para as mudanças do presente, ou para caminhos futuros no âmbito autoral. Partindo dos problemas da nossa legislação atual, agravados no cenário já apresentado das transformações tecnológicas e seus efeitos na criação e compartilhamento de obras, percebe-se a necessidade, cada vez mais incontornável, de reformar esse ordenamento com alternativas mais adequadas a um mundo aberto, democrático e em constante transformação.

2.3. Aprendizados para uma nova legislação autoral

Sabemos, diante da complexidade da discussão, que as respostas que buscamos não se encontram todas em uma nova Lei de Direitos Autorais. Há variáveis externas que são incontornáveis, como é o caso dos incentivos por meio de políticas culturais para a digitalização de obras na internet. Uma pesquisa da Rede Europeia de Organizações Meais (NEMO)[46] indicou a escassez de recursos financeiros como um dos principais obstáculos à difusão dos acervos, refletindo em âmbitos como o treinamento humano para a gestão de suas plataformas e o manuseio técnico necessário para manutenção da rede e sua segurança[47]. Ainda assim, entendemos que as limitações têm de ser tratadas em interseção, compreendendo onde os problemas se intercruzam e quais os caminhos a serem tomados para seu tratamento conjunto.

Uma dessas esferas, sobre a qual nos debruçamos mais detidamente, é a jurídica. Diante da apresentada interseção entre direito autoral e acesso à cultura, das experiências cotidianas das instituições de memória e de movimentos como o Open GLAM, podemos apreender pontos importantes que não podem faltar numa futura reforma da LDA.

Em uma dimensão mais prática, uma reforma que responda aos empecilhos atualmente existentes para o dia a dia das instituições culturais e suas iniciativas de digitalização de acervos, relativos sobretudo: às obras

45 MCCARTHY, D. & WALLACE, A. *Survey of GLAM open access policy and practice*, (s.d).

46 NETWORK OF EUROPEAN MUSEUM ORGANIZATION. *NEMO report on digitisation and copyright*. NEMO, 2020.

47 Ibid., p. 10.

órfãs, ao domínio público, à cessão e licenciamento de direitos autorais e às limitações e exceções voltadas à comunidade GLAM[48]. As propostas são diversas, e algumas delas ainda demandam construção.

Para isso, podemos olhar para outros países, compreendendo como suas soluções servem ou não para nossa realidade[49]. Podemos, também, olhar para os debates públicos de nosso passado recente relacionados às iniciativas de reforma da LDA, em que barreiras e saídas para as instituições culturais e sua inserção no cenário digital foram pensadas coletivamente. E devemos, em uma dimensão mais ampla, ter em mente uma estruturação que realize ambas as funções do direito autoral – a promocional e a social; que equilibre os interesses dos diversos sujeitos envolvidos no ambiente cultural: autores, usuários, alguns setores da indústria e instituições da cultura; reconhecendo o interesse público na atividade destas instituições.

Conclusões

Ao longo do trabalho, percebemos como, com as novas tecnologias, o cotidiano das instituições de memória passaram por transformações profundas[50], que têm levado as organizações a redimensionarem seus espaços, considerando sobretudo novas perspectivas de acessibilidade e relação com seu acervo cultural.

Também entendemos a necessidade de um olhar cuidadoso para o processo de digitalização em países como o Brasil, localizado no sul global e marcado por realidades sociais, econômicas e culturais próprias,

[48] Informação verbal. In: TV SENADO. *Museu do Senado realiza webinar sobre direitos autorais na era digital*. Youtube, 2021.

[49] A OMPI é uma das organizações que tem realizados pesquisas comparadas nesse sentido, por exemplo um estudo de 2019 que sistematizou limitações e exceções voltadas a museus, bibliotecas e arquivos existentes em diversos países. WORLD INTELLECTUAL PROPERTY ORGANIZATION – WIPO. *Revised report on copyright practices and challenges of museums*. Standing Committee on Copyright and Related Rights, 38th Session, Geneva, April 2019.

[50] Nas palavras de Yaniv Benhamou: "A tecnologia digital tem tido um profundo impacto em todos os níveis das atividades convencionais de um museu, o que pode exigir, em última instância, uma adaptação de seu papel institucional." In: BANDLE, Anne L. et al. *Policy Paper on the Digitization of Museum Collections*. Digital Law Center: Universidade de Genebra, 2020, p. 5.

que refletem nas dimensões estruturais, financeiras e técnicas dessas instituições.

Nesse caminho, o direito autoral muitas vezes se apresenta como um problema: o cenário é de desconhecimento ou resistência a esse ramo do direito, sendo rara uma estrutura jurídica adequada para o auxílio a essas instituições[51]. Isso reflete a falta de uma regulação adequada para as diversas atividades envolvidas na digitalização e disponibilização dos acervos, assim como uma proteção maximalista dos direitos autorais, sobretudo os patrimoniais. Com isso, o equilíbrio necessário entre os direitos dos diversos sujeitos envolvidos não se realiza, nem tampouco a promoção de um ambiente cultural aberto, democrático e acessível.

Muitas coisas ainda estão para serem resolvidas na perspectiva brasileira e ainda estamos no começo de uma caminhada longa que envolve setores sociais, econômicos e políticos, e que, embora não se resuma a isso, tem uma parada obrigatória na reforma da nossa legislação autoral atual.

Referências

ANDERSON, Chris. *Free: grátis. O futuro dos preços*. Rio de Janeiro: Elsevier, 2009.

ALMEIDA, Adriana M., et al. *Relatório final: Encontro ICOM Diálogo Sul-Sul de Museus & Sistema de Bolsas para Jovens Profissionais de Museus*. São Paulo: ICOM BR, 2013. Disponível em: http://icom.org.br/wp-content/uploads/2015/10/Relatorio-Final-Dialogo-Sul-Sul_maio.pdf. Acesso em: 12.06.2022.

AZZELLINI, E., PESCHANSKI, J. *Commons Voices: contributing life histories to the open knowledge ecosystem in Brazil*. 2022. Disponível em: https://medium.com/creative-commons-we-like-to-share/commons-voices-contributing-life-histories-to-the-open-knowledge-ecosystem-in-brazil-66ca1fca79fd. Acesso em: 12.06.2022.

BANDLE, Anne L. et al. *Policy Paper on the Digitization of Museum Collections*. Digital Law Center: Universidade de Genebra, 2020. Disponível em: https://digitallawcenter.ch/sites/default/files/downloads/policy-paper-on-digitization-of-collections.pdf. Acesso em: 06.06.2022.

BESEK, June M. *Copyright Issues Relevant to the Creation of a Digital Archive: A Preliminary Assessmentbody*. Council on Library & Information Resources, 2003.

[51] Como vimos no caso do Museu da Pessoa, há a necessidade de pautar uma infraestrutura jurídica para segurança do acervo, assim como a ratificação pública da parceria, uma avaliação e upload em massa e a disseminação do conhecimento.

BONAN, Olivia. *Museus, digitalização de acervos e direitos autorais.* Trabalho de Conclusão de Curso (Especialização em Gestão de Projetos Culturais), Escola de Comunicação e Artes da Universidade de São Paulo, 2022.

CREATIVE COMMONS. *CC discute reforma de Direitos Autorais com os museus em SP*. Blog Criative Commons Brasil, 2019.

CREATIVE COMMONS BRASIL. *SUPREMO TRIBUNAL DE JUSTIÇA. Recurso Especial Nº 1.308.628 – RS (2011/0020537-8). Ministro Relator: Benedito Gonçalves. Brasília (DF), 26 de junho de 2012. DJe: 02/08/2012.*. CC BRASIL. Disponível em: Os 5 Princípios do Open Glam – CC Brasil (creativecommons.net). Acesso em: 20.06.2022.

CREATIVE COMMONS BRASIL. *Os 5 princípios do OpenGLAM – CC Brasil.* Disponível em: https://br.creativecommons.net/2019/09/24/os-5-principios-do-open-glam/. Acesso em 11.07.2022.

CREATIVE COMMONS. *About CC Licenses.* (s.d.). Disponível em: https://creativecommons.org/about/cclicenses/. Acesso em: 12.06.2022.

COMITÊ GESTOR DA INTERNET. *TIC cultura 2020: Pesquisa sobre o uso das tecnologias de informação e comunicação nos equipamentos culturais brasileiros*. Núcleo de Informação e Coordenação do Ponto BR. São Paulo: Comitê Gestor da Internet no Brasil, 2021.

DIAS, Calíope Victor Spíndola de Miranda; MARTINS, Dalton Lopes. *Iniciativas brasileiras em torno da construção de uma política nacional para acervos digitais de instituições de memória: o desafio da memória em tempos de cultura digital.* Políticas Culturais em Revista, Salvador, v. 13, n. 1, p. 16-46, jan./jun. 2020. Disponível em: https://portalseer.ufba.br/index.php/pculturais/article/view/35616/21211. Acesso em: 11.07.2022.

EUROPEANA. *Bem-vindo à Europeana Collections | Europeana.* Disponível em: https://www.europeana.eu/pt/about-us. Acesso em: 11.07.2022.

GOOGLE Arts & Culture. *Experience.* Disponível em: https://about.artsandculture.google.com/experience/. Acesso em: 11.07.2022.

JONES, Stephan E. *The emergence of the Digital Humanities.* Nova Iorque: Routledge, 2014.

LIGUORI FILHO, Carlos Augusto. *Tente outra vez: o anteprojeto de reforma da lei de direitos autorais, sua compatibilidade na sociedade da informação e a espera pela reforma que nunca chega.* Dissertação (Mestrado em Direito) — FGV — Fundação Getúlio Vargas, São Paulo, 2016.

MARTINS, Dalton Lopes; CARVALHO JR., José Murilo Costa; GERMANI, Leonardo. "Projeto Tainacan: experimentos, aprendizados e descobertas da cultura digital no universo dos acervos das instituições memoriais". In: COMITÊ GESTOR DA INTERNET. *TIC cultura 2018: pesquisa sobre o uso das tecnologias de informação e comunicação nos equipamentos culturais brasileiros.* Núcleo de Informação e Coordenação do Ponto BR. São Paulo, 2019.

MCCARTHY, D. & WALLACE, A. *List of Open GLAM resources and repositories*. Disponível em: https://docs.google.com/document/d/1_NRg0oFO4_PW2kaqIw88S0_pxc6JFHJfDvP7Il1s2e4/edit. Acesso em: 22.06.2022.

______. *Survey of GLAM open access policy and practice*. Disponível em: https://docs.google.com/spreadsheets/d/1WPS-KJptUJ o8SXtg00llcxq0IKJu8eO6Ege_GrLaNc/edit#gid=1216556120. Acesso em 22.06.2022.

MINISTÉRIO DO TURISMO. *Acervo em Rede e Projeto Tainacan*. Portal Gov.Br, 2021.

MUSEUSBR. *Mapas Culturais*. Disponível em: http://museus.cultura.gov.br/. Acesso em: 10.06.2022.

NAGAKURA, M. B. C. *Proteção autoral e acesso à cultura no ambiente digital: problemáticas jurídicas e socioculturais da digitalização de acervos artísticos no Brasil*. Dissertação (Mestrado) – Universidade Federal Do Paraná, Setor De Ciências Jurídicas, Programa De Pós-graduação Em Direito. Curitiba, 2022.

NETWORK OF EUROPEAN MUSEUM ORGANIZATION – NEMO. *NEMO report on digitisation and copyright*. NEMO, 2020. Disponível em: https://www.ne-mo.org/news/article/nemo/nemo-report-on-digitisation-and-copyright-challenges-of-making-museum-collections-accessible-online.html. Acesso em: 10.06.2022.

NETTO, José C. C. *Direito Autoral no Brasil*. 3a. ed, São Paulo: Saraiva Educação, 2019.

OPEN GLAM. *Principles (Princípios)*. Disponível em: https://openglam.org/principles/. Acesso em: 12.06.2022.

ROMEO, F. & SACANN. *Open GLAM*. WikiMedia/Meta-Wiki. Disponível em: Open GLAM – Meta (wikimedia.org). Acesso em: 20.06.2022.

SCANN. *Princípios de Open GLAM: caminhos em direção ao acesso aberto para o patrimônio cultural*. Trad. por Giovanna Fontenelle, Natalia Abramides, André Houang e Juliana Monteiro. Medium Open GLAM, 2019. Disponível em: https://medium.com/open-glam/tradu%C3%A7%C3%A3o-princ%C3%ADpios-de-openglam-caminhos-em-dire%C3%A7%C3%A3o-ao-acesso-aberto-para-o-patrim%C3%B4nio-cultural-b489930debb9. Acesso em: 09.06.2022.

SECRETARIA DE DIREITOS AUTORAIS E PROPRIEDADE INTELECUTAL. *Relatório Preliminar Consulta Pública para reforma da Lei de Direitos Autorais (Lei nº 9.610/1998) – Anexo I*. 2020.

TV SENADO. *Museu do Senado realiza webinar sobre direitos autorais na era digital*. Youtube, 2021. Disponível em: https://www.youtube.com/watch?v=E7m4AXXRETM. Acesso em: 08.06.2022.

VALENTE, Mariana Giorgetti; FREITAS, Bruna Castanheira de. *Manual de direito autoral para museus, arquivos e bibliotecas*. 1. ed. Rio de Janeiro: FGV Editora, 2017.

VECCO, M., et al. *The impact of the COVID-19 pandemic on creative industries, cultural institutions, education and research*. WIPO, 2022. Disponível em: https://www.wipo.

int/edocs/mdocs/copyright/en/wipo_cr_covid_19_ge_22/wipo_cr_covid_19_ge_22_study.pdf. Acesso em: 28.06.2022.

WIKI MOVIMENTO BRASIL. *Sobre.* WMB, 2022. Disponível em: https://wmnobrasil.org/. Acesso em: 11.07.2022.

WORLD INTELLECTUAL PROPERTY ORGANIZATION – WIPO. *Revised report on copyright practices and challenges of museums. Standing Committee on Copyright and Related Rights*, 38th Session, Geneva, April 2019. Disponível em: https://www.wipo.int/edocs/mdocs/copyright/en/sccr_38/sccr_38_5.pdf. Acesso em: 11.07.2022.

14. *BLOCKCHAIN* E DIREITOS AUTORAIS

Manuella Santos de Castro

1. Tecnologias disruptivas: conceito e aplicações[1]

A primeira geração da revolução digital nos trouxe a "internet da informação". Nesse momento estamos vivenciando a segunda geração da revolução digital: a "internet do valor"[2]. Esse novo momento é impulsionado por tecnologias disruptivas.

O que vem a ser uma "tecnologia disruptiva"? "Disruptivo" é o que provoca ou pode causar disrupção, que é o ato ou efeito de romper-se. Ou seja, é a quebra do curso normal de um processo[3]. A expressão "tecnologia disruptiva" refere-se à inovação tecnológica (produto ou serviço) capaz de substituir uma tecnologia já estabelecida[4].

Uma inovação pode ser sustentadora ou disruptiva. A inovação sustentadora visa a oferecer melhorias, um desempenho melhor do que o que antes havia sido disponibilizado. A indústria automobilística usa muito desse recurso para criar necessidades nos consumidores, passando a ideia de que a versão de automóvel que o cliente tem em casa já está ultrapassada. Por sua vez, a inovação disruptiva não visa a oferecer melhorias, ao

[1] Os itens 1 a 4 desse artigo têm como base um capítulo da minha tese de Doutorado, defendida em dezembro de 2021 perante banca examinadora do Programa de Pós-Graduação em Direito da Faculdade de Direito da Universidade de São Paulo.

[2] TAPSCOTT, Don; TAPSCOTT, Alex. *Blockchain revolution*. São Paulo: Senai, 2016, p. 36.

[3] Disponível em: https://michaelis.uol.com.br/moderno-portugues/busca/portugues-brasileiro/disrup%C3%A7%C3%A3o/.

[4] Disponível em: https://www.dicio.com.br/disruptivo/.

contrário, ela rompe com o modelo existente e redefine o mercado por meio da introdução de novos produtos e serviços[5].

Um exemplo é a montadora Tesla, pioneira em carros elétricos nos Estados Unidos, que anunciou que licenciará o seu *software*, chamado AutoPilot, usado para direção semiautônoma, e que pretende vendê-lo até mesmo para montadoras rivais[6]. Nota-se que a empresa reviu o conceito de automóvel: para a Tesla, o carro é um computador sobre rodas.

São consideradas tecnologias disruptivas: inteligência artificial, internet das coisas (IoT), Big data e *blockchain*. Don Tapscott destaca que a tecnologia *blockchain* terá o maior impacto sobre o futuro da economia mundial. E a razão disso é que se trata de uma tecnologia simples e revolucionária que permite que transações sejam simultaneamente anônimas e seguras, mantendo um livro-razão de valor público e inviolável. Embora seja a tecnologia que impulsiona as criptomoedas, como a conhecida bitcoin, a estrutura básica tem o potencial de ir muito além e gravar praticamente tudo que é importante para a vida em sociedade, como registros de nascimento, de óbito, de propriedade, exames médicos, atestados diversos e até votos[7].

Por que deveríamos nos importar com tecnologias disruptivas, como a *blockchain*? A resposta é simples: porque tecnologias como a *blockchain* têm potencial de aplicação em diversas áreas e as experiências pioneiras mostram que seu uso gera avanços importantes[8]. A seguir indicamos alguns exemplos de aplicação da tecnologia *blockchain* e, na sequência, analisamos sua aplicação na seara dos direitos autorais.

[5] BURGELMAN, Robert; CHRISTENSEN, Clayton; WHEELWRIGHT, Steven. *Gestão estratégica da tecnologia e da inovação*: conceitos e soluções. Trad. Luiz Claudio de Queiroz Faria. 5. ed. Porto Alegre: AMGH, 2012, p. 137.

[6] Disponível em: https://www.dw.com/pt-br/a-corrida-tecnol%C3%B3gica-na--ind%C3%BAstria-automobil%C3%ADstica/a-56760849. A revista de negócios alemã *Wi rtschaftswoche* perguntou recentemente em uma manchete se a Alemanha – referência na fabricação de automóveis – será "reduzida à bancada de trabalho das empresas de *software*". O cenário pessimista foi levantado em meio à crescente preocupação de que gigantes da tecnologia, como a Apple e a Google, entrarão no já saturado mercado automotivo, com todo o seu dinheiro e experiência em desenvolvimento de softwares.

[7] TAPSCOTT, Don; TAPSCOTT, Alex. *Blockchain revolution*. São Paulo: Senai, 2016, p. 36.

[8] TIGRE, Paulo Bastos. Inovações em serviços de saúde. In: TIGRE, Paulo Bastos; PINHEIRO, Alessandro Maia (Coord.). *Inovação em serviços na economia do compartilhamento*. São Paulo: Saraiva, 2019, p. 269.

2. Cenário econômico-político do advento da *blockchain*

A tecnologia *blockchain* tem sido considerada como a protagonista da próxima revolução nos negócios digitais, em virtude de seu grande potencial disruptivo. Tal como se deu com a internet na década de 1990, que transformou a sociedade de forma profunda e definitiva, há grandes expectativas de que a *blockchain* seja a inovação tecnológica que mais estimulará mudanças nos ambientes de negócio e de prestação de serviços[9].

Praticamente em todos os segmentos, em particular no setor de serviços, alguma solução inovadora tem sido proposta com base na tecnologia *blockchain*, em complemento ou em substituição aos tradicionais processos de negócios. Há duas décadas não se via tanta empolgação em torno de uma tecnologia emergente, o que pode ser explicado pelo fato da *blockchain* propor uma nova forma de organizar, validar e armazenar registros. Esta novidade pode ser entendida como um dos elementos fundamentais para muitas de nossas atividades sociais e de cunho administrativo, como livros de contas, certificados, rastreamentos, prontuários e tantas outras formas de documentação de fatos e transações que se baseiam na ideia de registrar algo que possa servir de prova, garantindo no futuro a autenticidade ou a continuidade de algo que ocorreu no passado[10].

Tradicionalmente elege-se um terceiro, um intermediário idôneo, para validar e garantir a inviolabilidade e a autenticidade de nossos registros. Com a *blockchain*, o terceiro idôneo é substituído pela tecnologia criptográfica e por um controle coletivo sobre a integridade dos registros. É um modelo concebível apenas em um ambiente totalmente digital, que permite um tipo de controle compartilhado exercido em uma rede computacional distribuída e mantida pelas partes interessadas.

A autenticidade dos registros é garantida por algoritmos de consenso, e sua inviolabilidade é mantida por criptografia digital. Ao mesmo tempo sofisticada e relativamente barata, é uma tecnologia aberta e acessível. Por essa razão acredita-se em sua rápida disseminação para as diversas

[9] DINIZ, Eduardo Henrique; CERNEV, Adrian Kremmer. Blockchain: revolução tecnológica à vista nos serviços. In: TIGRE, Paulo Bastos; PINHEIRO, Alessandro Maia (Coord.). *Inovação em serviços na economia do compartilhamento*. São Paulo: Saraiva, 2019, p. 167.

[10] DINIZ, Eduardo Henrique; CERNEV, Adrian Kremmer. Blockchain: revolução tecnológica à vista nos serviços. In: TIGRE, Paulo Bastos; PINHEIRO, Alessandro Maia (Coord.). *Inovação em serviços na economia do compartilhamento*. São Paulo: Saraiva, 2019, p. 167.

atividades que envolvam algum tipo de manutenção de registros, ou seja, quase tudo que fazemos em nosso cotidiano social, de pagamentos a contratos, de certificação à controladoria[11].

A viabilidade técnica e a efetividade do uso da *blockchain* são observadas pelo sucesso das criptomoedas – em especial a bitcoin – como alternativa ao dinheiro e, em grande medida, ao próprio sistema financeiro tradicional. Naturalmente, uma tecnologia sozinha não possui condições de mudar a realidade, mas a adoção em larga escala e o compartilhamento propiciam o uso criativo de tecnologias que viabilizam profundas transformações em nossas vidas em um curto espaço de tempo.

Assim, *blockchain* é uma nova tecnologia para registro de dados que oferece alternativas para a criação de sistemas auditáveis e seguros. Estima-se que ela possa ser aplicada em vários segmentos, como: registro da cadeia de fornecimento de insumos e produtos, aplicações de governança digital, IoT (*internet of things* – internet das coisas), saúde, gestão financeira, controle de ativos, registros de imóveis, registros de certidões (nascimento, casamento, óbito)[12], registro de marcas e patentes, dentre outras aplicações.

Cabe uma ponderação a título de contexto: não foi por acaso que a tecnologia *blockchain* nasceu em 2008, o ano da maior crise econômica global desde o crash de 1929. O que ocorreu nos mercados naquele ano foi fundamental para que a nova tecnologia encontrasse espaço para se consolidar. Nos anos anteriores à crise houve uma onda de empréstimos hipotecários (mortgages) nos Estados Unidos. Estes empréstimos foram concedidos a mutuários subprimes, ou seja, clientes bancários com histórico de crédito ruim, sem avaliação adequada de risco de inadimplência ou simplesmente ignorando tais riscos. Isso era feito por duas razões: juros mais altos e garantia dos imóveis[13].

Além do cenário econômico, a atmosfera política pareceu se encaixar: a crise financeira de 2008 gerou uma desconfiança crescente na economia,

[11] DINIZ, Eduardo Henrique; CERNEV, Adrian Kremmer. Blockchain: revolução tecnológica à vista nos serviços. In: TIGRE, Paulo Bastos; PINHEIRO, Alessandro Maia (Coord.). *Inovação em serviços na economia do compartilhamento*. São Paulo: Saraiva, 2019, p. 168.

[12] CONCEIÇÃO, Arlindo F. da; ROCHA, Vladimir E. M. *Blockchain*. 2020. Edição Kindle.

[13] TEIXEIRA, Tarcisio; RODRIGUES, Carlos Alexandre. *Blockchain e criptomoedas*. Salvador: Juspodivm, 2019, p. 11.

o que incluiu tanto as corporações quanto os governos, aos quais normalmente caberia regulá-las, e foi o pontapé que levou muitas pessoas a procurarem alternativas, como a tecnologia *blockchain*. O cenário já era de suspeição e piorou ainda mais em 2013, quando Edward Snowden revelou detalhes do programa de vigilância do governo norte-americano, que monitorava cidadãos dos Estados Unidos e de outros países[14].

Esse conjunto de fatos teve como resultados a inadimplência de contratos, a redução drástica dos valores dos imóveis e bilhões de dólares de prejuízos. Além das implicações adversas, entendemos que houve uma ruptura, um questionamento por parte da sociedade sobre modelos centralizados. Como consequência, o espírito de descentralização que embasa a *blockchain* encontrou o momento propício para o seu desenvolvimento.

Não foi coincidência, portanto, que a partir de 2014 o interesse na *blockchain* começasse a se desconectar daquele inicialmente associado à bitcoin. Desde então, novas aplicações empresariais passaram a ser desenhadas para explorar diferentes características dessa tecnologia, como a descentralização (inexistência de autoridade central gestora), a transparência (publicidade dos registros e sua auditabilidade) e a sincronização (possibilidade de deixar e voltar a uma rede, atualizando-se no retorno). Essas características podem ser combinadas e adaptadas conforme a aplicação ou o serviço idealizado[15]. A seguir serão detalhados os principais aspectos tecnológicos da *blockchain*.

3. Aspectos técnicos da tecnologia *blockchain*

Blockchain é um banco de dados distribuído. Trata-se do primeiro protocolo de consenso que dispensa a confiança entre partes asseguradas por um terceiro para realizar comunicação e transações de algum tipo de valor. De modo geral, a tecnologia *blockchain* pode substituir todos os serviços que precisam de um intermediário, seja na aplicação ao dinheiro (como no caso da *bitcoin*), seja no registro de imóveis, em que as serventias centralizam essa informação, seja no registro de domínios ou, ainda, no

[14] MOUGAYAR, William. *Blockchain para negócios*. Rio de Janeiro: Alta Books, 2018. Edição Kindle.

[15] DINIZ, Eduardo Henrique; CERNEV, Adrian Kremmer. Blockchain: revolução tecnológica à vista nos serviços. In: TIGRE, Paulo Bastos; PINHEIRO, Alessandro Maia (Coord.). *Inovação em serviços na economia do compartilhamento*. São Paulo: Saraiva, 2019, p. 169.

registro de títulos da dívida pública. A tecnologia promete revolucionar a forma como registramos e protegemos dados[16].

É uma tecnologia baseada em um sequenciamento ou cadeia de informações armazenadas em blocos. Podem ser informações de transações financeiras, prontuários médicos, registros de imóveis etc. Tais informações são registradas e concatenadas entre si com o uso de recursos criptográficos, a fim de garantir sua perenidade, confiabilidade e imutabilidade[17].

Em sua essência, *blockchain* é uma tecnologia que grava transações de maneira que estas não possam ser apagadas depois, somente admitindo uma atualização sequencial, mantendo um histórico sem fim. Trata-se de um fenômeno recente e é considerada a segunda sobreposição significativa à internet, assim como a web foi a primeira camada nos anos 1990. Esta nova camada se relaciona com confiança, que é um dos pilares dos sistemas de registro, sejam eles registro de imóveis, registros financeiros etc[18].

Trata-se de uma base de dados digital pública e descentralizada, em que se pode registrar, por meio de criptografia (códigos que protegem informações), arquivos digitais dos mais variados tipos. É uma enorme base de dados remota e inviolável. Cada item registrado é datado e dá origem a uma assinatura formada por uma sequência de letras e números – o *hash*, na linguagem dos especialistas[19].

O conceito utilizado pela *blockchain* é o da tecnologia DLT (*distributed ledger technology*) e consiste em uma cadeia ordenada e consistente de blocos encadeados. A estrutura de blocos é em uma rede *peer-to-peer* (ou P2P). Sempre que um novo bloco é criado, ele é enviado para todos os nós da rede. Cada nó verifica os dados do bloco antes dele ser efetivamente incorporado na cadeia de blocos[20].

[16] RIBEIRO, Júlio Turolla. *Blockchain: novos modelos comunicacionais descentralizados.* (Tese de láurea) – Escola de Comunicação e Artes. Universidade de São Paulo, São Paulo, 2017, p. 17-18.

[17] DINIZ, Eduardo Henrique; CERNEV, Adrian Kremmer. Blockchain: revolução tecnológica à vista nos serviços. In: TIGRE, Paulo Bastos; PINHEIRO, Alessandro Maia (Coord.). *Inovação em serviços na economia do compartilhamento.* São Paulo: Saraiva, 2019, p. 168.

[18] MOUGAYAR, William. *Blockchain para negócios.* São Paulo: Altabooks, 2017. Edição Kindle.

[19] Disponível em: https://www.mediacaonline.com/blog/blockchain-no-direito-e-o-que-esperar-do-futuro/.

[20] CONCEIÇÃO, Arlindo F. da; ROCHA, Vladimir E. Moreira. *Blockchain.* 2020. Edição Kindle, p. 83.

Os blocos em cadeia compõem o livro de registros ou *ledger*, que é justamente a *blockchain* daquele serviço ou criptomoeda. O *hash* é uma espécie de assinatura criptográfica de um bloco, calculado em função do seu conteúdo, obedecendo a padrões predefinidos. É a prova de que determinadas informações constam em um bloco a partir do qual elas foram geradas.

Outra propriedade de um *hash* é sua resistência a colisões, ou seja, a inviabilidade de se gerar *hashes* idênticos a partir de diferentes conteúdos de entrada. *Hashes* são recursos criptográficos empregados na *blockchain* justamente em virtude de sua capacidade de fixar as informações. Isso garante que os registros feitos em um bloco sejam imutáveis à medida que novos blocos sejam criados.

4. Exemplos de usos da tecnologia *blockchain*

A tecnologia *blockchain* vem sendo utilizada em diversos setores. A seguir listamos alguns exemplos que permitem depreender sua versatilidade.

Diversos varejistas estão usando a tecnologia *blockchain* para rastrear a cadeia de produção dos alimentos que fornecem. Um deles é o Walmart, que adotou a tecnologia para melhorar a segurança quanto à origem dos alimentos fornecidos. A empresa iniciou o uso da *blockchain* com a IBM em 2016, começando com os embarques de carne suína na China. O vice-presidente de segurança alimentar do Walmart, Frank Yiannas, considerou o teste de carne de porco um sucesso. Ele destacou que com o uso da *blockchain* é possível extrair informações de rastreamento de um produto em menos de três segundos, enquanto tradicionalmente levava-se quase uma semana.

Ainda tratando do setor de alimentos, produtores e integrantes da cadeia de produção do chocolate têm buscado na tecnologia *blockchain* uma forma de garantir a origem da sua principal matéria-prima, o cacau, que em muitos locais está ligado à pobreza dos agricultores, ao trabalho infantil, ao trabalho escravo ou em condições análogas à escravidão[21].

Embora o Brasil seja um grande produtor, a maior parte do cacau utilizado no mundo vem de Gana e da Costa do Marfim, e abastecem uma indústria que movimenta mais de 10 bilhões de dólares por ano.

[21] Disponível em: https://exame.com/future-of-money/blockchain-e-dlts/industria-do-chocolate-adota-blockchain-para-controlar-producao-de-cacau/.

O cacau passa por uma complicada cadeia de fornecimento que, não raro, resulta em escravidão, trabalho infantil, desmatamento e pobreza sistemática. Na Costa do Marfim, por exemplo, muitos agricultores cultivam cacau ilegalmente em áreas florestais protegidas.

Para romper com esta situação, a empresa holandesa Tony's Chocolonely está usando a tecnologia *blockchain* para rastrear os grãos. É atribuído um número exclusivo para cada lote de grãos, permitindo seu rastreamento por toda a cadeia de produção. Com isso, a empresa consegue se certificar de que está adquirindo cacau de agricultores idôneos, que não empregam trabalho infantil, trabalho escravo ou práticas ambientais criminosas.

A medicina também está utilizando a *blockchain* como forma de garantir a segurança de dados entre médico e paciente, corpo clínico e planos de saúde e outras relações dentro deste cenário. Hoje os dados sobre a saúde são monitorados a partir de inúmeras fontes, como testes genéticos, exames e aplicativos de bem-estar. Uma ideia simples e eficiente é oferecer um prontuário do paciente em rede *blockchain*, que seria permanentemente abastecido com novos dados clínicos, mediante autorização do paciente, titular dos dados. Com isso, o paciente teria todo o seu histórico de exames, enfermidades e demais informações sobre sua saúde em um só lugar. Além dessas informações auxiliarem em consultas de rotina, isso seria de grande valia em caso de situações inesperadas que exigem rapidez no atendimento, como acidentes de trânsito.

A empresa britânica Medicalchain oferece a tecnologia para armazenar o histórico médico e disponibilizar da forma que cada pessoa preferir. Outra empresa que vem inovando é a eslovena Iryo, que também oferece a tecnologia para os pacientes. Com isso, a *blockchain* torna viagens e deslocamentos mais seguros, pois permite acessar dados médicos de qualquer lugar[22].

Outro exemplo de uso da tecnologia *blockchain* vem da indústria automobilística. Em janeiro de 2021 as montadoras BMW e Ford adotaram a *blockchain* para criar uma "carteira de identidade" dos veículos. Para tanto, a MOBI – Mobility Open Blockchain Initiative, uma entidade sem fins lucrativos que visa a aprimorar o mercado automotivo, tornando-o mais sustentável, acessível e seguro através da tecnologia *blockchain*, criará um

[22] Disponível em: https://panoramacrypto.com.br/como-a-blockchain-esta-sendo-utilizado-pela-medicina/.

registro de dados de veículos com o histórico completo de manutenção e documentação[23].

Para criar a "carteira de identidade para veículos", a MOBI desenvolveu o VID II (*vehicle identification*). Esse sistema permite o registro do carro em rede *blockchain* e integra as informações coletadas de múltiplos bancos de dados de diferentes países. Com isso, impede-se que veículos roubados em um país sejam revendidos em outro, uma vez que o histórico é global, público e imutável.

Assim, práticas como ocultação de acidentes de trânsito, danos decorrentes de enchentes, quilometragem adulterada e até mesmo clonagem de veículos podem ser evitadas. Tal como se dá no mercado de imóveis, a documentação completa e confiável de automóveis gera melhorias para o setor, como aumento do valor de mercado para o vendedor e segurança para o comprador. Além disso, empresas de suporte a concessionárias de veículos, que verificam a documentação, colherão os benefícios de um trâmite mais rápido e eficiente. O resultado serão registros transparentes, seguros e com menor burocracia.

Ainda a fim de mostrar a versatilidade da tecnologia *blockchain*, trazemos um caso muito curioso do futebol europeu. Em 12 de julho de 2021, data da final da Eurocopa 2020, o jogador Cristiano Ronaldo foi premiado pela sua artilharia no torneio por meio de *blockchain*. Com isso, se tornou o primeiro jogador da história a receber uma premiação digital, além do tradicional troféu[24].

A premiação incluiu um NFT (*token* não fungível), baseado em uma rede *blockchain*. No troféu físico também foi incluído um código *hash* com o endereço do *token*, que registra em *blockchain*, de forma permanente e imutável, as informações da premiação e os lances dos gols. Além de Cristiano Ronaldo, o vice-artilheiro da competição, Patrik Schick, da República Tcheca, e o terceiro maior artilheiro, o francês Karim Benzema, também ganharam seus respectivos troféus e a premiação em *blockchain*.

Diante dos exemplos mencionados, a questão que se coloca é: se a tecnologia *blockchain* pode ser aplicada em áreas tão diversas, quais aplicações

[23] Disponível em: https://tecnoblog.net/404857/ford-e-bmw-usarao-blockchain-contra-fraudes-com-veiculos-usados/.

[24] Disponível em: https://exame.com/future-of-money/blockchain-e-dlts/cristiano-ronaldo-ganha-premio-em-blockchain-por-artilharia-da-eurocopa/.

do Direito comportariam seu uso? Tendo em vista que a tecnologia serve, em especial, para registros de informações, é natural pensarmos em sua adoção em sistemas cujas funções são conferir segurança jurídica e confiança, como é o caso do registro de imóveis e do registro de marcas e patentes. Daí fazemos o seguinte questionamento: a tecnologia *blockchain* pode ser aplicada para a proteção dos direitos autorais? E como isso se daria? Pensamos que sim, e já temos dois exemplos na seara da propriedade intelectual.

A tecnologia *blockchain* já está sendo usada por produtores de conteúdo intelectual, como a Disney. Um dos maiores obstáculos que companhias de entretenimento enfrentam é a pirataria. Frequentemente filmes e séries são distribuídos na internet em sites não licenciados e, não raro, isso ocorre antes mesmo dos lançamentos oficiais[25].

Para contornar esse problema que traz prejuízos financeiros de grande monta, a Disney vem atuando para combater a pirataria de suas obras em parceria com a Alliance for Creativity in Entertainment. A companhia já conseguiu tirar do ar inúmeros sites e plataformas de distribuição indevida de conteúdo.

Em maio de 2021 a empresa anunciou o registro de uma nova patente, que consiste em um sistema de distribuição de mídia baseado em *blockchain* com o objetivo de prevenir vazamentos e pirataria de conteúdos ainda não lançados. Intitulada "configuração de *blockchain* para a entrega segura de conteúdo", a patente se concentra nas produções para cinemas justamente porque o processo é mais vulnerável, permitindo que pessoas com as conexões certas possam fazer cópias durante ou após a entrega do conteúdo finalizado.

Evidentemente a Disney já utiliza vários mecanismos de segurança a fim de evitar a ocorrência de vazamentos, mas isso não tem se mostrado suficiente para coibir a pirataria. Segundo a própria empresa, as atuais ferramentas são reativas, e não preventivas, como as marcas d'água que são inseridas nos filmes para rastrear a pirataria após o vazamento já ter ocorrido. Na prática, os processos atuais não previnem adequadamente a divulgação não autorizada.

[25] Disponível em: https://tecnoblog.net/441909/disney-registra-patente-de-blockchain-para--combater-piratas-de-filmes/.

Segundo a Disney, ao implementar um sistema baseado em *blockchain*, o processo de distribuição pode ser controlado de forma mais rígida, impossibilitando a exibição de um filme antes do lançamento. Em contraste com os mecanismos anteriores, a *blockchain* verifica se o conteúdo é recebido no destino pretendido antes de permitir sua reprodução.

Além dessa funcionalidade base, o sistema também pode ser configurado para outros recursos antipirataria. Por exemplo, ele pode rastrear o número de vezes que um filme é reproduzido para evitar que pessoas mal-intencionadas o exibam com mais frequência do que deveriam, identificando vazamentos no processo. Em resumo, a *blockchain* tem um mecanismo de auditoria automatizado que rastreia a reprodução do conteúdo no destino para garantir que a quantidade de reproduções seja registrada com precisão. Por isso a pirataria é coibida.

O segundo caso também é da indústria do entretenimento. Em fevereiro de 2021, a operadora norte-americana de TV por satélite Dish Network também registrou uma patente para um sistema antipirataria que utiliza a tecnologia *blockchain*. Segundo a empresa, o novo programa seria mais barato e eficiente que as opções atuais[26].

O pedido foi registrado há dois anos e somente agora, após todos os trâmites legais, a patente foi concedida à operadora. Denominado de "gestão antipirataria", a plataforma concentra informações de direitos autorais que serão verificadas por meio de *blockchain*. Por ser pública, qualquer pessoa pode checar as informações.

A partir do momento que uma empresa carrega um arquivo no sistema idealizado, ele gera um registro na *blockchain*, vinculando o conteúdo ao proprietário por meio do pagamento de uma taxa de valor simbólico. Assim, se o programa identificar a utilização de um conteúdo autoral em um site, por exemplo, ele checará se este site detém os direitos de reprodução. Caso contrário, o arquivo será bloqueado.

Segundo a empresa, nos últimos anos a pirataria perturbou drasticamente a indústria da mídia em escala global e a natureza descentralizada tornou o monitoramento mais complexo. Plataformas como o YouTube e redes sociais têm políticas contra esse tipo de fraude, além de uma série de mecanismos e filtros para identificar casos de violação de direitos autorais.

[26] Disponível em: https://tecnoblog.net/413200/operadora-registra-patente-de-blockchain-para-combater-pirataria-de-tv/.

Na prática, contudo, é muito difícil gerenciar e bloquear conteúdo protegido em meio a tantos sites e redes sociais.

Diante desse cenário, a operadora sugere a criação de um sistema que unificaria esse processo de filtragem e monitoramento através da *blockchain*. Segundo a Dish, as tecnologias tradicionais antipirataria não têm condições de impedir as constantes violações de direitos autorais, sendo necessária uma reformulação que unifique os participantes em um protocolo comum, a fim de monitorar e identificar com eficiência a distribuição e a reprodução não autorizada de conteúdo.

5. Uso da tecnologia *blockchain* para a proteção dos direitos autorais

O direito de autor consiste no conjunto de faculdades ideais e patrimoniais de que goza o titular de uma obra literária, artística ou científica[27]. Nasce com a exteriorização da criação intelectual. A partir do momento em que o objeto autoral ganha expressão no mundo, ainda que por meio de uma simples execução, recitação ou rascunho, então será considerado autor aquele que deu ensejo a essa exteriorização, recaindo sobre sua obra toda a proteção da lei[28]. No caso de marcas, patentes e desenho industrial, faz-se necessário o pedido de registro perante o INPI – Instituto Nacional da Propriedade Industrial, o qual fará a análise formal para, se for o caso, conceder o registro[29].

Isso significa que o registro é facultativo no direito autoral[30] e obrigatório no direito industrial[31]. Por decorrência, para o primeiro, o registro

[27] FIGUEIREDO, Fábio Vieira. *Direito de autor*. 3. ed. São Paulo: Thomson Reuters, 2019, p. 64.

[28] MENEZES, Elisângela Dias. *Curso de direito autoral*. Belo Horizonte: Del Rey, 2007, p. 46.

[29] MORO, Maitê Cecília Fabbri. Cumulação de regimes protetivos para as criações técnicas. In: SANTOS, Manoel J. Pereira dos; JABUR, Wilson Pinheiro (Coord.). *Propriedade intelectual*: criações industriais, segredos de negócio e concorrência desleal. São Paulo: Saraiva, 2007, p. 331 (Série GV*Law*).

[30] LDA, art. 18 – A proteção aos direitos de que trata esta Lei independe de registro.
LDA, art. 19 – É facultado ao autor registrar a sua obra no órgão público definido no *caput* e no § 1º do art. 17 da Lei n. 5.988/1073.

[31] LPI, art. 2º – A proteção dos direitos relativos à propriedade industrial, considerado o seu interesse social e o desenvolvimento tecnológico e econômico do País, efetua-se mediante:
I – concessão de patentes de invenção e de modelo de utilidade;
II – concessão de registro de desenho industrial;
III – concessão de registro de marca (...).

tem caráter meramente declaratório, ao passo que para o segundo adquire caráter constitutivo.

Sendo o registro uma faculdade do criador, qual seria sua função? Ela consiste em uma forma de preservar o autor, especialmente enquanto a obra ainda não foi publicada. O registro tem duas finalidades: cria o marco temporal sobre a existência da obra e produz prova de autoria.

Essa possibilidade encontra guarida no art. 369 do Código de Processo Civil, que prevê que "as partes têm o direito de empregar todos os meios legais, bem como os moralmente legítimos, ainda que não especificados neste Código, para provar a verdade dos fatos em que se funda o pedido ou a defesa e influir eficazmente na convicção do juiz". O registro em *blockchain* tem natureza jurídica de prova documental.

Como apontado, esta tecnologia tem como característica principal a sua descentralização como medida de segurança. Entre suas aplicações mais eficientes destaca-se o registro de títulos, documentos, transações e afetações em geral a bens e direitos das pessoas físicas e jurídicas. É muito difícil de ser fraudada, de forma que o registro em uma rede *blockchain* dificilmente seria perdido ou alterado. Uma vez realizado, ele seria praticamente indelével.

O registro de direitos autorais em *blockchain* já é uma realidade. Aqui no Brasil a CBL – Câmara Brasileira do Livro – e a startup Original.my oferecem esse serviço. Após o pagamento das taxas e do envio digital da documentação, o registro poderá ser concluído em até dois dias úteis.

Conforme dispõe o art. 7º da Lei de Direitos Autorais, podem ser protegidas por meio de registro em *blockchain* as criações do espírito, expressas por qualquer meio ou fixadas em qualquer suporte, tangível ou intangível, conhecido ou que se invente no futuro, como: textos de obras literárias, artísticas ou científicas; conferências, sermões e outras obras da mesma natureza; obras dramáticas e dramático-musicais; obras coreográficas e pantomímicas, cuja execução cênica se fixe por escrito ou por outra qualquer forma; composições musicais, tenham ou não letra; obras audiovisuais, sonorizadas ou não, inclusive as cinematográficas; obras fotográficas e as produzidas por qualquer processo análogo ao da fotografia; obras de desenho, pintura, gravura, escultura, litografia e arte cinética; ilustrações, cartas geográficas e outras obras da mesma natureza; projetos, esboços e obras plásticas concernentes à geografia, engenharia, topografia, arquitetura, paisagismo, cenografia e ciência; adaptações, traduções e outras transformações de obras originais, apresentadas como criação intelectual nova; programas de computador; coletâneas ou compilações, antologias, enciclopédias, dicionários, bases de dados e outras obras, que, por sua seleção, organização ou disposição de seu conteúdo, constituam uma criação intelectual.

Por outro lado, conforme estabelece o art. 8º, não são objeto de proteção dos direitos autorais: as ideias, procedimentos normativos, sistemas, métodos, projetos ou conceitos matemáticos como tais; esquemas, planos ou regras para realizar atos mentais, jogos ou negócios; formulários em branco para serem preenchidos por qualquer tipo de informação, científica ou não, e suas instruções; textos de tratados ou convenções, leis, decretos, regulamentos, decisões judiciais e demais atos oficiais; informações de uso comum como calendários, agendas, cadastros ou legendas; nomes e títulos isolados; aproveitamento industrial ou comercial das ideias contidas nas obras.

O registro de uma obra autoral é feito de forma totalmente digital e o custo é baixo. A tecnologia é confiável e garante celeridade e praticidade ao processo, bem como igual segurança e efetividade.

A rede *blockchain* também pode ser objeto de auditoria. Para verificar se as informações são válidas é necessário analisar se cada bloco aponta corretamente para o bloco anterior, até chegar ao primeiro bloco. Em seguida, é necessário conferir se todas as transações de uma determinada pessoa estão coerentes. Por exemplo, a coerência no contexto de operações financeiras significa existência de saldo.

Por fim, lembramos que a proteção eficiente à propriedade intelectual é um instrumento poderoso de desenvolvimento. Quando considerada como parte da infraestrutura de um país, esta forma de salvaguarda pode ser examinada por sua contribuição para a difusão do conhecimento, expansão dos recursos humanos, financiamento da tecnologia, crescimento industrial e desenvolvimento econômico[32]. Os governos mais adiantados perceberam que, no mundo altamente competitivo em que vivemos, não existe progresso sem amparo à cultura e à técnica[33]. E com a tecnologia *blockchain* essa proteção fica facilitada.

[32] SHERWOOD, Robert M. *Propriedade intelectual e desenvolvimento econômico.* Trad. Heloísa de Arruda Villela. São Paulo: Edusp, 1992, p. 187.

[33] Direito de autor. In: FRANÇA, R. Limongi (Coord.). *Enciclopédia Saraiva de Direito.* São Paulo: Saraiva, 1977, v. 26, p. 110.

Conclusões

O direito de autor nasce com a exteriorização da criação intelectual. A partir do momento em que o objeto autoral ganha expressão no mundo, ainda que por meio de uma simples execução, recitação ou rascunho, então será considerado autor aquele que deu ensejo a essa exteriorização, recaindo sobre sua obra toda a proteção da lei.

Sendo o registro uma faculdade do criador, ele consiste em uma forma de preservar o autor, especialmente enquanto a obra ainda não foi publicada. Assim, o registro tem duas finalidades: cria o marco temporal sobre a existência da obra e produz prova de autoria. Essa possibilidade encontra guarida no art. 369 do Código de Processo Civil. O registro em *blockchain*, portanto, tem natureza jurídica de prova documental.

O registro de obras autorais por meio da tecnologia *blockchain* é fácil, de baixo custo e eficiente. É muito útil para a comprovação de titularidade de conteúdos, textos, fotos e vídeos.

Por fim, lembramos que a proteção eficiente à propriedade intelectual é um instrumento poderoso de desenvolvimento. E com a tecnologia *blockchain* essa proteção fica facilitada.

Referências

BURGELMAN, Robert; CHRISTENSEN, Clayton; WHEELWRIGHT, Steven. *Gestão estratégica da tecnologia e da inovação*: conceitos e soluções. Trad. Luiz Claudio de Queiroz Faria. 5. ed. Porto Alegre: AMGH, 2012.

CONCEIÇÃO, Arlindo F. da; ROCHA, Vladimir E. M. *Blockchain*. 2020. Edição Kindle.

DINIZ, Eduardo Henrique; CERNEV, Adrian Kremmer. *Blockchain*: revolução tecnológica à vista nos serviços. In: TIGRE, Paulo Bastos; PINHEIRO, Alessandro Maia (Coord.). *Inovação em serviços na economia do compartilhamento*. São Paulo: Saraiva, 2019.

FIGUEIREDO, Fábio Vieira. *Direito de autor*. 3. ed. São Paulo: Thomson Reuters, 2019.

FRANÇA, R. Limongi (Coord.). *Enciclopédia Saraiva de Direito*. São Paulo: Saraiva, 1977, v. 26.

MENEZES, Elisângela Dias. *Curso de direito autoral*. Belo Horizonte: Del Rey, 2007.

MORO, Maitê Cecília Fabbri. Cumulação de regimes protetivos para as criações técnicas. In: SANTOS, Manoel J. Pereira dos; JABUR, Wilson Pinheiro (Coord.). *Propriedade intelectual*: criações industriais, segredos de negócio e concorrência desleal. São Paulo: Saraiva, 2007 (Série GV*Law*).

MOUGAYAR, William. *Blockchain para negócios.* Rio de Janeiro: Alta Books, 2018. Edição Kindle.

RIBEIRO, Júlio Turolla. *Blockchain: novos modelos comunicacionais descentralizados.* (Tese de láurea) – Escola de Comunicação e Artes. Universidade de São Paulo, São Paulo, 2017.

SHERWOOD, Robert M. *Propriedade intelectual e desenvolvimento econômico.* Trad. Heloísa de Arruda Villela. São Paulo: Edusp, 1992.

TAPSCOTT, Don; TAPSCOTT, Alex. *Blockchain revolution.* São Paulo: Senai, 2016.

TEIXEIRA, Tarcisio; RODRIGUES, Carlos Alexandre. *Blockchain e criptomoedas.* Salvador: Juspodivm, 2019.

TIGRE, Paulo Bastos. Inovações em serviços de saúde. In: TIGRE, Paulo Bastos; PINHEIRO, Alessandro Maia (Coord.). *Inovação em serviços na economia do compartilhamento.* São Paulo: Saraiva, 2019.